历史转折三部曲之一

前奏

——邓小平与一九七五年整顿

程中原　夏杏珍　著

河北人民出版社
Heibei People's Publishing House
当代中国出版社
Contemporary China Publishing House

图书在版编目（CIP）数据

前奏：邓小平与1975年整顿/程中原等著. —石家庄：河北人民出版社，2009.8（2011.6重印）
ISBN 978-7-202-05349-2

Ⅰ.前… Ⅱ.程… Ⅲ.邓小平（1904～1997）—生平事迹 Ⅳ.A762

中国版本图书馆CIP数据核字（2009）第131864号

书　　名　前　奏
　　　　　——邓小平与1975年整顿
著　　者　程中原　夏杏珍

责任编辑　王　静　王　轶
美术编辑　于艳红
封面设计　许　烈
责任校对　曹玉萍

出版发行　河北人民出版社（石家庄市友谊北大街330号）
　　　　　当代中国出版社（北京市地安门西大街旌勇里8号）
印　　刷　河北新华第一印刷有限责任公司
开　　本　787×1092毫米　1/16
印　　张　20
字　　数　226 000
版　　次　2009年8月第1版　　2011年6月第2次印刷
印　　数　3 001—6 000
书　　号　ISBN 978-7-202-05349-2/I·796
定　　价　35.00元

前奏

1975年，在中华人民共和国和中国共产党的历史上是极不寻常的一年。它因邓小平主持各方面的整顿而闪耀着独具的、特殊的光辉。

这一年，邓小平，这位在“文化大革命”开始后即被当做“党内第二号走资派”打倒、1973年又重新出山的伟大人物，在毛泽东和周恩来、叶剑英的支持下，大刀阔斧地在全国各方面进行整顿，同占据要津的“四人帮”展开了特殊的斗争，力图拨乱反正，使历经9年“文化大革命”动乱的中国，逐渐恢复正常的生产秩序和社会秩序，逐步实现安定团结的局面。同时，他又推行改革开放，力图尽快把国民经济搞上去。

历史已经证明，在“文化大革命”十年内乱中，1975年整顿，成就卓著，深得人心。作为从大乱走向大治的努力，作为拨乱反正、改革开放的尝试，作为历史转折的前奏，作为邓小平理论的起点，邓小平领导1975年整顿的历史，值得浓墨重彩，大书特书，载入中华人民共和国和中国共产党的史册。

目录

一 邓小平主持1975年整顿的历史机缘

1975年整顿反映了历史的必然要求

曲折前行的历史有其自身发展的逻辑。历史事件的发生和发展，都不是任何个人主观意志的产物，而是历史的必然要求的反映，也是各种力量交互作用的结果。1975年整顿，是“文化大革命”发展到那一特定时期的产物，也是各种政治力量矛盾斗争融为一个合力的结果。

◎1975年的邓小平（选自《邓小平画传》，四川人民出版社2004年版）

毛泽东在发动“文化大革命”以后，曾经对外国朋友说，过去我们没有找到一种形式、一种方式，公开地、全面地、由下而上地发动广大群众来揭发我们的黑暗面。现在终于找到了这种办法，这就是无产阶级“文化大革命”。[①] 他认为用自下而上发动群众搞“文化大革命”的办法，可以由天下大乱，达到天下大治，可以反修防修，防止和平演变，防止资本主义复辟，巩固无产阶级专政。

可是，毛泽东的良好愿望脱离了客观实际。他对形势的判断，他确定的“文化大革命”的对象、依靠的力量、进行的方法，都出了严重的差错。事情的发展同毛泽东的预想背离。“本来要走进这个房间，结

①参见毛泽东《同卡博、巴卢库的谈话》（1967年2月3日）。中共九大政治报告（1969年4月1日）引用了这一段话。此报告1969年4月14日经中共九大通过，发表在1969年4月28日的《人民日报》上。

果却走进了另一个房间。”[①]毛泽东亲自发动的“文化大革命”被林彪、江青两个反革命集团利用，变成了一场给中国人民带来极大灾难的内乱。全国上下，“打倒一切”、“全面内战”。经过艰苦努力，甚至流血牺牲，总算在1968年9月实现了“全国山河一片红”（即除台湾省外，当时全国29个省、市、自治区都成立了革命委员会），全国范围进入了“斗、批、改”阶段。原以为中共九大以后，经过“斗、批、改”，就可以实现“天下大治”的预期目标。不想接踵而来又发生了1970年8月庐山会议上的一场激烈斗争。

林彪企图谋害毛泽东的阴谋被识破和粉碎。历史在震惊世界的突发事件中出现了转机。林彪事件促使毛泽东醒悟，正视并开始纠正“文化大革命”的一些错误，特别是纠正“文化大革命”前期造成的一批冤假错案，落实干部政策，解放老干部。邓小平于1973年3月重新回到了中央领导岗位。陈云、谭震林、罗瑞卿等一大批老同志，也都由毛泽东亲自批示，或“解放”出来，或安排工作。周恩来主持中央日常工作，领导进行了1972年的整顿。他组织批判极左思潮，致力解决国民经济的“三个突破”[②]，动乱局面逐步得到控制，经济和社会生活出现了转机。

1973年8月中共十大以后，江青、张春桥、王洪文、姚文元在中央政治局内结成“四人帮”，利用毛泽东的错误判断，兴风作浪，制造新的动乱。1974年初，他们搞起了批林批孔运动，把矛头指向周恩来以及邓小平、叶剑英等老一辈无产阶级革命家，企图篡夺党和国家的最高权力。

于是，动乱再起。在“四人帮”的煽动指挥下，1974年春

---

①列宁在《资产阶级知识分子反对工人的方法》中引俄国作家亚·谢·格里鲍耶陀夫的喜剧《智慧的痛苦》第一幕第四场中的台词。见《列宁全集》第20卷，人民出版社1958年版，第459页。

②国民经济的“三个突破”，指职工人数突破5000万人，工资支出突破300亿元，粮食销量突破800亿斤。

夏，到处批“复辟派”，揪老干部，政治空气十分紧张；在“不为错误路线生产”等口号下，不少工矿企业停工停产；社会上又出现联络站、上访团、汇报团以及民兵指挥部一类组织，派性重新膨胀，山头重新树立，有些地方又出现了严重武斗事件。刚刚趋向安定的政治局势、社会生活又变得一片混乱。有所恢复和发展的国民经济重新遭到严重破坏，许多企业处于半瘫痪状况，全国工业生产出现萎缩甚至倒退的严重局面。1974年，全国没有完成工业生产计划，主要工农业产品，除原油、粮食增长外，其他全都减产，钢产量比1973年下降410万吨；原煤产量下降400万吨，铁路货运量下降5.3%，比1973年少运4321万吨，外贸逆差13.4亿美元，全年财政赤字7.7亿元。

“文化大革命”已经走进了死胡同。一个国家、一个民族，面对如此长期、严重的社会动乱和经济萎缩，已经无法维持，已经再也不能照样生活下去了。制止动乱，进行整顿，成为“文化大革命”9年动乱后中国历史发展的必然要求。促使1975年进行整顿的动因并不是个别杰出人物的意志或愿望，而是整个国家、民族生存和发展的需要。这是“使广大群众、使整个整个的民族，并且在每一个民族中间又是使整个整个阶级行动起来的动机；而且也不是短暂的爆发和转瞬即逝的火光，而是持久的、引起重大历史变迁的行动”①。整顿在1975年由邓小平主持进行，这是“文化大革命”历史进程中的必然，是适应中国历史发展必然要求的产物，是受历史发展内在规律支配的、无法抗拒的历史潮流。

①恩格斯：《路德维希·费尔巴哈和德国古典哲学的终结》，《马克思恩格斯选集》第4卷，人民出版社1995年版，第249页。

毛泽东的“八月指示”改变了“文化大革命”的走向

诚然，历史的必然成为现世的事实，还要经过人的主观能动的作用。邓小平得以复出并主持1975年的整顿，必须得到处于中共权力核心的毛泽东以及周恩来、叶剑英的支持，并必然地要经过反复和曲折的斗争。毛泽东1974年的“八月指示”，具有决定性的、关键的意义。

1974年8月，炎炎盛暑。神州大地的政治气候，由于批林批孔运动的展开，同自然季节一样，持续高温。在北京参加检讨、揭发与林彪有关的人和事的军队高干会的各大军区司令员、政委们，更是闷热难熬。这时，从号称三大火炉之一的武汉，风景秀丽的东湖梅岭1号别墅里，忽然吹出一阵清风——毛泽东指示：“无产阶级文化大革命，已经八年。现在，以安定为好。全党全军要团结。”这条“八月指示”，使得政治寒暑表高处的水银柱

◎1974年，毛泽东和周恩来在中南海游泳池客厅亲切握手。中为邓小平（选自画册《毛泽东》，中央文献出版社1993年版）

一下降了下来。军队高干会上的将军们如沐春风，会议也很快散场。

毛泽东“八月指示”的中心思想是安定团结。它产生的直接结果，一是军队高干会在正常的、团结的气氛中于9月10日结束；一是四届全国人大的召开重新提上日程。毛泽东8月间的几次谈话，对八大军区司令员对调及其后在批林批孔运动中进行的军队高层清查工作作了一个基本总结，从而打碎了江青集团“点火放炮”、“放火烧荒”，妄图利用批林批孔运动搞乱军队，整掉一批军队领导干部的迷梦。

这时，中国政治和社会走向，是从大乱走向大治，是从政治运动恢复到正常秩序。历史提供了1975年整顿得以进行的不可缺少的政治环境，历史也迫切要求产生伟大人物来整顿“文化大革命”内乱的局面。邓小平在这种历史的必然要求下应运而出。

毛泽东的这条最高指示传达到广大干部群众，是在10月中旬。传达这条指示的，是中共中央1974年10月11日发出的《关于准备在最近期间召开第四届全国人民代表大会的通知》。通知开头第一句话，就是全中国人民久已企盼的消息：“中央决定，在最近期间召开第四届全国人民代表大会。”接着，就传达了毛泽东关于安定团结的“八月指示”，指出“根据国内外的大好形势”，中央认为最近期间召开四届全国人大“是适宜的”，要求各单位抓紧做好各项准备工作。

二　邓小平怎样走到中国政治舞台的中央

站在中国政治舞台中央主持1975年整顿的，是邓小平。

众所周知，“文化大革命”初期，邓小平作为“第二号走资本主义的当权派”被打倒。邓小平从被“打翻在地再踏上一只脚”，到重新出来工作，并站到政治舞台中央，主持国务院日常工作，随后又主持党中央日常工作，经过了漫长的岁月，走过了曲折的、惊心动魄的斗争历程。历史的机缘，政治合力的作用，决定邓小平的命运。其中最为重要的，是人的因素。

如果说，邓小平是一匹千里马，也得要有赏识他的伯乐。发现他的伯乐，也是重新让这匹千里马扬蹄驰骋的伯乐，首先要数毛泽东，同时还有周恩来和叶剑英。用对立统一的观点来观察，正是林彪的垮台为邓小平的复出提供了条件，“四人帮”的失势为邓小平主持整顿创造了前提。

毛泽东为邓小平说话

其实，在“文化大革命”中，毛泽东对邓小平这位在20世纪60年代初就被他看中、选定的接班人并没有否定。“文革”开始的时候，毛找邓谈话，要邓同林彪搞好关系。但邓同林搞不到一起去。他同林谈了一次，就谈崩了。[①] 邓小平为林彪所不容，林

①据毛毛：《我的父亲邓小平：“文革”岁月》，中央文献出版社2000年版，第37页。

彪与江青勾结起来，把刘、邓绑在一起，攻击、批判不断升级。但就在邓小平被打翻在地、“永世不得翻身”似乎已成定局的时候，毛泽东也没有把邓的问题看得多么严重。在毛泽东看来，“文革”中喊喊“打倒”，是批评、帮助的一种方式。他心中有数，多次说，邓是内部问题，刘邓应有区别。

1967年7月16日在武汉，有人问毛泽东：主席多次说过对刘邓要区别，可现在的口号叫“打倒刘邓陶”。毛即说：林彪要是身体不行了，还是要小平出来，至少是常委。①

1967年9月，毛泽东在视察华北、中南和华东地区时，又一次说，刘、邓是“内部问题”。

1967年10月9日，毛泽东把陈伯达、江青选编的《刘少奇言论·出版说明》中“他伙同党内另一个最大的走资本主义道路的当权派邓小平”一句改为“伙同其他一些走资本主义道路的当权派”，还删去了另一处同刘少奇并列的邓小平的名字，并写批语：“《说明》中，不提邓小平。”②

1968年10月31日，毛泽东在八届十二中全会闭幕会上讲话，公开说“替邓小平讲几句好话”。对开除邓小平党籍的意见，毛表示“还有一点保留”，说“我看还是慎重一点”，“总要使他跟刘少奇有点区别”。就这样，制止了林彪、江青等要把邓小平开除出党的企图。

历史把邓小平推到政治舞台的前沿

1．林彪集团的覆灭和邓小平的复出

在庐山召开的中共九届二中全会上，林彪集团“麒麟皮下露出

---

①据毛毛：《我的父亲邓小平：“文革”岁月》，第46页。

②《建国以来毛泽东文稿》第12册，中央文献出版社1998年版，第422页。

了马脚"。对被打下去的邓小平来说，无疑是提供了复出的机遇。

在林彪事件爆发前夜，1971年9月10日下午，毛泽东南巡途中，在杭州同党政军负责人谈话时就提到了邓小平。毛说：邓小平不同于刘少奇，要有区别，百万雄师过大江，当时有个前委，主要还是邓小平起作用的。这话表露了毛泽东当此危急时刻的考虑。

林彪自我爆炸，邓小平以政治家特有的敏感，意识到中国要有大变化，自己重见天日的机会来了。他立即给毛泽东写信，表示拥护主席和中央对林彪事件的决定，同时汇报了自己在江西的情况："我在主席的关怀下，到江西来整整两年了。这两年，我每天上午到工厂劳动，下午和晚上，看书、看报、听广播和做些家务劳动，除到工厂外，足不出户，与外界是隔绝的。在这时期，我遵照主席指示，努力通过劳动和学习自我改造，绝对遵守我向党作的保证，除自己的亲属外，没同任何人有来往。我们的生活，由于组织上的照顾，没有什么困难。"他在信中提出："我个人没有什么要求，只希望有一天还能为党做点工作，当然是做一点技术性质的工作。我的身体还好，还可以做几年工作再退休。报上每天看到我们社会主义祖国在国内建设的突飞猛进，和国际威望的空前提高，都使我的心情激动起来，想做点事，使我有机会能在努力工作中补过于万一。"信中还请求主席帮助安排好他的孩子们。毛泽东读后在信封上批示："印发政治局。他家务事请汪办一下。"①

"九一三事件"后，毛泽东大病一场。1972年1月10日，毛泽东抱病参加陈毅追悼会。因是临时决定，匆匆赶去，毛泽东花白的长髯来不及修剪，连衣服也来不及更换，只在睡袍外面罩了一件大衣。在同陈毅亲属的谈话中，毛把邓小平与刘伯承并提，说邓是人民内部矛盾。周恩来当场示意陈毅的子女把毛对邓的评

①毛毛：《我的父亲邓小平："文革"岁月》，第209－211页。

价传出去。

1月下旬，周恩来在接见外地一个会议的代表时，当着江青、姚文元的面指出：在揭批林彪的过程中，一定不能混淆两类不同性质的矛盾；林彪这伙人就是要把邓小平搞成敌我矛盾，这是不符合主席的意思的。

1972年8月3日，邓小平利用中央要求揭发批判林彪的机会，致信毛泽东，在批林的同时作自我检讨，并再次向党中央、毛主席提出：愿为党和人民做一点工作。8月14日，毛泽东对邓信写了以下批语：

> 请总理阅后，交汪主任印发中央各同志。邓小平同志所犯错误是严重的，但应与刘少奇加以区别。（一）他在中央苏区是挨整的，即邓、毛、谢、古四个罪人之一，是所谓毛派的头子。整他的材料见《两条路线》、《六大以来》两书。出面整他的人是张闻天。（二）他没历史问题。即没有投降过敌人。（三）他协助刘伯承同志打仗是得力的，有战功。除此之外，进城以后，也不是一件好事都没有做的。例如率领代表团到莫斯科谈判，他没有屈服于苏修。这些事我过去讲过多次，现在再说一遍。

毛泽东的这些评语，为邓小平复出铺平了道路，具体的安排就要看周恩来的政治艺术了。

周恩来在毛泽东写下批语的第二天，就在政治局会议上传达，但没有讨论安排邓小平工

◎1972年1月10日，毛泽东到八宝山参加陈毅追悼会（选自画册《毛泽东》）

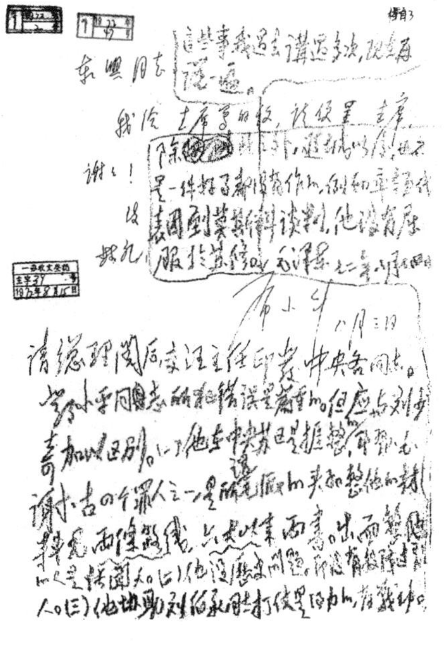

◎1972年8月14日，毛泽东对邓小平来信的批语（选自《邓小平画传》）

作的问题。会后，即以中共中央名义通知江西省委，邓小平恢复党的组织生活，可以做一些调查活动。此后，邓小平即到江西瑞金、湖南韶山冲等参观访问、调查研究。

然而，三四个月过去了，解放邓小平的问题却不见下文。其中一个重要原因，是因为这时党内高层就批林是批极左还是批极右展开了激烈的争论。周恩来搅在里面，受到打击。不过，周恩来仍然关注着邓小平重新出山这件大事。他在等待适当的机会。

1972年12月17日晚，毛泽东当面对周恩来说："谭震林同志虽有一时错误，但还是好同志，应该让他回来。"① 第二天，周恩来致函纪登奎、汪东兴，在信中传达了"昨晚主席面示"，吩咐"此事请你们二人商办"，又趁此机会特意提出："邓小平同志一家曾要求做点工作，请你们也考虑一下，主席也曾提过几次。"这就促使中央把安排邓小平工作提上日程。12月27日，纪、汪回信，提出建议：邓仍任副总理，分配适当工作。

在周恩来的安排下，1973年2月22日，邓小平一家回到北京，住到西郊马神庙附近的花园村，一个新盖的大院东边最后一栋灰色两层楼房里。

从2月下旬到3月初，周恩来主持中央政治局会议，讨论恢复邓小平工作问题。3月9日，周恩来致信毛泽东，汇报讨论情况，提出政治局认为需要中央作出一个《关于恢复邓小平同志的党的组织生活和国务院副总理的职务的决定》，发到县、团级党委，向全党及全国人民通报此事。3月10日，毛泽东批示"同意"。这个决定即于当天发出。

此后，周恩来在玉泉山3号楼做全面检查、治疗两周，病情趋于稳定后，即于3月28日同李先念等一起同多年不见的邓小平

①周恩来12月18日致信纪登奎、汪东兴，传达毛的指示时，在"谭震林同志虽有一时错误"这句话后用括号加了说明："现在看来，当时大闹怀仁堂是林彪故意造成打倒一批老同志的局势所激成的。"据《周恩来年谱（1949－1976）》下卷，中共文献出版社1997年版，第567页。

◎邓小平和卓琳在北京西郊花园村（1974年8月22日，选自《邓小平画传》）

会面。29日，约邓小平到毛泽东住处开会，同毛见面。根据毛的意见，对邓的工作安排，中央政治局会议议定："正式参加国务院业务组工作，并以国务院副总理身份参加对外活动；有关重要政策问题，小平同志列席政治局会议参加讨论。"[①] 4月1日，周恩来即在中央国家机关各部、委负责人会议上宣布了上述决定。周恩来指出：如果不是把林彪、陈伯达的问题揭发出来，不是粉碎林彪反党集团斗争的胜利，邓小平同志的问题是解决不了的。[②]

随后，周恩来、邓颖超在玉泉山3号楼同邓小平、卓琳会面长谈，共进晚餐。接着，安排邓小平公开露面。

1973年4月12日晚7点半，人民大会堂一楼宴会厅灯火辉煌，周恩来在这里盛宴欢迎视察柬埔寨解放区后来到北京的西哈努克亲王和夫人，邓小平以国务院副总理的身份出席宴会。这是他自1967年销声匿迹以后，第一次在公开场合同中外人士会见。虽然

①据：《周恩来年谱（1949－1976）》下卷，第585页；《我的父亲邓小平："文革"岁月》，第274页。

②金冲及主编：《周恩来传》，中央文献出版社1998年版，第2081页。

◎1973年4月12日，邓小平出现在周恩来举行的欢迎西哈努克亲王的宴会上，这是他自1967年销声匿迹后第一次公开露面（选自画册《新中国外交五十年》，世界知识出版社1999年版）

他坐的位置并不显眼，却吸引了全场的目光。他没有说一句话，甚至还显得有点孤单，但无论是中国人还是外国人，都感觉到他重新登上中国政治舞台的分量。

诚然，这只是一件事情的开始。当时，中国共产党最高领导层的状况，正如毛泽东有一次向外国客人所说，“我们现在有领导危机”，总理身体不好，叶剑英身体也不好，还有他自己也已年迈，“只有他（邓小平）算一个壮丁。”[①] 处在长期内乱中的中国，正需要邓小平这样精力充沛而又成熟、老练的政治家。周恩来在1973年秋天向外国客人谈到邓小平时说：这是一位将来会成为很重要人物的领导人。[②]

邓小平复出以后，毛泽东、周恩来、叶剑英等又因势利导，一步一步地把邓小平推到中国政治舞台的中央。

---

①引自毛泽东会见越南劳动党第一书记黎笋的谈话（1975年9月24日）。

②转引自《周恩来传》，第2081页。

2．参加中央军委，进中央政治局

安排邓小平参加中央军委、进中央政治局，是1973年12月毛泽东在决定八大军区司令员对调时，采取的一个重要举措。为此，毛在政治局会议上、在同政治局部分成员谈话中多次作了说明。

12月12日，毛泽东主持召开政治局会议。他在会上说：我和剑英同志请邓小平同志参加军委、当委员。又说：是不是当政治局委员，以后开二中全会报告追认。

12月14日，毛泽东同部分中央政治局同志谈话，又说：现在，请了一个军师，叫邓小平。发个通知，当政治局委员、军委委员。政治局是管全部的，党政军民学，东西南北中。我想政治局添一个秘书长吧，你不要这个名义，那就当个参谋长吧。

12月15日，毛泽东在同部分中央政治局成员和北京、沈阳、济南、武汉军区负责人谈话时说，我们现在请了一位总参谋长（指邓）。他呢，有些人怕他，但是办事比较果断。他一生大概是三七开。你们的老上司，我请回来了，政治局请回来了，不是我一个人请回来的。你（指邓）呢，人家有点怕你，我送你两句话，柔中寓刚，绵里藏针。外面和气一点，内部是钢铁公司。过去的缺点，慢慢地改一改吧。

12月18日，中央政治局会议讨论，通过了毛泽东的提议。12月22日，周恩来亲自起草中共中央关于邓小平担任中央政治局委员、中央军委委员，参加中央和军委领导工作的决定的通知。当天发出，下达到党内外群众。1974年1月18日，周恩来主持政治局会议，提议成立中央军委五人小组，由叶剑英牵头，邓小平参加。[①] 翌日，邓小平即同叶剑英等一起指挥西沙对越自卫反击战取得胜利。

①中央军委五人小组另外三个成员是陈锡联和张春桥、王洪文。

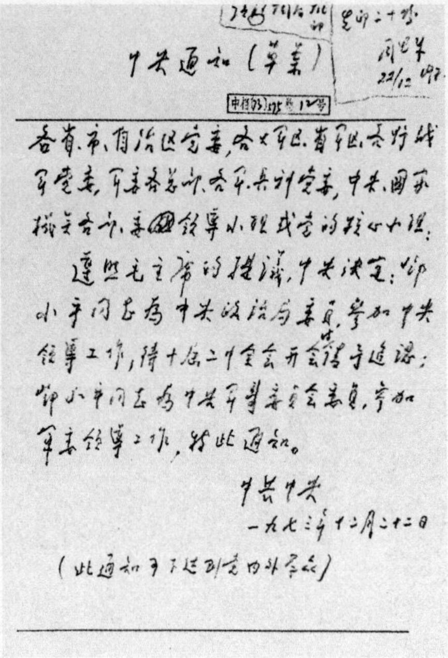
中共通知（草案）

各省、市、自治区党委，各大军区、省军区、野战军党委，军委各总部、各军兵种党委，中央、国家机关各部、委、领导小组或党的核心小组：

遵照毛主席的提议，中央决定：邓小平同志为中央政治局委员，参加中央领导工作，待十届二中全会开会时予以追认；邓小平同志为中共中央军事委员会委员，参加军委领导工作。特此通知。

中共中央

一九七三年十二月二十二日

（此通知可下达到党内外群众）

◎周恩来起草的1973年12月22日中共中央关于邓小平任职决定的通知

3．出席六届联大特别会议

再一个重要举措是，决定由邓小平担任出席第六届特别联大的中国代表团团长，在国际上树立邓小平作为中国政府代表的形象，提高邓小平在国际政治舞台上的威望。这也是毛泽东亲自作出的决策，并且是由毛出面同江青作斗争以后才得以实现的。

联合国大会第六届特别会议定于1974年4月9日在纽约召开。[①] 3月20日左右，外交部就我国出席六届联大特别会议代表团团长人选问题请示毛泽东。毛提出由邓小平当团长，乔冠华当邓的参谋。说这件事不要讲是他的意见，还是由外交部写报告提出为好。外交部即于22日向中央呈送了团长人选问题的请示报告。3月24日，周恩来批示同意。考虑到国内情况，他建议在三周会期中，邓小平可以只出席一周，在大会上发表讲话，与多方要人接触，便可回国。当天，毛泽东圈阅了周的批示。

毛泽东、周恩来派邓小平当团长出席六届联大特别会议，规格高，影响大，是对第三世界发起的这次重要会议的有力支持，对发展我国的对外关系，特别是同亚、非、拉各国的友好关系，有积极作用。可是，江青竭力反对。就在毛泽东圈阅同意的当天晚上，江青找王海容、唐闻生，强令撤回外交部的报告。王、唐告以毛已经圈阅，外交部无权撤回。但江青还是在3月25日下午四次打电话给王、唐，逼她们撤回要邓小平率团出席六届联大特

①这次会议的议题是“研究原料和发展问题”。会议是由阿尔及利亚民主人民共和国革命委员会主席布迈丁以第四次不结盟国家首脑会议执行主席名义建议召开的。它标志着第三世界人民的日益觉醒和团结的不断增强，反映了第三世界国家反对帝国主义和霸权主义、维护民族独立、捍卫国家主权和保护民族资源、发展民族经济的斗争的新高涨。

别会议的报告。于是王、唐打电话请示毛泽东处：主席是否仍主张由邓小平率团出国？她们可否将是主席提议让小平同志当团长的意见说出去？秘书回话，除重述25日下午的话之外，还说：毛主席说，如果实在不行，也可以说明，让邓小平去是他提议的。

3月26日，政治局会议讨论此事，江青继续无理取闹。会后，王、唐向毛泽东汇报了会议情况。毛于27日给江青写信："江青：邓小平同志出国是我的意见，你不要反对为好。小心谨慎，不要反对我的提议。"江青这才复信表示拥护。但4月3日至5日政治局讨论邓小平出席联大特别会议的主题发言稿和中国代表团的具体工作方针时，江青和张春桥、姚文元都称病不到。

4月6日上午，邓小平率团离京赴纽约出席六届联大特别会议，周恩来抱病与叶剑英、李先念等党和国家领导人前往机场热烈欢送。4月10日，邓小平在联大特别会议上发言。第一次向全世界阐述毛泽东前不久在会见赞比亚总统卡翁达时提出的"三个世界"的理论，支持第三世界各国在原料和发展问题上维护国家主权、发展民族经济、反帝反霸的立场。邓小平发言后，当场受到许多国家代表的热烈祝贺。4月19日，邓小平一行乘专机回到

◎邓小平副总理在联合国大会第六届特别会议上发表讲话（1974年4月10日，选自画册《新中国外交四十年》，世界知识出版社1989年版）

北京，周恩来在机场举行了盛大的欢迎仪式。通过这次活动，在国内国际重新树立了邓小平具有重要地位的公众形象。

从1973年4月12日邓小平在欢迎西哈努克亲王的宴会上公开露面，到1974年4月10日出席联合国大会，经过一年时间，邓小平已经走到了中国政治舞台的前沿。

这时，周恩来的身体状况每况愈下，加快了邓小平代替周恩来主持中央工作的进程。① 在这时，毛泽东在7月对江青等人发出了“不要搞成四人小宗派”的警告，8月发出了“安定团结”的号召，紧接着，召开四届全国人大重新提上日程。中国的政治局面和人事状况，需要邓小平出来担当中国政坛的主角，而邓小平走到中国政治舞台中央的准备至此也已经就绪了。

围绕四届全国人大人事安排的斗争

1．毛泽东提议邓小平担任第一副总理及“四人帮”的反应

1974年国庆节刚过，毛泽东在武汉提出要筹备四届全国人大、酝酿国家机构人事安排。10月4日，毛泽东让秘书用电话告诉王洪文：毛主席提议邓小平担任国务院第一副总理。要王把他的这一重要人事安排告诉周恩来。10月11日，中共中央发出通

①早在1972年5月，周恩来就确诊患了膀胱癌。同年11月，专家会诊认为他心脏病发展较重，要及时注意。毛泽东即写批语嘱咐：“应当休息、节劳，不可大意。”然而，周恩来仍然日夜操劳，还要应付江青等人的种种无理纠缠。1973年1月5日，发生大量便血。周恩来仍旧坚持工作，直到3月5日才去医院做透视检查。在把邓小平复出安排妥帖之后，周恩来住到玉泉山3号楼进行了两周全面检查、治疗。4月上旬，做了治疗手术，又投入紧张的十大准备工作。十大以后，又是筹备四届全国人大，又是所谓“帮周会”，再加上一个批林批孔运动，搞得身患绝症、年已76岁的周恩来心力交瘁，病情更加重笃。但他以惊人的意志，勉力支撑，坚持把邓小平出席六届联大特别会议这件事办完。1974年四五月间，周恩来4次发生缺氧状况，病情不允许再有延误，才在1974年6月1日住进北海西岸的解放军305医院，当天就做了大手术。国务院的日常工作开始由邓小平代理。

知，传达毛泽东安定团结的最新指示，宣布近期召开四届全国人大的决定。

中国的历史又发展到了一个关节点。正当毛泽东号召实现安定团结的时候，江青、张春桥、王洪文、姚文元结为“四人帮”，为了篡夺党和国家的最高领导权，又一次兴风作浪。他们把矛头指向周恩来和邓小平，直接的目标是阻挠邓小平出任第一副总理。

在1974年10月提出准备召开四届全国人大（在四届人大之前召开十届二中全会）时，为夺取最高权力，江同张、王、姚密谋策划，企图逐步改组中央政治局，取得政治局的稳定多数。办法是让一些人先列席中央政治局会议，然后伺机正式补为政治局成员。他们要张春桥当第一副总理，王洪文当人大副委员长，以夺取国务院和人大常委会的领导权。他们先后在上海、辽宁等地选定帮派骨干分子20多人，企图安插到公安部、教育部、文化部、铁道部、邮电部、六机部和人民日报、全总、团中央、妇联，夺取这些部门全部或部分领导权。他们还在上海物色培养了“工人大使”、外事干部110多人，以便夺取外交大权。

◎“风庆轮”下水的场面（选自画册《图片中国百年史》，山东画报出版社1994年版）

毛泽东指定邓小平出任第一副总理，打碎了他们的如意算盘，他们怎么肯善罢甘休呢?

2．“风庆轮事件”和长沙诬告

江青一伙找到的借以发难的题目，是所谓“风庆轮事件”。

风庆轮是我国自行设计制造的一艘万吨货轮，1974年国庆节前，经过往返上海—罗马尼亚、历时150天的远航归来。“四人帮”在1974年初该轮重载试航阶段，就曾借批判远洋运输分公司和交通部“崇洋媚外”来影射攻击周恩来等是“70年代的李鸿章”。现在风庆轮远航返回，他们又想寻机惹事。国庆节后不久，“四人帮”收到他们在上海的亲信写的万言长信，知道风庆轮副政委李国堂、实习三副顾文广在远航途中反对批判所谓造船、买船问题上的“崇洋媚外”、“卖国主义”，还对王洪文、上海市委和京剧样板戏颇有微词，遂抓住一点，肆意夸大，无限上纲。江青10月14日在登载《“风庆”轮的问题》的《国内动态》清样上作了不少批注，并给在京中央政治局成员写信，说该报道“引起我满腔的无产阶级义愤！试问，交通部是不是毛主席、党中央领导的中华人民共和国的一个部？国务院是无产阶级专政的国家机关。但是交通部确有少数崇洋媚外、买办资产阶级思想的人专了我们的政”。“这种洋奴思想、爬行哲学，不向它斗争可以吗？”说那个副政委“是钻进革命队伍的阶级异己分子”。提出：“政治局对这个问题应该有个表态，而且应该采取必要的措施。”王洪文当天即表示“完全同意”。张春桥、姚文元也在同一天写下批语，张强调这是造船工业上“两条路线斗争的继续”；姚认定这个副政委“代表一条修正主义路线”。[①]

10月17日晚，中央政治局会议快要结束时，“四人帮”突然提出风庆轮问题。

江青拿出风庆轮的传阅材料，质问邓小平对这个问题是什么意见，要邓立即表态。邓小平说：我已圈阅了。对这个材料还要调查一下呢！

江青进一步逼问：对批评“洋奴哲学”是什么态度？是赞成还是反对？

①据毛泽东1976年3月10日《对风庆轮问题请示报告的批示》的附件（4）、（5）。

邓小平针锋相对回击江青：政治局讨论问题要平等，不能用这样态度待人。这样政治局还能合作？强加于人，一定要写出赞成你的意见吗？

张春桥、姚文元一起指责邓小平。江青更是对邓大肆攻击和谩骂。邓小平忍无可忍，连说："我要调查！"愤然离开会场。张春桥看着邓小平走出去，阴险地说：我早知道你要跳出来，果然跳出来了。[①]

"四人帮"认为，政治局会议上的争吵，正好给了他们一个攻击邓小平的口实、一个把邓小平搞下去的机会，立即星夜密谋。四人商定：抢在邓小平10月20日陪同丹麦首相到长沙会见毛泽东之前，由王洪文先去报告。

第二天（10月18日）上午9点，王洪文乘专机飞往长沙。下午2点左右，毛泽东接见了他。王洪文借汇报17日政治局会议情况诬陷邓小平和周恩来。他一开头就把形势说得十分严重。他把周恩来、邓小平同1970年庐山会议（九届二中全会）上的林彪、陈伯达类比，说：北京现在大有庐山会议的味道。还说：我这次来湖南没有告诉总理和政治局其他同志。是我们四个人——春桥、江青、文元和我开了一夜会，商定让我向主席汇报。我是冒着危险来的。

王讲了昨晚政治局会议争吵的经过后说：邓小平还是搞过去"造船不如买船，买船不如租船"那一套。邓有那样大的情绪，是与最近酝酿总参谋长人选有关。

王洪文还诬陷周恩来、邓小平、叶剑英、李先念等进行篡权活动。说：总理现在虽然有重病，住在医院，但昼夜都忙着找人谈话。几乎每天都有人去。经常去总理那里的有小平、剑英、先念等

---

①1974年10月17日政治局会议情况据：纪希晨等《长沙诬告前后——特别法庭第一审判庭侧记之一》，《历史在这里沉思——1966－1976年纪实》（二），华夏出版社1986年版；《周恩来传》（下），第2108页。

人。他们在这时来往得这样频繁，和四届人大的人事安排有关。

王洪文对江、张、姚分别吹捧一番。最后请毛指示，说今天还要赶回北京，他们几个人还等着我传达主席的意见呢。

毛泽东对江青等人看得很透。他没有听信王洪文的谗言。当即对王严肃批评：有意见当面谈，这么搞不好，要跟小平同志搞好团结。叮嘱王：你回去后多找总理、剑英同志谈谈。告诫王：你要注意江青，不要跟她搞在一起。[①]

王洪文在毛泽东面前表示“一定按主席指示办”，可是，当天（18日）下午回到北京后，没有去找周、叶，却于当天晚上到钓鱼台向江、张、姚复命。四人在17楼江青处密商对策。江青还把王海容、唐闻生两人找来，因她们后天（20日）将陪同丹麦首相赴长沙会见毛泽东。江青在18日中午已经找王、唐谈过，要她们向毛泽东反映国务院“崇洋媚外”的问题，并攻击邓小平在17日中央政治局会议上的言行是又一次“二月逆流”。在18日夜间密商的小会上，江青再次嘱王、唐到长沙诬告邓小平，还托她们带给毛泽东一封信。江青在信中说：听说主席身体好，非常高兴。并说：“昨日王洪文同志带回来的橘子，味甚鲜美。使我想起一首唐诗：‘江上阴云锁梦魂，江边深夜舞刘琨。秋风万里芙蓉国，暮雨千家薜荔村。乡思不堪悲橘柚，旅游谁肯重王孙？渔人相见不相问，长笛一声归岛门。’”[②]

“四人帮”这时的用心，是要说动毛泽东收回成命，不让邓小平担任第一副总理。

3．邓小平的长沙之行

10月19日，周恩来找王海容、唐闻生到医院谈话。告诉她

---

①据张玉凤1976年10月20日写的揭发和1980年7月18日写的证词。并据《周恩来年谱（1949－1976）》下卷，第679页。

②引诗为唐末诗人谭用之的《秋宿湘江遇雨》，见《全唐诗》第七六四卷。

们，经过了解，事情并不像江青等所说的那样，而是他们四个人事先计划好要整小平。他们已搞过多次，小平同志忍了很久。

在找王、唐之前，周恩来已同邓小平谈话，嘱小平到长沙在主席面前不提此事。

1974年10月20日下午，邓小平在长沙陪同毛泽东会见丹麦首相哈特林，谈话结束送走外宾后，毛问邓有什么事要说，邓说，我没有什么要说的。邓问主席有什么话没有。毛叫邓坐下，说，我不懂北京的事，听说要开人大，我看不用那么急，要看总理的身体情况，看准备工作情况。邓说，把主席的话带回去。毛点点头。邓小平回到北京以后，即于21日上午把同毛泽东谈话经过致信王洪文，让他通报政治局成员周知。

这一两分钟的交谈非同寻常。不单是把四届人大"组阁"的重任明确地交给周恩来，而且促使毛泽东更加信任邓小平。同前一天王洪文气急败坏地在毛泽东面前诬告完全相反，邓小平一句不说政治局会议上的争吵，表现得那样的豁达大度。一个卑劣，一个伟岸，对比太强烈了！这无疑会在毛泽东的心中激起更加坚定重用邓小平的决心。

邓小平离开后，毛泽东同王、唐继续关于四届人大人事安排等问题的谈话。

毛要她们回北京传达他的意见：总理还是我们的总理。如

◎1974年10月20日，邓小平在长沙陪同毛泽东会见丹麦首相保罗·哈特林（选自画册《新中国外交五十年》）

◎1974年10月20日，毛泽东主席在长沙会见丹麦首相保罗·哈特林（选自画册《新中国外交四十年》）

果他身体可以，由他和洪文同志一起给各方商量，提出一个人事安排的名单。邓小平做第一副总理兼总参谋长，这是叶剑英的意见。我赞成照他的意见办，战时有事，平时无事，挂个名。杨成武可以做副总长。王洪文来的时候没有这么明确，再明确一下。委员长一、二人再考虑。

毛泽东重申：总的方针要团结、要安定。[①]

毛泽东还要她俩转告王洪文、张春桥和姚文元，不要跟在江青后面批东西。[②]

关于风庆轮事件，毛泽东说：风庆轮的问题本来是一件小事，而且先念等同志已在解决，但江青还这么闹。[③]

在带去的江青来信上，毛泽东写了批语："已阅。务望谨慎

①以上毛的意见据江青1974年10月22日的记录稿。参见《周恩来年谱（1949－1976）》下卷，第680页。

②据《历史在这里沉思——1966－1976纪实》（二），第202页。

③据《周恩来年谱（1949－1976）》下卷，第680页。

小心。注意团结不同意见的同志。”[①]请王、唐带回交江青。

王、唐二人在22日把毛泽东的指示向政治局作了传达。毛泽东10月20日这次关于最高层领导人事安排的决策，使“四人帮”阻挠邓小平担任第一副总理兼总参谋长的图谋无法得逞，他们想排斥周恩来主持“组阁”的阴谋也成了一枕黄粱。

4．毛泽东制止江青“组阁”

在这两代领导人交替的关键时刻，周恩来按照毛泽东的决策和委托，不顾自己8月10日作第二次大手术后虚弱的病体，毅然再度挑起处理党和国家全面工作的重担。从10月下旬到11月上旬，连续十多天，在医院分别与邓小平、叶剑英、李先念商讨，同王洪文、江青谈话，并约中央政治局成员分三批开会，传达毛泽东10月20日长沙指示，解决“风庆轮事件”，研究四届人大筹备工作。11月6日，周恩来写信给毛泽东，表示“我积极支持主席提议的小平为第一副总理，还兼总参谋长”。说明四届人大“代表名单，宪法草案和报告，政府工作报告，均可在11月搞出”；“人事名单估计11月下旬可搞出几个比较满意人选”。关于病情，自己的膀胱癌虽未治愈，但“我的身体情况比7月17日见主席时好多了，只是弱了些，如果12月能开人大，定能吃得消”，“务请主席放心”。[②]

江青这时仍不死心，她不听毛泽东的告诫，还想利用其特殊身份插手“组阁”。这时，毛泽东一方面坚决制止江青插手，一方面坚决支持邓小平的斗争。

11月12日，毛泽东在长沙会见也门民主共和国总统委员会主席鲁巴伊后同邓小平谈话。他对邓小平说：你开了一个钢铁公

---

①《建国以来毛泽东文稿》第13册，中央文献出版社1998年版，第374页。

②《周恩来年谱（1949－1976）》下卷，第682页。

◎1974年11月12日，邓小平陪同也门民主共和国总统鲁巴伊到长沙会见毛泽东（选自《邓小平画传》）

司！好！邓说：我实在忍不住了，不止一次了。毛主席说：我赞成你！邓小平答道：她在政治局搞了七八次了。毛说：强加于人哪，我也是不高兴的。她们（用手指王、唐）都不高兴。邓说：我主要感觉政治局的生活不正常。最后我到她那里去讲了一下，钢铁公司对钢铁公司。毛泽东说：这个好。邓小平又跟毛主席说：最近关于我的工作的决定，主席已经讲了，不应再提什么意见了，但是看来责任是太重了一点。毛主席说：没办法呢，只好担起来啰。

也就在11月12日这一天，毛泽东看到江青给他的信。江青向毛提出人事安排建议名单，要谢静宜任全国人大副委员长，迟群当教育部长，乔冠华当副总理，毛远新、迟群、谢静宜、金祖敏列席政治局，作为接班人培养。毛泽东在信上批道："不要多露面，不要批文件，不要由你组阁（当后台老板），你积怨甚多，要团结多数。至嘱。""人贵有自知之明。又及。"[①]

江青心犹不甘，11月19日，又给毛泽东写信，公然伸手要官要权，说"自九大以后，我基本上是闲人，没有分配我什么工作，目前更甚"[②]。毛泽东20日复信说："你的职务就是研究国内外动态，这已经是大任务了。此事我对你说了多次，不要说没有工作。此嘱。"[③]但江青野心不泯，在12月间，又把王海容、唐闻生找去，要她们向毛泽东转达她的意见，由王洪文任全国人大副委员长。毛泽东立即一针见血地指出："江青有野心。她是想叫王洪文作委员长，她自己作党的主席。"[④]毛泽东看穿江青的野心，坚决不许。这时江青再怎么厚颜纠缠，已属徒劳了。

12月间，周恩来在病榻上紧张地展开了四届人大的各项准备工作。在最关键的人事安排问题上，统筹全局，反复衡量。针对"四人帮"竭力要将他们的亲信安插在文化、教育、体委等部委的情况，周恩来同邓小平、李先念等多次交换意见，认为教育部关系重大，不能让，还是由周荣鑫当部长为好；文化部、体委从当时情况看来不能不作让步。12月20日前后，周恩来又在医院分批召集中央政治局成员开会，通过了四届人大常委会委员长、副委员长和国务院副总理候选人名单的三个方案。[⑤]

5．毛泽东周恩来长沙会晤

12月23日，周恩来抱病飞赴长沙，当面向毛泽东汇报四届人大的筹备情况。行前医务人员发现他的大便有隐血，需要立即进

---

①引自《建国以来毛泽东文稿》第13册，第394页。

②转引自《建国以来毛泽东文稿》第13册，第376页。

③引自《建国以来毛泽东文稿》第13册，第374－375页。

④引自《建国以来毛泽东文稿》第13册，第395页。

⑤据《历史在这里沉思——1966－1976纪实》（一），第75页。

行检查治疗。这时正是决定党和国家的权力掌握在谁手里的关键时刻，与周恩来同去汇报的又是王洪文。叶剑英表示，为了共和国的最高利益，现在不能提及此事，反复叮嘱医务人员要采取一切措施，确保总理安全返回。

12月23日当天，毛泽东就听取了周恩来、王洪文的汇报。

毛泽东摇着手对王洪文说："不要搞四人帮！团结起来！四个人搞在一起不好！"又一次说："江青有野心。你们看有没有？我看是有。我比你们了解她，几十年。我对她做了工作。批林批孔批走后门，搞乱了，又不告诉我。"

在谈到邓小平时，毛泽东指指脑袋说：他政治思想强。Political比他（用手指王洪文）强，他没有邓小平强。又说：我看小平做个军委副主席。军委副主席、第一副总理兼总参谋长。还边说边用笔写"人才难……"，毛刚写到"难"字，周恩来把"人才难得"说出来，毛放下了笔。①

第二天，毛泽东要周恩来、王洪文"留在这里谈，告诉小平在京主持工作"。毛泽东在24日、25日、27日又同周恩来和王洪文谈了三次。

谈话的一个重要内容是分析和批评"四人帮"。毛泽东说：在批刘、批林中立了功，但不要搞宗派，搞宗派要摔跤的。摔了跤，能爬起来就好。关于江青，毛说：我在做江青的工作，劝她"三不要"：一不要乱批东西，二不要出风头，三不要参加组织政府（内阁）。对江青，毛又说：当然要一分为二。他责成江青等人作自我批评，要王洪文在长沙期间写出书面检查。②

谈话的再一个重要内容是关于人事安排。毛泽东对四届人大常委会委员长、副委员长和国务院副总理的具体人选提了一些意见。他同意叶剑英以军委副主席兼国防部长。关于副总理人选，毛

---

①据《周恩来年谱（1949－1976）》下卷，第687页。

②据《周恩来年谱（1949－1976）》下卷，第687页。

在邓、张（春桥）、李（先念）后加了一个陈（锡联）。并提议张春桥兼任总政治部主任。最重要的，还是邓小平的职务。周恩来建议，在四届人大前的中共十届二中全会上，增补邓小平为中央政治局常委或中央副主席，毛泽东提出以邓小平为中央副主席兼政治局常委。[①] 这一重要决策，把邓小平推到了中国政治舞台的中央。毛泽东了解了周恩来的病情，关切地对周恩来说：你身体不好，四届人大之后，你安心养病，国务院的工作让小平同志去顶。[②]

12月26日，是毛泽东81岁生日。王洪文到韶山参观，毛泽东单独同周恩来促膝长谈。毛泽东就理论问题发表了重要谈话，并同周恩来再次就党和国家领导人的任职安排交换意见。经过分析比较，最终确定了中共十届二中全会和四届人大会议上的人事安排方案。[③]

邓小平担任五个职务，主持国务院工作

周恩来返回北京以后，即在政治局常委会上传达了毛泽东的谈话要点。经过"文化大革命"多次反复，在这关键时刻，毛泽东又一次批评"四人帮"，为四届全国人大的人事安排作出决断，把党和国家的最高权力交给邓小平执掌。在当时，毛泽东的指示和决定具有绝对权威。他要邓小平担任中共中央副主席兼政治局常委、国务院第一副总理、中央军委副主席兼总参谋长五个职务。这一决策，得到党内绝大多数人的拥护，江青等人也无可奈何。至此，"四人帮"从批林批孔运动开始，到处兴风作浪，处心积虑妄图排斥以至打倒周恩来、邓小平，由他们来组阁的阴谋归于失败。

---

①据《周恩来年谱（1949－1976）》下卷，第687页。

②据《周恩来年谱（1949－1976）》下卷，第687页。

③据《周恩来年谱（1949－1976）》下卷，第687－688页。

◎1975年1月，周恩来在第四届全国人大第一次会议上抱病作《政府工作报告》（选自画册《周恩来》，中央文献出版社1993年版）

从1970年起就酝酿召开的四届全国人大，经过中共九届二中全会（庐山会议）、“批陈整风”、“九一三事件”、“批林整风”、“批林批孔”以及“风庆轮事件”等惊心动魄的斗争，在毛泽东安定团结的方针指导下，在毛泽东、周恩来的直接筹划下，终于在1975年1月召开。这次大会是力图结束“文化大革命”动乱局面，恢复正常秩序，实现安定团结的一个标志。

1975年元旦，周恩来在人民大会堂主持中共中央政治局会议，讨论四届全国人大有关人事安排问题。根据毛泽东要安定团结的指示，会议确定“基本不动，个别调整”的原则，讨论通过了邓小平起草的关于国务院的部、委设置和各部部长、委员会主任、最高人民法院院长人选的报告。会后，即向在长沙休养的毛泽东作了报告。1月5日，中共中央发出1975年1号文件，任命邓小平为中央军委副主席兼中国人民解放军总参谋长。接着，中共十届二中全会于1月8日至10日在北京举行，邓小平当选中共中央副主席、中央政治局常委。

1975年1月13日，第四届全国人民代表大会第一次会议胜利召开。1月17日，根据中共中央的提议，会议任命了国务院总理、副总理、各部部长、各委员会主任。周恩来连任国务院总理，副总理为：邓小平、张春桥、李先念、陈锡联、纪登奎、华国锋、陈永贵、吴桂贤、王震、余秋里、谷牧、孙健。

四届全国人大一次会议闭幕后，周恩来于1月30日主持中央政治局常委会，研究国务院副总理分工问题。2月1日，周恩来在人民大会堂主持召开国务院常务会议，审定了国务院十二位副总理的分工。确定邓小平“主管外事，在周恩来总理治病疗养期间，代总理主持会议和呈批主要文件”。常务副总理三人“负责处理国务院日常事务”。他们是：李先念（主管财政、贸易）、纪登奎（主管劳动工资和干部调配）、华国锋（主管政法和科学）。其他副总理也各有分工。①

2月1日国务院常务会议后，周恩来又主持召开国务院全体会议，在会上传达、讲解了在四届人大筹备期间毛泽东所作人事问题和理论问题指示的内容，重申了毛泽东对邓小平所作的“政治思想强，人才难得”等评语，并说：“以后的事情还要副总理们多做”，“以小平同志为首”，“将来这样的会，请小平同志主持”。“希望新的国务院成立以后，出现新的气象，争取今年第四个五年计划能够完成而且超额完成。”② 邓小平也讲了话。至此，周恩来完成了由邓小平接替他主持国务院工作的安排。

通过中共十届二中全会、四届全国人大一次会议和国务院会议，完成了毛泽东主持作出的人事安排。邓小平在毛泽东、周恩来、叶剑英的支持和安排下，通过正常程序走到了中国政治舞台的中央。

---

①张春桥主管文化、教育，陈锡联主管国防工业和体育，陈永贵主管农业，吴桂贤主管卫生和轻工业，王震主管交通和供销，余秋里主管计划和工业，谷牧主管建设和工业，孙健主管工业生产。

②据：《周恩来年谱（1949－1976）》下卷，第693－694页；力平：《周恩来一生》，中央文献出版社2001年版，第536页。

三　邓小平以“三项指示为纲”领导1975年整顿

邓小平主持全局工作以后，立即大刀阔斧地领导整顿。在整顿中，他提出“三项指示为纲”的著名口号，并以实现四个现代化宏伟目标为号召，与“四人帮”进行了针锋相对的斗争，领导整顿取得了极大的成功。

毛泽东关于学习理论、反修防修，安定团结，和要把国民经济搞上去这三项重要指示，是从1974年8月至1975年1月在不同时间、不同场合、针对不同情况先后作出并重申的。它比较集中地反映了毛泽东在“文化大革命”后期的思想。但毛泽东本人并没有把它们联系在一起。邓小平审时度势，融会贯通，把它们联系在一起，提出三项指示是各项工作的纲，用来领导1975年的整顿，取得了巨大成功。应该说，“三项指示为纲”是邓小平的一个创造，是完整准确地理解和运用毛泽东思想的一个典范，表现了一个伟大的无产阶级政治家的雄才大略。

人民日報

1975年10月2日 星期四

庆祝中华人民共和国成立二十六周年!
沿着毛主席的革命路线胜利前进!

认真执行毛主席关于学习理论反修防修、安定团结和把国民经济搞上去的指示

首都人民热烈庆祝中华人民共和国成立二十六周年

叶剑英、邓小平、朱德、张春桥、姚文元、李先念、纪登奎、华国锋、汪东兴、吴德、陈永贵、吴桂贤、苏振华、倪志福、徐向前、聂荣臻、陈云、谭震林、李井泉、周建人、许德珩、胡厥文、李素文、姚连蔚、王震、余秋里、谷牧、孙健和沈雁冰、江华同首都群众一起参加节日游园庆祝活动

王洪文、韦国清、许世友、李德生分别在上海、南宁、广州、沈阳，陈锡联、赛福鼎在乌鲁木齐参加庆祝活动

西哈努克亲王和夫人、冯维希副首相和夫人等各国贵宾和朋友参加首都的游园联欢受到群众热烈欢迎

◎1975年10月2日的《人民日报》，新闻标题和图片都把毛泽东的“三项指示”放在重要位置

邓小平以毛泽东的“三项指示为纲”来领导1975年的整顿，这是一个非常高明的决策。因为毛泽东的三项指示集中反映了当时全国上下干部群众共同一致的久乱思治、久贫思富的强烈愿望，唯有贯彻执行毛泽东的三项指示，才能把全党、全军、全国人民凝聚在一起，治理经过八年“文化大革命”以后的混乱局面。从另一方面看，进行整顿的主要障碍和对立面是“四人帮”。邓小平主持的整顿以毛泽东的“三项指示为纲”来进行，就在同“四人帮”的斗争中占据了主动，“四人帮”就很难明目张胆地反对。

邓小平在提出“三项指示为纲”时，还很有针对性地提出了两个重要论点：一个是“整体”论。强调毛主席的三项指示是一个“整体”，是互相联系的，不可分割的，不能丢掉任何一条。一个是“大局”论。强调周总理在1975年1月四届全国人大一次会议上重申的发展我国国民经济的“两步设想”和在20世纪末把我国建设成为“四个现代化”社会主义强国的宏伟目标，“这就是大局”，“全党全国都要为实现这个伟大目标而奋斗”。[①] 这两个论点，在顾及全面的基础上突出了“把国民经济搞上去”这个重点。邓小平以此统一全党、全国的奋斗目标，明确1975年的工作重心，并对“四人帮”割裂三项指示、破坏安定团结、破坏经济建设的言行提供了批评的依据。邓小平对三项指示的总体把握，使1975年整顿具有一种高屋建瓴、势不可当的气势。

邓小平主持领导的1975年整顿，在实现“两步设想”、建设“四化”强国的目标指引下，在“三项指示为纲”指导下，发展之迅速，成效之显著，斗争之尖锐复杂，为当代中国历史上所少见。以下将从各方面叙述这一波澜壮阔、风云变幻的历史画卷。

---

①《邓小平文选》第2卷，人民出版社1994年版，第4页。

四　1975年整顿的突破口——铁路

邓小平担负党政军领导职务以后，立即对军队整顿作出部署，之后马上就集中精力抓铁路整顿这一突破口。

邓小平决策：整顿从铁路开始

邓小平就任国务院第一副总理、主持国务院日常工作以后，和国务院主管经济和工业交通的几位副总理分析当时国内经济情况，研究怎样把国民经济搞上去。大家清醒地看到，由于批林批孔运动再次引起社会动乱，对国民经济造成很大破坏。影响全局的突出的薄弱环节是铁路。铁路是国民经济大动脉，跨越省区，贯通全国，对能否把国民经济搞上去，具有重要的战略地位。铁路运输存在的严重问题，制约了钢铁、煤炭、电力等工业的发展，拖了国民经济的后腿，非解决不可。

当时铁路运输存在的严重问题有：

一是生产下降。1974年全年铁路货运量为7.87亿吨，只完成计划的92%。[①] 1975年1月份，全国20个铁路局只有北京、锦州、吉林、柳州、成都5个铁路局完成运输计划。1月份日装车量为45835辆，为计划安排量的91.7%；2月份更下降为42945辆，比去年同期减少9.4%。只相当于当时日装车能力55000辆的80%。其

①据《当代中国的计划工作》办公室编：《中华人民共和国国民经济和社会发展计划大事辑要（1949－1985）》，红旗出版社1987年版，第355页。

中煤炭每天少装2000车，相当于每天少运煤炭近10万吨。[①] 对钢铁、化肥、电力等工业生产和一些城市的生活影响很大。[②]

二是事故惊人。1974年一年，全路发生行车重大事故和大事故755起，比1973年增加48%。[③] 机车质量问题是酿成事故的重要原因之一。1974年全国铁路机车完好率不到70%，大部分机车不能按期维修，不少是带病作业。[④]

三是规章制度不严，劳动纪律松弛。责任事故常常由此酿成，安全正点也就难以达到。1975年1月，旅客列车正点率只有68.8%，货运列车正点率为70%。[⑤]

四是刑事犯罪突出，治安问题严重。1974年发生反革命案件220多起，其中企图制造爆炸、阴谋颠覆列车的重大案件有26起。发生各类刑事案件18900多起。客货车零配件丢失、被盗情况严重，直接影响火车正常运行。[⑥]

五是堵塞严重，运输不畅。京广、津浦、陇海、浙赣四大干线不通畅，列车不能安全正点。情况特别严重的是两条线（陇海、浙赣）、四个点（徐州、南京、南昌、太原）。位于津浦、陇海两大干线交会点的徐州，问题尤为突出，直接导致华东以至全国铁路干线不能畅通。地处京广、陇海两线交点的郑州，问题也很严重。由于铁路运输不畅，大庆、克拉玛依等油田曾被迫关井停产；山西、黑龙江、安徽等铁路沿线存煤500多万吨拉不出来；还有一些煤矿因外运受阻，致使煤堆自燃，不能继续生产。缺煤使华东电网发电量减少三分之一，江苏、湖南等省40%以上

---

①据全国工业书记会议文件之三：《在全国工业书记会议上的讲话》（1975年2月28日草稿）第4页；铁路局未完成计划情况据国家计委文件（75）计生字第56号；1月份、2月份装车数据《铁路情况简报》第4期（1975年2月1日）、第12期（1975年3月3日）。

②据《1974年铁路基本建设完成情况》，《铁路情况简报》第3期（1975年2月3日）。

③据《邓小平文选》第2卷，第5页。

④据《万里文选》，人民出版社1995年版，第73页。

⑤据《铁路情况简报》第4期（1975年2月1日）。

⑥据《全国工业书记会议情况反映（4）》（1975年2月28日），第1－2页。

工厂停产或大幅度减产。电力不足导致南方几省氮肥减产三分之一。昆阳磷矿石运不出来，许多省市磷肥生产难以为继。上海存煤有时只够用一个星期，常常告急。

显而易见，铁路运输问题不解决，生产部署统统打乱，整个国民经济计划就都落空。铁路问题已经成为能否把国民经济搞上去的关键。

邓小平看到，要想把国民经济搞上去，首先要整顿铁路，改变铁路运输拖后腿的状况，让它名副其实地当好发展国民经济的"先行官"。他对铁路整顿决心很大，抓得很紧。

1975年1月28日，邓小平召见刚上任十天的铁道部长万里，要他汇报铁路情况。

万里汇报了当前铁路运输中存在的问题，对徐州站堵塞严重、徐州铁路分局连续20个月没有完成运输任务的情况作了分析，认为要害是派性严重，铁路与地方的关系，即体制问题，也具有决定性作用。邓小平当即表示，体制问题要解决，应当实行铁路运输的统一领导，把权力集中到中央，铁道部在中央直接领导下工作，干部由铁道部统一管理、调配，与地方脱钩。运输生产一定要建立健全规章制度，加强组织纪律性，保证安全正点。

关于工作部署，万里提出，铁路问题复杂，解决起来难度较大，在调查研究的基础上争取半年解决问题。邓小平说：不行！不能拖，不能等，要用最快的速度，最坚决的措施，迅速扭转形势，改变面貌。邓小平要万里回去研究一下，给国务院写个报告。①

2月6日晚，邓小平同纪登奎和王震一起再次召见万里。邓小平重申，要用最快的速度，最有力的措施，迅速改变铁路面貌。他对万里提出，要铁道部代中央起草一份解决铁路问题的文件。

---

①1月28日邓小平召见万里谈话，据张广友著《改革风云中的万里》，人民出版社1995年版，第14－15页。

对文件的指导思想和写法，他扼要地讲了意见。

就在这时，又出现了一个十分严重的情况：在南方养病的毛泽东从长沙前往杭州，他的专列要通过的浙赣线经常阻塞，浙江金华地区两派武斗激烈，双方动用轻重武器，行车安全没有保障。浙江省委发出紧急通知，宣布撤消、解散武斗组织，两派民兵组织立即停止活动，同时采取了一系列安全保卫措施。[①] 毛泽东的专列才于2月8日安全抵达杭州。

此事进一步说明，解决铁路问题刻不容缓。

2月11日，农历大年初一，邓小平找余秋里（因病由国家计委副主任袁宝华代表）、谷牧和万里到他家里，讨论铁路和工业问题。万里说：以解决铁路问题为重点的全国工业书记会议准备在3月召开。邓小平说：不行，要在2月25日开。邓小平要求抓紧把文件搞好。他口授了这个文件的主要内容，强调铁路要集中整顿，要实行军事化管理。[②]

铁路整顿的部署：中共中央9号文件与邓小平“三五”讲话

1. 全国工业书记会议的召开

1975年2月25日，元宵节，经中央批准的全国工业书记会议如期在北京召开。出席这次会议的有29个省、市、自治区党委和国务院25个有关部、委、办的主要负责同志。25日上午，王震主持预备会，谷牧对《中共中央关于加强铁路工作的决定（代拟草

①据：访问铁瑛谈话（1994年5月25日，访问者：程中原、刘志男）；《浙江文革记事》（内部本），《浙江地方志》编辑部印行，第232页。

②据：王震1975年3月28日在全路领导干部会议上的讲话；袁宝华1995年4月7日在当代中国研究所的报告。

案）》作了说明。

25日下午，召开第一次全体会议。江苏、辽宁、浙江、北京、宁夏、安徽、上海、福建、山西等九省、市、自治区的负责同志发言。26日下午继续召开大会，公安部负责人作了关于加强铁路公安保卫工作的发言。

这次工业书记会议突出了铁路问题这个重点，提出："集中全力抓好铁路运输。"在3月份无论如何要解决好几个路局的问题，迅速把津浦、京广、陇海、浙赣四条干线搞畅通。要整顿铁路运输秩序，确保运输安全正点。要加强铁路治安保卫工作，对破坏铁路运输的行为要严肃处理。要继续坚持"一卸二排三装"的原则，加快车辆周转，提高运输效率，力争尽快达到正常水平。铁路平均日装车，3月份要达到49000—50000车，其中煤炭17300车；二季度要达到52000车，其中煤炭18000车以上。要大力抢运山西省的落地煤和云南、贵州、湖北、湖南等省的磷矿石。各地区、各部门要配合铁道部抓好卸车，抓好搬运，抓好水陆联运，抓好路矿协作，保证铁路畅通无阻。

2．中共中央9号文件和邓小平的"三五"讲话

全国工业书记会议开了一个星期。3月5日，会议结束的这一天，经中央政治局讨论通过、毛泽东圈阅同意的9号文件《中共中央关于加强铁路工作的决定》发出。这天下午，中共中央和国务院负责人在人民大会堂东大厅接见出席会议的人员，邓小平发表了重要讲话。

中共中央9号文件和邓小平讲话，成为指导铁路整顿的纲领。

9号文件抓住主要矛盾，把当前铁路运输的问题概括为"一个突出"、"两个不能适应"："铁路运输当前仍然是国民经济中一个突出的薄弱环节，不能适应工农业生产发展的需要，不能适应加强战备的需要。"为了迅速改变这种状态，中央特作出五条决定：（1）提出掀起社会主义建设新高潮的口号。（2）改变全国铁路的管理体制，实行全国铁路以铁道部领导为主的管理体

制。9号文件重申三个“统一”：“全国铁路必须由铁道部统一管理，铁路运输必须由铁道部集中指挥，铁路职工必须由铁道部统一调配，铁路的政治工作和运输指挥工作必须统一起来。”（3）规定改进铁路管理体制后地方党委对铁路工作的领导职责：对铁路单位的政治运动、政治思想工作和地区性社会活动，作出部署；对当前极少数问题较多、严重影响全国铁路运输的单位，采取有力措施，限期解决；组织好铁路部门同地方厂矿企业和港口的协作配合，组织好装卸和短途运输，并在人力、物力等方面给铁路以积极的支援。（4）为确保运输安全、正点，对建立健全必要的规章制度，加强组织性纪律性，反对派性，作了明确的规定。首先必须把岗位责任制、技术操作规程、质量检验制度、设备管理和维修制度这四项规章制度建立和健全起来。“对于少数资产阶级派性严重、经过批评和教育仍不改正的领导干部和头头，应该及时调离，不宜拖延不决，妨害大局。对严重违法乱纪的，要给予处分。”（5）整顿铁路运输秩序，同各种破坏行为作斗争。

邓小平的重要讲话，对铁路整顿从思想到方针、政策、办法都作了明确的指示。

第一，邓小平从“讲大局”的高度，强调铁路整顿的紧迫性和重要性。邓小平首先提出，全党要讲大局。这个大局就是分两步走发展我国国民经济，建设四化强国。① 他分析了国际形势，说明要抓紧时间把经济搞上去。② 他分析了国内生产形势，指出：“今年是第四个五年计划的最后一年，生产再搞不好，势必影响第五个五年计划的实行。”“我们必须预见到这种形势，认真抓这个问题。”③ 邓小平从铁路在国民经济全局中的地位来说明中央为什么首先下决心解决铁路问题。他说：“怎样才能把国

①《邓小平文选》第2卷，第4页。

②据邓小平1975年3月5日在工业书记会议上的讲话（记录稿）。

③《邓小平文选》第2卷，第4－5页。以下引自收入《邓小平文选》的这篇讲话处不再加注。

民经济搞上去？分析的结果，当前的薄弱环节是铁路。铁路运输的问题不解决，生产部署统统打乱，整个计划都会落空。所以中央下决心要解决这个问题。”他强调“要从大局出发，解决问题不能拖”，要求一个月内见效。

第二，邓小平抓住解决铁路问题的关键——反对派性。他指出，领导同志要看到派性问题的严重性，在这个问题上要有一个明确的态度。反对派性“是大是大非问题”，“现在闹派性已经严重地妨碍我们的大局”，“这个问题不解决，光解决具体问题不行”。同时，邓小平又指出，要分别情况，区别对待：对闹派性的人要再教育，对闹派性的头头要反对。派性头头也有两种情况：对派性迷了心窍的人，“教育过来，既往不咎，再不转变，严肃处理”；对少数坏人，他们利用派性浑水摸鱼，破坏社会主义秩序，破坏国家经济建设，在混乱中搞投机倒把，升官发财，对这样的人，不处理不行。邓小平点了徐州那个闹事的派性头头顾炳华的名，[①] 说：“实际上是他在那个地方专政，对这种人不及时处理，等到哪一年呀？”

邓小平还指出，反对派性，“解决问题要有一点办法”。他提出的主要办法有两条，一条是把铁路系统里闹派性的人同地方上闹派性的人之间的联系切断，一条是把闹派性的头头从原单位调开。这个问题不解决，不算根本解决。[②]

第三，相信群众，依靠群众，放手发动群众来解决问题。邓小平要求把9号文件同群众直接见面，用中央的决定来动员群众。他说：“三月份的动员要很深入，包括对职工家属、铁路沿线农民，都要做到家喻户晓。”

王震是主管交通的副总理，他向中央立下“军令状”：保证一个月内见效。

---

①据记录稿，这次讲话收入《邓小平文选》时把顾炳华的名字略去了。

②据邓小平1975年3月5日在工业书记会议上的讲话（记录稿）。

会后，铁道部和地方协同配合，按照这个要求，广泛发动群众，贯彻9号文件和邓小平“三五讲话”精神，进行铁路整顿，一个月解决了徐州问题，四个月基本解决了全路的问题。

万里解决徐州问题

铁道部以最快速度贯彻落实中央9号文件。3月5日下午，召开处、局级以上领导干部会议，由部临时领导小组成员、副部长郭鲁和政治部主任黎光传达全国工业书记会议精神。6日下午，召开铁道部机关和在京直属单位职工群众大会，部长万里传达中央9号文件和邓小平“三五讲话”，并提出了贯彻落实中央决定的具体措施。[①] 7日晚，又召开全路电话会议，进行传达。万里反复强调：要把中央9号文件作为铁路整顿的纲，不换节目，不改镜头，一抓到底。他提出：“不唱天，不唱地，只唱9号文件这

◎万里视察兖（州）石（臼所）线铁路（1984年，选自《改革风云中的万里》插图，中央文献出版社1995年版）

①据《铁道情况简报》第14期（1975年3月8日）。

出戏。”“千条理，万条理，不安定团结没有理。”王震在电话会议上就如何贯彻落实作了指示。铁道部临时领导小组决定，要狠抓典型，狠抓薄弱环节，要向问题严重的单位派工作组。明确首先集中力量解决好徐州问题，保证津浦、陇海两条运输干线畅通。

3月9日，铁道部部长万里、江苏省委分管工业的常委都到达徐州，雷厉风行地着手解决徐州问题。9日当天，中央9号文件就同徐州铁路员工和广大干部群众见面。同日，江苏省革命委员会发出《通告》，逮捕了制造武斗、严重破坏运输生产的坏头头顾炳华（徐州市物资局技术员）。徐州全市人心大振。10日，召开徐州铁路分局万人大会，全体职工、家属参加，传达中央9号文件。万里号召铁路上的同志，坚决在3月份转变铁路先行官变成拉后腿的局面。[①] 11日，在徐州体育馆召开徐州党员干部大会，江苏省委分管工业的常委传达中央9号文件和邓小平等的讲话，万里逐条宣讲“主席最近的三条重要指示”，号召“3月份转变局面，搞好安定、团结”。[②] 13日，万里出席徐州铁路分局机务段确保铁路畅通誓师大会。接着又深入下去，出席各种各样的群众座谈会。在各种场合，万里都发表讲话，旗帜鲜明地宣讲9号文件精神，使中央整顿铁路、解决徐州问题的决心和整顿铁路的方针政策家喻户晓，妇孺皆知，形成一种非要在几天内解决问题不可的、十分强烈的政治气氛和舆论攻势。

徐州铁路问题矛盾的焦点是派性。反对派性是整顿能否迅速见效的关键，而反对派性的关键又在对闹事的派头头区别对待：对跟着跑的，或进行教育，或作出处理；对为首的坏人，集中主要力量坚决打击。逮捕了顾炳华以后，对另两个派头头夏绍斌、罗修德，采取传讯强制学习的办法，想把他们拉回来。但是，夏

①见万里1975年3月11日在徐州党员干部大会上的讲话，中共徐州市委办事组印，第13页。

②见万里1975年3月11日在徐州党员干部大会上的讲话，中共徐州市委办事组印，第12－13页。

绍斌不思悔改，还写传单为顾炳华翻案，攻击中央9号文件；罗修德也不认罪，还继续放毒，进行反扑。于是把这两人也拘捕起来。对受蒙蔽跟着闹事的派头头，则坚持原则，分清是非，要他们立即停止活动，限期改正。对顾炳华等的揭发批判，同整顿社会秩序和车站秩序，同批斗、宣判刑事犯罪分子结合，形成了一场声势浩大的对敌斗争的进攻战。① 原来两派中的头头，绝大多数没有闹事。有10个头头还联名提出了一个《不反复的建议书》。派头头经过教育，认识错误，向群众检查。由于检查得比较好，结果一个也没有调离。② 在群众中开展以消除资产阶级派性、增强无产阶级党性为主题的自我教育，讲大局，讲安定团结，摆派性的表现，论派性的危害，挖派性的根源，消除派性的影响。各单位在广泛谈心、小组座谈的基础上都召开了安定团结大会，决心团结起来，大干快上，把造成的损失弥补上，保证铁路畅通无阻。

◎1975年4月22日《人民日报》对徐州铁路分局的报道

联系实际学理论，讲路线，讲党性，增强革命团结和全局观念

徐州南京铁路分局革命和生产出现新气象

前往宾馆会见西哈努克亲王

同时，抓紧落实政策，为误伤的同志平反。徐州市清查“五一六”搞了6000多人，如果按五口之家来算，再加上他们的亲戚朋友等社会关系，涉及的面就有好几万人。③ 在认清落实政策的重要意义后，各单位领导主动承担责任，检查错误。搞错了的，公开平反。领导和骨干主动找被误伤的人，向本人及其家属诚恳地赔礼道歉，消除影响。对调出和死亡的，也都落实政策，做

①据铁道部《关于贯彻中央9号文件解决徐州铁路问题的总结报告》（1975年5月27日）。

②据万里《传达贯彻九号文件的基本情况和今后意见》（1975年3月28日在全国铁路领导干部会议上的讲话，记录整理稿）。

③据《邓小平文选》第2卷，第10页。

到不拖不欠，不留尾巴。徐州铁路分局清查“五一六”应平反的359人，清队中被误伤的121人，都在半个月内落实了政策。①

把各级领导班子整顿好，是搞好铁路运输的组织保证。徐州铁路分局党委常委存在着严重的“软、散、懒”问题。通过学习贯彻9号文件，认真检查了思想路线不端正的问题，批判了资产阶级派性，认识到徐州铁路搞成这样，主要责任在领导；解决领导与群众的矛盾，关键是领导要到群众中去。万里带领工作组推动分局领导到群众中去，听取批评意见，诚恳检查错误，取得了群众的谅解和信任。在初步端正认识的基础上，对分局的领导班子和几个站、段的班子进行了必要的调整，初步解决了“软、散、懒”的问题，提高了战斗力。

万里在徐州领导铁路整顿12天，徐州铁路分局的面貌焕然一新，铁路运输的形势迅速改观。3月中旬以后，列车通过对数，由每天38对增加到72对；机车出车台数，由70台左右上升到90台以上；徐州站办理车数，由3800辆增加到7700辆。在车数剧增的情况下消灭了“三无”列车。日平均装车由700多辆增加到1400多辆，保证了煤炭等重点物资的运输。②

徐州经验的推广和发展

1．9号文件适用于各行各业

全国各省、市、自治区传达贯彻9号文件后，铁路运输情况有所好转。前一段问题多的济南、南京、南昌、杭州等路局，运输水平有提高。京广、津浦、陇海等主要干线基本畅通。3月上旬平均日装车46741辆，中旬达到50004辆，下旬头7天上升到

①据铁道部《关于贯彻中央9号文件解决徐州铁路问题的总结报告》（1975年5月27日）。

②据铁道部《关于贯彻中央9号文件解决徐州铁路问题的总结报告》（1975年5月27日）。

52140辆。其中25日装车53539辆，27日卸车55314辆，都是历史上少有的好成绩。煤炭装车也稳步上升。3月22日创造了日装车18377辆的好成绩。沿途保留列车，2月份多达217列，3月下旬减少为80列。行车事故也有所下降。[①] 实践证明，9号文件找到了解决当时铁路运输问题的正确、有效的办法。

邓小平对9号文件的贯彻抓得很紧。万里尚在徐州抓点的时候，他就召集过一次国务院办公会议进行检查。徐州铁路整顿见效后，他立即抓住徐州这个典型，以点带面，推动整个铁路的整顿和工业交通系统各行各业的整顿。3月22日，万里回到北京。25日，邓小平即召开国务院全体会议，听取万里对解决徐州铁路问题情况的汇报，检查各系统9号文件传达贯彻的情况。

在听取万里汇报时，邓小平随时插话，对铁路和各方面的整顿作出指示。[②]

万里讲到，徐州市应该平反的大概有七八千人。邓小平指出：要真正搞起来也快。要一批一批地搞，不要一个一个地搞。要在群众中宣布。他还具体指示：要借这个东风一块解决，七八千人，800人一批，分十批。搞群众运动的方法很快，念800人的名字嘛，弄错了立即平反嘛。

万里讲到，徐州市委准备平反一段以后，来个对敌斗争，对顾炳华大揭发、大批判，铁路系统对罗修德（徐州铁路分局机务段的派头头）开展大批判。邓小平说：实际上顾炳华有他的纲领，反十大报告，资产阶级派性被敌人利用了。

邓小平强调要直接发动群众。他说：要发动群众，相信百分之九十五的群众是拥护社会主义的。要放手发动群众，釜底抽

①据万里《传达贯彻9号文件的基本情况和今后意见》（1975年3月28日在全国铁路领导干部会议上的讲话，记录整理稿）；国家计委《第一季度工业生产情况简报》（1974年4月7日［75］计生字第138号）。

②以下引自《邓小平在万里向国务院汇报徐州铁路局情况时的插话》（1975年3月25日），载《党的文献》1999年第6期。

薪，把群众的问题解决了就好办了，就能把坏头头弄出来，不然不行。他又说：党的方针政策，和群众见面，解决问题比较快，也比较透。多数人对派性厌倦了，有百分之九十五的群众拥护主席安定团结的指示。只要这一条肯定的话，就充分发动群众，问题就好解决了。

邓小平要求各部推广徐州的经验。他说：各部也要同省委商量一下，让能干的、强的同志和地方结合起来，搞几个点看看。徐州就是老大难，在铁路，在地方，都是典型的。相信采取这个办法是行的。

万里汇报全国铁路系统贯彻中央9号文件的情况时讲到，问题多的单位是太原、昆明、南昌三个铁路局和洛阳、太原、成都、柳州四个车辆厂，他们根本没有动；太原铁路分局党委副书记张××搞派性，说运输生产不能超过军管时期；还有一个李××，是山西省军区副司令员……

邓小平立即果断地说：要查一查，只要是确实的，要调走，军委下命令把他调走。铁路系统的部里赶快调，4月1日行动。铁路局不听指挥的，4月1日就调，铁路第一步可先采取脱钩。如那个副局长，宣布撤职，不只是调的问题。邓小平还指示：铁路不要等地方，四个厂不搞好，计划要落空，你们无法修理，车开不动。因为和铁道部关系密切，铁道部要管，和地方一起搞。

限期解决，不能再等，是邓小平领导整顿的重要一条。他再三强调：到了4月1日要行动。

在召集国务院全体会议的同时，中央还把部分省、市负责人也召来北京，在另一个地方讨论怎样贯彻9号文件。[①]

3月25日邓小平主持的国务院全体会议，肯定了徐州经验和3月开始的铁路整顿的成绩，对继续搞好铁路整顿和工交系统的整

---

①据谷牧：《在全路领导干部会议上的讲话》（1975年3月30日）。

顿提出了指导性的意见。国务院全体会议指明，中央9号文件不仅适用于铁路工作，除体制以外，也适用于各行各业。这就是说，工交系统都要按照9号文件精神，吸取徐州铁路整顿的经验，进行整顿。对于铁路整顿，会议认为：目前工作还刚刚开始，不能满足于现状，要一鼓作气，乘胜前进。不要“雨过地皮湿”，轰一阵子就过去了。不要人走茶凉，虎头蛇尾。要检查一下有没有“夹生饭”，有没有薄弱环节，及早研究，及早解决，免得上去了又下来。明确提出：3月份小上，4月份要大上，要雷厉风行地解决领导班子问题、铁路秩序问题、运输生产问题、铁路建设问题。总的要求，通过贯彻9号文件，从根本上解决铁路问题。

国家计委按照国务院会议的议定，于3月28日拟就一份电话稿，31日计委副主任袁宝华签发：“请生产组、值班室即组织今晚给各省、市、区打电话。并印发工交（包括农林、国防工业）各部。”① 这份以国家计委名义发出的电话通知，迅速传达了国务院全体会议的精神，要求“各地要把进一步深入传达贯彻中央9号文件和全国工业书记会议精神，切实抓紧抓好”。

2．工交战线生产形势好转

按照这个通知，工交战线各行各业，各省、市、自治区推广、运用徐州经验，贯彻9号文件，进行整顿。生产形势很快发生了变化。

煤炭生产本来也是一个薄弱环节。新成立的煤炭部领导（部长徐今强）决心打一场生产翻身仗。他们积极贯彻9号文件，一方面促生产运输好的陕西、河北、河南、安徽及东北各矿，让他们多产、多运，另一方面敢于同派性作坚决的斗争，重点解决“两省四矿”（山东省的枣庄、肥城、新汶，江苏省的徐州）的

①此处事实和下引电话稿引文均据档案。

问题。两省的四个矿，在全国煤炭行业中占有重要地位。华东地区的统配煤40%由这四矿供应。钢铁生产炼焦所必需的洗精煤，占到全国的八分之一，华东的一半以上。经过整顿，“两省四矿”生产上得很快。洗精煤4月份的日产量创造了全国历史最好水平。统配煤平均日产75.4万吨，比计划超产1.9万吨。

整个工业生产打破了停滞不前的局面。4月份化肥生产开始大上，日产达7.5万吨，比上月多产10000吨。月发电量为5亿度，比2月份增长12%。棉纱、棉布等轻工业产品都有上升。一直稳产高产的原油，月月超额完成任务，4月份平均日产20.8万吨，比计划超产5000吨。全国工业总产值1—4月份完成919亿元，比去年同期增长8%，4月份比去年同期增长19.4%。煤炭部要求上半年时间过半，完成任务过半。有11个省、市、自治区也决心实现“双过半”。[①]

3．解决老大难的十个“疙瘩”

根据国务院全体会议决定，铁道部于3月28日至30日召开全路领导干部会议。

会前，国家计委生产调度室对当前铁路运输问题提出了《几点意见》[②]。认为当前要狠抓落实政策和解决领导班子问题。要对20个铁路局、62个铁路分局分析排队，定出解决方案，拿出切实可行的措施。《几点意见》提出，全路要下决心解决“老大难”的十个“疙瘩”：（1）詹东线煤炭运输问题（即山西东南部煤炭外运问题）。（2）阳泉地区（山西）煤炭运输问题。（3）津浦线煤炭运输问题。（4）胶济线原油（主要是胜利油田）运输问题。（5）东北进关物资成品油和采煤坑木运输问题。（6）迁安（河北）铁矿积存的精矿粉运输问题。（7）海南

①本段所引材料均据中央和国务院领导同志接见钢铁工业座谈会代表时（1975年5月8日21时30分至5月9日零时30分）谷牧的讲话（记录打字稿）。

②此件存铁道部档案处。

铁矿石运输问题。（8）昆阳磷矿石外运问题和六盘水煤炭运往攀枝花钢厂问题。（9）闽赣两省木材外运问题。（10）东北木材运输问题。对这十个“疙瘩”，逐一作了分析，提出了如何解决的设想，还建议要狠挖运输潜力创造新水平，要以安全、正点为重点提高效率，提高质量。万里批示：“即印发到会各同志阅，会议期间要把这些意见讨论解决。”

3月28日，全路领导干部会议开始。万里在会上作《传达贯彻中央9号文件的基本情况和今后意见》的讲话。指出中央9号文件传达贯彻以来，全国铁路运输形势发展很快。徐州、南京地区的情况有了显著变化，向塘地区也有好转。津浦、京广两大干线基本畅通。沈阳、武汉、西安等铁路局都进展较快。但发展是不平衡的。目前问题较多的是太原、昆明、南昌三个铁路局，洛阳、太原、成都、柳州四个机车工厂。万里提出整顿的目标：3月份日装车达到50000辆的水平，4月份达到52000辆以上；二季度末做到畅通无阻，四通八达，安全正点，把今年欠债还清，当好“先行官”。王震接着讲话，指出9号文件在各地引起强烈反响，表明整顿是党心所向，人心所向。他赞扬“铁道部领导小组是硬班子”，强调解决铁路问题不能拖延，拖延就要妨碍大局。[①] 3月30日，谷牧在会上作总结。他针对干部的思想顾虑，进行深入细致的分析，批评错误认识，分清是非，要求干部挺起腰杆子来，坚决进行反对派性的斗争。强调要调整领导班子，不称职的、坚持闹派性不改的，坚决调开。调整班子要雷厉风行，不能再拖。对少数破坏铁路运输的坏人，要坚决惩办。同时，要大力改进组织调度、业务领导等工作，限期整顿，执行行之有效的规章制度，提高效率，做到安全正点。[②]

会后，从4月到6月，万里亲自深入“老大难”单位，调查研

①王震：《在全路领导干部会议上的讲话》（1975年3月28日，记录稿）。
②据铁道部存档案。

究，督促检查，切切实实地解决问题。

4. 铁路系统的重点整顿和徐州经验的发展

4月10日，万里率工作组到达太原，重点解决太原客运段的问题。4月中旬，到郑州铁路局推动整顿，深入洛阳机车厂解决了那里的问题。随后，经徐州、南京检查工作，于4月25日抵南昌，比较顺利地解决了向塘机务段和南昌铁路局的问题。5月2日，万里离南昌到长沙，重点解决当时我国唯一生产电机机车的株州田心机车厂的问题，同时解决长沙新车站的设计组织工作。5月6日在长沙发表了重要讲话。5月中下旬在北京出席全国钢铁座谈会后，万里又率领工作组二下郑州。6月2日至3日，全力解决新乡铁路分局的问题。6月4日至10日，在万里参与主持下，经过尖锐激烈的斗争，调整了郑州铁路局的领导班子。6月16日，万里到达昆明，在云南省委的配合下，解决了昆明铁路局的问题。①

万里二季度亲临第一线领导进行的铁路系统重点整顿，解决了三局（太原、郑州、昆明）两厂（洛阳、田心）的问题，在运用徐州经验的基础上，又有新的发展和创造。

第一，在宣讲、贯彻9号文件时，更加突出毛泽东的三项指示。万里把三项指示同当前的铁路整顿联系起来进行解释，指出，学习毛主席关于理论问题的指示，首先要联系实际，要看你对派性是让步、迁就、投降，还是抵制、批判、斗争；“还是安定团结为好”，是针对不安定、不团结来讲的。不安定、不团结来自派性，来自资本主义势力，来自阶级敌人的破坏。无产阶级革命是为了发展生产。光说社会主义优越性，可生产搞不上去，优越性在哪里？他还指出，9号文件中这三项内容是一致的，互相关联的，是缺一不可的。②

---

①万里4月至6月行程据《万里文选》和张广友著《改革风云中的万里》关于铁路整顿的有关篇章。下面谈到这一段行程中的活动，除另外注明出版者外，也均据此。

②见万里《长沙分局的工作要搞好》，《万里文选》，第77－79页。

第二，把解决派性问题同解决领导班子问题联系起来，以解决领导班子为重点。该撤的撤，该调的调，“老大难”单位很快解决问题，步入正轨。

第三，落实政策，关心群众生活，调动生产积极性。

铁路整顿的成效和意义

四个月的铁路整顿，取得了十分明显的成效，全国铁路形势发生了显著的变化。突出地表现在：①

——安定团结的局面逐步形成，一批后进单位的问题得到初步解决。徐州铁路分局改变了连续21个月没有完成计划的状况，为全国铁路整顿提供了经验。南昌铁路局原来也已有17个月没有完成运输计划，五、六两个月都超额完成。徐州、南京、郑州、向塘、长沙、昆明等地区运输堵塞的局面得到基本改变，津浦、京广、陇海、浙赣等主要干线保持畅通。

——铁路运输生产大幅度提高，初步扭转了被动局面。二季度铁路货运量比一季度增长19.8%，日均装车数增长17.5%，日卸空车数增长17.1%，运行正点率客车提高18.4%，货车提高9.1%。上半年货运量完成41607万吨，为年度计划的48.95%，比去年同期增长8.6%，创造了历史最高纪录。上半年煤炭运量完成年计划的55.5%，从4月开始扭转了连续58个月完不成煤炭装车计划的状况。在20个铁路局中，齐齐哈尔、哈尔滨、吉林、锦州、北京、太原、柳州、成都、西安、乌鲁木齐等10个局做到时间过半任务完成过半。

——十个“疙瘩”基本解开。完全解决的七个：胜利油田做到产多少运多少；海南铁矿石运输问题已解决；迁安精矿粉已无

---

①以下经整顿后铁路变化情况据：《上半年铁路运输情况汇报提纲》（1975年7月22日），铁道部档案处存；《万里同志在全国铁路工作会议上的讲话》（1975年7月8日）。

◎经过整顿，全国铁路重要枢纽徐州车站运行秩序恢复正常（选自画册《中华人民共和国五十年图集》，上海人民出版社1999年版）

积压；东北进关成品油和坑木达到要求；昆阳磷矿石月月超额完成计划；闽赣木材积压已解决；阳泉存煤运输问题也已解决。

经过第二季度重点整顿以后，铁道部及时地在6月30日至7月10日召开了全国铁路工作会议。万里在会上作总结讲话，提出下半年工作中心和十点意见。他号召抓住当前的大好时机，继续进行整顿，“把铁路工作迅速搞上去，使铁路平时能畅通无阻，四通八达，安全正点，当好先行，战时能成为打不垮、炸不断的钢铁运输线”。[①]

铁路整顿的成功，邓小平的领导起了关键作用。他作出了整顿首先从铁路抓起的决策，提出了铁路整顿的纲领、方针、政策、办法。他密切关注着整顿的进展，亲自总结经验，把铁路整顿引向深入，推向前进，并带动工交各行业、各部门整顿的展开。邓小平领导的铁路整顿，创造了一个拨乱反正的范例。铁路整顿的实践，生动地展现了邓小平的领导艺术和领导风格。

铁路整顿是邓小平主持国务院工作，领导进行1975年整顿的

①据铁道部档案处存万里讲话印件。

第一个战役，是工交战线各行业整顿的突破口，也是四届人大提出两步走实现四个现代化宏伟目标后，为把国民经济搞上去进行的第一次努力。在“文化大革命”和批林批孔运动造成严重内乱的情况下，只用了不到一个月时间，问题最严重的徐州改变了局面；不到两个月，两条线、四个点解决了问题；四个月后，“一个突出”、“两个不能适应”的问题基本解决，达到四通八达，畅通无阻。铁路整顿在“文化大革命”十年内乱的历史上创造了一个奇迹，在中国社会主义经济建设史上写下了辉煌的一页。

铁路整顿迅速取得成功，为各行业的整顿树立了榜样，增强了全国上下从乱到治、实现安定团结的信心，造成了一种非要在短时间内进行整顿、把国民经济搞上去的声势。铁路整顿取得的经验，对各部门的整顿起了示范和推动作用。铁路整顿的成功对钢铁、煤炭、电力、化肥等生产起了保证作用，为1975年国民经济计划的胜利完成，为第四个五年计划的胜利完成，立下了第一等的功劳。

铁路整顿是在“文化大革命”发展到那一时期的特定情况下进行的。非常条件下必须采取非常手段。它是一个治理动乱、整顿秩序的范本。铁路整顿实质上是针对铁路这一行业的具体工作，开始对“文化大革命”的一些具体方针政策予以否定。强调集中统一，既符合铁路本身具有的半军事化性质，也是对片面批评条条专政和分散主义盛行的否定；要求线路畅通、安全正点、把运输生产搞上去，无疑是对批判所谓“唯生产力论”的反驳；反对资产阶级派性，调整领导班子，既削弱了“四人帮”的帮派势力，又动摇了他们的思想基础；建立健全规章制度，加强组织性纪律性，恢复治安秩序，则是对无政府主义和批判所谓“管、卡、压”的否定。这就决定了铁路整顿必然会遇到各种阻力，必然是一场尖锐复杂的斗争。斗争的实质，说到底，是要不要实现安定团结，要不要把国民经济搞上去，是肯定“文化大革命”还是否定“文化大革命”。

五　国防科技整顿

中国所处的国际环境，决定了国防尖端科技事业在整个国家科技事业中特殊的重要地位。在“文化大革命”前期的大动乱中，毛泽东、周恩来等一刻也没有放松对国防尖端科技事业的关心、指导，尽可能排除运动的干扰、破坏。1967年3月，指定粟裕担任国防工业军管小组组长，对国防工办和国防工业各部（第二至第七机械工业部）实行军管。① 经过全国广大科技人员、职工、解放军指战员的共同努力，以“两弹一星”（原子弹、氢弹，人造卫星）的成功为标志，取得了突破性的进展。但是，由于批林批孔运动的影响，国防科技事业一度陷入低谷。从发展我国卫星通信、导弹、核武器等国防尖端科技的需要出发，改变这种裹足不前的局面，显得十分紧迫。这样，国防科技整顿的任务，几乎和铁路整顿同时，率先提上了日程。

国防尖端科技的突破性成就和存在的突出问题

国防尖端科技在文革前期取得的突破性成就主要有三项：氢弹提前试验成功、人造卫星上天、鱼雷核潜艇研制成功。

1. 国防尖端科技的突破性成就

（1）氢弹提前试验成功

早在1964年1月，中央专委就要求，原子弹炸响后，在

①据《粟裕传》，当代中国出版社2000年版，第976页。国防工业各部相应的别名是：二机部——核工业部，三机部——航空工业部，四机部——电子工业部，五机部——兵器工业部，六机部——船舶工业部，七机部——航天工业部（导弹工业部）。1967年4月对第一机械工业部也实行军管，常规武器研制、生产属一机部。

“三五”期间要解决氢弹的有无问题。1964年10月16日，我国第一颗原子弹爆炸试验成功。1965年1月，毛泽东指出：“原子弹要有，氢弹也要快。”二机部提出力争1968年进行氢弹装置爆炸试验，并向中央专委上报了研制氢弹的两年计划。1965年底，中央专委批准以研制重量轻、体积小、威力大、聚变比高的氢弹为主攻方向。1966年5月9日，含有热核材料的原子弹试验获得成功，给氢弹理论研究提供了实测数据。1966年12月28日，氢弹原理试验获得成功。中国从炸响原子弹到突破氢弹技术，只用了两年零两个月，比美国、苏联当年的发展速度要快得多。

◎1967年6月17日，中国研制的第一颗氢弹爆炸成功

过了半年，1967年6月17日，首次全当量氢弹空爆试验就取得了成功，比1966年年底预定计划提前了近四个月。经实测，这次氢弹爆炸威力为330万吨梯恩梯当量。[①] 氢弹空爆试验成功，打破了美苏两个超级大国的核垄断，为确立我国在国际上的大国地位加上了一块很重的砝码。

（2）人造卫星上天[②]

1958年5月17日，毛泽东在中共八大二次会议上提出：“我们也要搞人造卫星”，表明了中国人民发展航天技术、向宇宙空间进军的强烈愿望和决心。[③]

①据《当代中国的国防科技事业》（上），当代中国出版社1992年版，第102－103页。

②本节内容，除另外注明者，均根据《当代中国的国防科技事业》（上），第104－107页。

③转引自许达哲、王宗银：《星箭腾空兴中华——纪念“长征一号”火箭成功发射“东方红”一号卫星30周年》，《光明日报·科技周刊》2000年4月24日 B 1版。1957年10月4日，苏联成功发射了世界上第一颗人造地球卫星。

20世纪50年代末，中国科学院在副院长张劲夫、竺可桢、裴丽生和科学家钱学森、赵九章等组织领导下，开始在人造地球卫星的理论探索、预先研究以及探空火箭的研制方面做了大量工作。1965年初，赵九章（时任地球物理研究所所长）和吕强（时任自动化研究所所长）联名向中国科学院提出研制卫星的建议。中国科学院草拟了发展卫星的规划纲要。与此同时，钱学森（时任国防部五院副院长）也向国防科委和国防工办提出建议，把卫星及其运载火箭的研制列入国家计划，并及早开展研制工作。张爱萍（时任副总参谋长兼国防科委副主任）即邀请中国科学院、七机部、四机部的领导人对发展卫星进行了必要性和可行性论证。1965年3月，国防科委提出《关于开展人造卫星研制工作的报告》。当年5月经中央专委批准，卫星工程研制任务正式列入国家计划。同年8月，中央专委又原则批准中国科学院的《卫星发展规划纲要》，同意第一颗卫星争取在1970年左右发射。

卫星研制工作开始不久，“文化大革命”爆发，为不致影响卫星研制，周恩来主持中央专委决定把卫星工程改由国防科委直接组织领导，罗舜初副主任具体负责。1967年3月，毛泽东批准中国科学院新科技局实行军事接管。不久，中央军委又批准以中国科学院卫星设计院及有关厂、所为基础，并从七机部抽调部分研究力量，组建空间技术研究院，归国防科委直接领导。空间技术研究院于1968年2月正式成立，钱学森兼任院长。1970年5月，该院划归七机部领导。中共中央、中央军委采取这些组织措施，为卫星研制工作在动乱中能够比较顺利地进行提供了保证。

在一段时间里，发射卫星的运载工具“长征1号”火箭的一、二级的研制工作受“文化大革命”和其他原因的影响而停滞不前，影响了整个工程的进度。中央专委果断批准长征1号火箭改由研制战略导弹的七机部一院统一抓总。1969年7月，火箭试车受派性影响难以进行。周恩来亲自四次召集有关人员说服教育，并确定组成指挥部加强领导，使这次试车取得成功。随后，

1969年底进行“长征1号”第三级火箭与卫星的对接试车，1970年1月进行一、二两级火箭飞行试验，都获得成功。

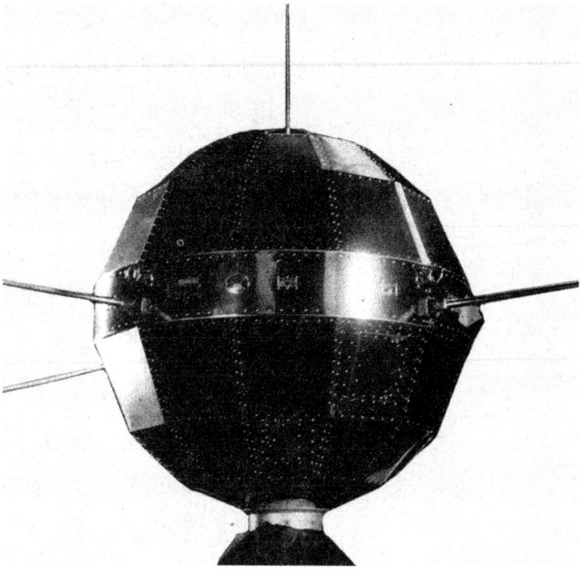

◎1970年4月24日，中国成功发射了第一颗人造地球卫星——东方红一号（选自画册《周恩来》）

1970年4月24日凌晨，毛泽东批准实施发射。当晚21时35分，“长征一号”运载火箭载着“东方红一号”卫星在酒泉卫星发射中心腾空而起，按程序正常飞行，准确进入轨道。卫星上播放的清脆悦耳的《东方红》乐曲响彻九霄。“东方红一号”卫星的升空，使中国成为继苏联、美国、法国、日本之后，第五个完全依靠自己的力量自行研制和成功发射卫星的国家。它揭开了我国航天技术和航天工业的新篇章。[①] 接着，在1971年3月3日，又用“长征一号”火箭成功地发射了第二颗人造卫星“实践一号”。这是我国研制的第一颗科学实验卫星——空间物理探测卫星，用于试验太阳能电池供电系统、温控、电子元器件等在空间长期工作的性能，同时用于测量空间环境的各种物理参数。“实践一号”原设计寿命为一年，实际在空间运行了8年多，为我国设计长寿命卫星提供了宝贵经验。[②]

（3）鱼雷核潜艇研制成功

早在1958年6月，中共中央就批准研制导弹核潜艇。至1961年，在潜艇总体设计和核动力装置方面都取得了初步成绩。1963

①自此时起到2000年10月，30年间，中国共研制并发射了47颗不同类型的人造地球卫星，飞行成功率达90%以上。据中华人民共和国国务院新闻办公室：《中国的航天》（2000年11月22日）。

②据《当代中国航天事业》，中国社会科学出版社1986年版，第54、265页。

年3月，因国家经济困难暂时下马。20世纪60年代中期，国民经济经过调整有所好转，中央决定，研制导弹核潜艇工程于1965年3月重新上马，要求二机部于1970年建成陆上模式反应堆，作为研制潜艇用核动力装置的初阶。为了分散难点，缩短周期，中央专委又于1965年8月决定，核潜艇研制工程分两步进行：第一步研制鱼雷核潜艇，先解决核动力用于潜艇和反潜鱼雷等重大技术问题。第二步研制导弹核潜艇，解决潜地导弹及其水下发射系统等关键技术问题。此后不久，又确定第一艘鱼雷核潜艇要力争1972年下水试航，达到战术、技术指标，以交付海军使用。

为及时解决这项工程所需要的仪器设备，中央专委要求按研制原子弹的规定办法办理，做到有求必应。国防科委还会同国防工办先后召开多次协调会。1967年夏，刘华清主持召开了有几百名厂、所负责人和技术干部参加的大型协调会。聂荣臻到会讲话，要求以国防建设大局为重，克服困难，抓紧落实鱼雷核潜艇的研制工作。会后，国家计委和国防工办组织落实了配套设备和新材料的研制工作，将承担一次配套任务的1600多个厂、所组成协作网，有力地支援了鱼雷核潜艇的研制工作。为加强组织协调，1968年2月，经中央军委批准，国防科委成立了核潜艇工程办公室；1969年10月，国务院、中央军委又决定成立在其直接领导下的核潜艇工程领导小组。此后，根据试验的需要，建设了鱼雷、水声和潜地导弹等三个试验场和一个双平面自导反潜鱼雷工厂，负担试验和生产任务。毛泽东于1968年和1969年两次签发电报，指令沈阳军区派部队支援核潜艇总装厂的建设，责成成都军区加强对陆上模式堆工程的领导，并派部队支援工程建设。在各方协作共同努力下，第一艘鱼雷核潜艇于1971年4月开始在码头进行系泊试验。1971年6月16日，中央专委检查了核潜艇系泊试验中启动反应堆联合试验和航行试验的准备情况，指出各项试验一定要严格按照系泊、航行、长航、深水等阶段分阶段进行。核潜艇试航领导小组按照中央专委的指示，精心指挥，按步骤分阶段于1971年8月和1974年4月，相继完成了系泊试验和航行试验。

试验结果表明，我国第一艘鱼雷核潜艇水下航速较高，续航力大，隐蔽性好，设计和建造是成功的，可以交付海军使用。

2．国防科技尖端事业存在的突出问题

但是，由于“文化大革命”的干扰破坏，国防尖端科技事业存在着不少突出的问题。

在卫星研制方面，在研制“东方红一号”卫星和“实践一号”卫星的同时，就已开始研制比这两颗卫星重10倍、技术更复杂的返回式遥感卫星。由于受“文化大革命”运动的干扰，加上技术上遇到的困难，研制进度一再拖延，发射计划多次改变。从1971年试飞第一枚洲际火箭之后，三年多时间里，我国的火箭、卫星一直悄无声息。1965年提出的八年四弹计划，时间超过了两年，任务却连一半都没有完成。1974年开展批林批孔运动，把国防科技研究和生产的部署全都搞乱了。这一年，洲际导弹试验发射三次，一发也没有打成。① 到1974年秋，具备了发射返回式遥感卫星的条件，但首次发射失利。火箭腾空后没有什么异常，但到升空20秒时，突然坠毁。原因是运载火箭控制系统一根导线折断。

核武器的试验也沉寂多年。美国用各种侦察手段一直监视着我国在这方面的进展。1974年秋，它的新闻媒体说：中国的核试验自1971年就没有了活动。②

国防尖端科技的这种停步不前的局面，国防科技部门存在的混乱，严重地影响我国国防实力的加强。

邓小平、叶剑英领导国防科技整顿

1975年初，邓小平、叶剑英主持国务院、中央军委工作后，立即将整顿国防科技事业、狠抓导弹、核武器研制的任务提上了

①据东方鹤：《张爱萍传》（下卷），人民出版社2000年版，第895页。

②转引自《张爱萍传》（下卷），第897页。

紧迫的日程。

1975年2月17日，国家计委、国防科委向中共中央提出《发展我国卫星通信问题的报告》，指出：加速发展我国卫星通信是很必要的，应根据不同的使用要求，统一规划，形成一定的通信卫星系列。对研制第一颗赤道同步卫星，应该集中兵力打歼灭战，本着综合使用、军民结合、平战结合，国际国内通信、传送广播电视兼顾的原则，以先解决有无和满足各方面的试验要求为主要目的，在使用中考验卫星各系统的性能。卫星研制、建设所需费用，初步预算约9亿元左右。具体项目由国防科委制定总体规划，经国家计委综合平衡后，列入年度计划实施。《报告》要求，卫星通信工程由国防科委负责抓总，运载火箭、通信卫星由七机部负责研制，地面测控系统由四机部和七机部负责研制，通信地球站（即通信卫星地面站）的设备由四机部负责研制，发射场由国防科委负责建设。3月31日，中央军委第八次常委会讨论了这个《报告》。随即得到中共中央和毛泽东的批准。以研制、发射第一颗同步地球卫星为目标的、包括通信卫星、运载火箭、测控系统、发射场、地面站五大系统的卫星通信工程正式列入国家计划。这项工程国家正式命名为“331工程”。

◎1975年5月，叶剑英在北京住地（选自画册《叶剑英》，中央文献出版社1997年版）

在新任务面前，国防尖端科技的整顿就显得格外迫切了。

1. 叶帅点将：把整顿重任交给张爱萍

在此危难、混乱之际，谁能够在乱中求治，使我国国防尖端科技事业重振雄风呢？主持军委工作并任中央专委主任的叶剑英元帅想到了张爱萍。

张爱萍是一位颇具传奇色彩的儒将。他多才多艺，能文能武，富有创造精神。周恩来曾夸奖张爱萍“学什么会什么，干什么都能干得好”。[①] 叶帅选中张爱萍来担负整顿国防尖端科技的重任，还有一个重要因素，就是：张爱萍是我国国防尖端科技事业的创始人之一。从1956年着手制定12年国防科技发展规划开始，到1966年“文化大革命”爆发，20年间，张爱萍一直是我国国防科技事业的重要的领导者和组织实施者。他以中国人民解放军副总参谋长的身份负责筹建研究机构，调集科研人员，实施各项研制、试验计划。星、弹、箭、场、测，[②] 国防尖端科技事业的每一项建设都凝聚着他的智慧和心血。他先后担任国防工办副主任、国家科委副主任、中央十五人专门委员会（简称中央专委）成员、办公室副主任、特种武器（导弹、原子弹）定型委员会副主任。1964年，张爱萍任首次核试验委员会主任委员。亲自深入核试验基地，周密部署，督促检查，向中央及时汇报情况，提出决策建议。1964年10月16日15时，我国自行研制的第一颗原子弹爆炸成功，张爱萍立即在试验现场用电话向周恩来总理报告喜讯。1965年5月，他又受命担任原子弹空爆试验委员会主任委员、现场总指挥，5月9日用飞机空投原子弹爆炸试验同样取得了成功。在此前后，张爱萍还担任了地地导弹作战基地专门领导小组组长，研究并制定出第一个导弹作战基地建设的初步方案。他还受命组建导弹部队（即第二炮兵，简称二炮）的领导机构。[③] 张爱萍20年的个人经历同中国国防尖端科技事业融成了一体，还

①转引自《张爱萍传》下卷，第560页。

②星，人造卫星；弹，原子弹、氢弹；箭，运载火箭，洲际导弹；场，基地，试验场，发射场；测，测控系统（仪器、设施、场地、船只）等。

③据《张爱萍传》下卷，第809、806页。

有什么人比他来使国防科技事业重振雄风更合适呢?

1974年国庆节，在落实政策、解放干部的形势下，张爱萍应召从福州到北京出席国庆招待会。“文化大革命”中他被囚禁六年，腿伤致残。在周恩来总理亲自关心下，才得“解放”。10月2日，叶帅亲自到张爱萍下榻的京西宾馆看望。知道他腿疾已基本治愈，对他说：我们考虑，国防科委更需要你。现在那里很乱，你们原来制订的计划基本上都没有实现。国防科委管两摊，地方这摊，七机部和二机部，他们管不了，乱得很。张爱萍说：我去了也干不好，过去是兼管，那里确实太复杂了。派性闹得厉害，光院部合并[①] 问题，就翻来覆去整我。叶剑英表示，院部合并是正确的。希望张爱萍再考虑考虑。如果腿还没有全好，上半天班也行，或者一天待上两个小时也行。

11月6日，叶剑英在西山召见张爱萍。见面就告诉他，昨天返回式遥感卫星发射失败，升空20秒箭坠星毁。叶帅要张爱萍抓国防科委的工作。并说，小平也认为你最合适。叶帅最后对张爱萍说：军委已经决定，你任国防科委主任，陶鲁笳改任政委，同时恢复你副总长职务。张爱萍没有拒绝。以后他又到西山看望邓小平。邓说：人家让你工作就工作嘛，工作总比不工作好。此后，张爱萍向叶帅正式表示：服从组织上的决定。[②]

1975年3月8日，中央军委正式任命张爱萍为国防科委主任。邓小平对张爱萍主持国防科委工作寄予很大希望。他在3月20日军委常委会上讲话指出，国防科研和武器装备生产现在分得很乱。空军的归空军，海军的归海军，实际上没有人管。……可以

---

①即研究院同工业部合并，以便于研究和制造（生产）紧密结合。此项建议由张爱萍提出，经国务院和中央军委决定，报请中共中央批准，于1964年11月实施。合并的院部是：第五研究院扩充一部分力量后，成立导弹工业部，即第七机械工业部；第六研究院划归航空工业部，为第三机械工业部第六研究院；第七机械工业部划归造船工业部，为第六工业部第七研究院；第十研究院划归电子工业部，为第四机械工业部第十研究院。“文化大革命”中此事受到批判。

②以上叙述叶剑英同张爱萍的两次谈话、邓小平同张爱萍的谈话，均据《张爱萍传》下卷，第887－890页。

◎叶剑英同张爱萍（右一）、钱学森（左一）李耀文在上海合影（1980年6月4日，选自画册《叶剑英》）

由科委统一起来。与此同时，中央加强了国防科技工业的领导力量。1975年1月，四届人大一次会议任命刘西尧为二机部部长，李成芳为五机部部长，边疆为六机部部长，汪洋为七机部部长。

2．张爱萍抓点：首先整顿七机部

张爱萍是那种"不待扬鞭自奋蹄"的革命家。他临危受命，说干就干。同叶帅谈话，明确了任职以后，没等正式任命下达，他就行动起来了。他夜访在运动中反对过他的国防科委负责干部，向中央要求"解放"在运动中曾向他连放"三炮"的战友，邀请核物理学家、航天专家到他的临时住地海运仓总参招待所促膝长谈，摸清情况，组织班子，商量办法。经过酝酿，张爱萍把国防尖端科技整顿的重点定在七机部（即航天部）。这个部是"文化大革命"中出了名的"老大难"单位，但它是生产导弹的专业部，把国防尖端科技搞上去的关键部门。在正式任职之前的一次碰头会上，他就提出到七机部蹲点的设想。

1975年3月8日，中央军委正式任命张爱萍为国防科委主任。

◎在中央军委座谈会上，张爱萍和余秋里交谈（1982年12月8日，选自《历史风云中的余秋里》插图，中央文献出版社2006年版）

当天，他就率领一个工作组到七机部下属的“老大难”单位。

张爱萍先到北京南苑七机部第一研究院（中国运载火箭研究院）。该院承担各种型号运载火箭的研制任务，下辖十余个设计、研究、生产单位。张爱萍在这里看了两天，秩序混乱，一片破败衰落的景象。第三天到坐落在永定路的二三〇厂及其配套研究单位十三所。混乱败落的情景同一院如出一辙，某些方面更为严重。许多人“吃社会主义”——把搞导弹的钢材拿来做私人的东西，有的甚至成吨成吨地倒卖出去。纪律松弛，上班极不正常，人们谑称之为“八九二三部队”、“八二〇〇部队”。①

问题严重到这样的程度，根子在资产阶级派性。在七机部，“文化大革命”搞了九年，资产阶级派性闹了九年。突出的两大派——“915”和“916”，全国闻名。两大派都有通天人物，针锋相对，水火不容。周恩来曾37次亲自主持解决七机部的问题，一些派头头却置若罔闻。派性斗争危害严重，影响恶劣。1968年6月8日，一院火箭金属材料所所长、1957年从西德归来的杰出科学家姚桐斌被造反派中的坏人毒打致死。周总理要粟裕赴现场亲自处理。粟裕乘直升机飞抵南苑机场，带一个排驱车直达东高地研究所，传达总理指示，严词责令之下，造反派头头才把凶手交

①八九二三部队，指上午8点钟上班，9点钟走人，下午两点钟上班，3点钟走人。以后发展到只是8点钟和两点钟来点个卯，称八二〇〇部队。

了出来。这年夏天，一院两派发生严重武斗。粟裕赶到现场，责令两派立即撤离武斗区域，找两派头头谈了一宿。第二天又在三座门军委召集两派头头开会，这才煞住了武斗歪风。①

二三〇厂更是帮派势力横行之地。“916”派头头舒龙山，从二三〇厂造反起家，得到江青、王洪文赏识。1972年底被任命为七机部党的核心小组成员；1973年当上十大代表，后兼任部直机关临时党委书记。在张爱萍等进厂的第二天，其帮派势力就公开示威，在进厂门的大路地面上刷出一条大标语：“张爱萍，我们这里关你什么事？你从哪里来还滚回哪里去！”还有人给张爱萍送条子，说他管不着。张爱萍毫不动摇，坚持做了十多天的调查，掌握了情况，下定决心：整顿七机部，首先从派性开刀，突破口就是派性最厉害的二三〇厂。

3月27日，召集七机部全体干部大会。张爱萍拄着拐杖上台讲话。他首先对二三〇厂帮派势力提出的“管不着”、“滚回去”的问题作出回答。张爱萍把批判的锋芒直指资产阶级派性。他指出：最大的罪恶是破坏团结，搞分裂，把七机部搞乱了。②

对于如何改变目前这种混乱局面，张爱萍提出一个响亮的口号：整顿！张爱萍指出，要进行思想上的整顿、生产秩序上的整顿，更重要的是对领导、对干部的整顿。他结合二三〇厂的实际分析了现状，说：你们有些地方的那些人，就跟国民党、旧社会的工头差不多了。可是，工人同志告诉我们，这里的各级领导，相当的领导干部睁一只眼闭一只眼，我问他们现在呢？说两个眼都闭上了。所以我们必须整顿，一定要整顿。什么你管得着、我管不着？不按党性，不按国家和人民的利益做事，什么人我都要管！如果说你是玉皇大帝，我也要请孙悟空把你搬下来。我就不怕牛鬼蛇神、跳梁小丑什么的。这些东西啊，说一句老话，何足

①以上两件事据《粟裕传》，当代中国出版社2000年版，第979－980页。

②此处及以下讲话均转引自《张爱萍传》下卷，第903－907页。

道哉！

同时，张爱萍又从国际形势的严峻说明整顿的必要。他说：我们在中央、军委统一领导和组织下，必须争取在最近两三年内拿出像样的武器来，拿出我们的“杀手锏”来！……我们的“杀手锏”，要一下打到它的黄龙府！他所说的“杀手锏”，就是洲际导弹，就是能把核弹头发送到世界任何地方的洲际导弹。

张爱萍指出，要把全部力量、全部干劲都拿出来，来完成任务。针对帮派势力施加的压力，张爱萍义正辞严地表示：“我到工厂的头一天晚上，贴出大标语，不让我们管二三〇厂的事，让我们滚回去，给我们以吓人的压力。你的压力就压住了吗？见他妈的鬼！是我自己跑来的。我要怕压早就退避三舍了。第一，我是共产党员。第二，党交给我的任务，能够在火线上退却、逃跑、投降吗？不能！”他号召大家：“整个七机部要树立一个好的风气，坚决支持正气，打击歪风邪气。正气是什么？就是那么四条，党性，党的利益，革命和国家利益，还有一个目标。所有违犯这些的，什么压力、破坏生产等等，统统要打击，坚决打击。……不要害怕，捅你两刀子，捅就让它捅嘛，为革命事业牺牲，是毛主席说的死得其所。革命者本来就是准备流血牺牲的人，哪有一个革命者说我到你这儿革命来，是为了长命百岁？要是捅了一个洞，就进医院；捅死了，就埋在八宝山。为了中华人民共和国、中华民族，还有我们的党，流点血是应该的，是真正的光荣！”这些掷地作金石声的语言，道出了革命者、中国共产党人的真精神。张爱萍就是以这种精神来领导国防科技的整顿的。

4月初，张爱萍在二三〇厂的一次大会上狠批派性。他说：“过去七机部是这个样子吗？如果是这个样子，导弹、卫星能上天吗？这说明过去是好的。……而现在你们这里你整我、我整你，不管什么都是吹胡子瞪眼，打茶壶茶碗，只想个人的小天地，把革命利益置于脑后，……你扪心自问一下，还像一个中国人吗？……有些人满脑子的个人利益，满脑子的小山头、小宗派，连馒头都不如，是桌子上的小水泡，很快就会干的。只要太阳一照，不用说有太阳，就是电灯一照，慢慢也干了。有人说我骂得太凶了。要我对这种人讲好话，办不到！这些人派性迷了心窍，我能给你说好话吗？”

这次讲话后，派性坏头头舒龙山向上面告了张爱萍的状；在南苑的一院和永定路的二三〇厂都出现了大字报，攻击张爱萍推行“唯生产力论”，鼓吹“今不如昔”，污蔑“文化大革命”的大好形势。张爱萍针锋相对予以回击。4月4日，他在二三〇厂44车间说：“有人批我说‘今不如昔’，我还没有用这个词，但我的话里就有这个意思。‘你们七机部的情况比比过去的老五院，差到哪里去了？天渊之别呀！’就是‘今不如昔’嘛！”4月17日，他在二三〇厂干部理论学习会上又说：“凡是按党性办的，我们都欢迎。我们不能牺牲党和国家的利益来等待某一个人或某几个人，我们已经等了好几年了。……继续搞你那个小宗派，连馒头、包子都不如的小沙粒子，这些人不要说党性，连人性、良心都没有。有的人嫌我糟蹋他，骂得太厉害了，有什么办法，你不改，我还要骂，而且要骂到底。”

此后，他安排工作组在二三〇厂进行整顿试点，要求他们尽快做出成绩，以点上之果催面上之花，推动七机部的整顿和发展。对整个七机部，以实现1977年拿出洲际导弹为目标进行整顿，一方面围剿资产阶级派性，一方面抓科研、生产，边破边立，尽快恢复正常的政治、生产秩序。

张爱萍和他的同事们，在中共中央和中央军委的领导下，一刻也没有放松对把整个国防尖端科技搞上去的思考、规划和领导。就在中央军委通过并上报国家计委、国防科委《发展我国卫星通信问题的报告》的这一天，3月31日，张爱萍同钱学森及七机部、第一研究院等有关领导和专家，出席了在第二研究院图书馆小礼堂召开的“空气轴承论证会”。[1]对导弹里空气轴承这个重要部件的设计、生产，果断地决定“三段式”和“小锥式”方案同时进行试验，再行确定，把久拖不决的难题解决了。

在1977年前拿出射程8000公里的洲际导弹，是七机部近期的奋斗目标，也是整顿的中心。4月21日，七机部第一研究院（运载火箭研究院）按照张爱萍的建议，召开了洲际导弹“东风5号”、“东风4号”两个方案论证会，导弹各系统的专家聚集在一起，讨论、论证洲际导弹研制的要求、重点和规划。张爱萍自始至终参加会议。听了三天会，到24日，他作了一个总结性的发言。他首先提出当前要“抢时间”，失掉了的时间“现在要抢回来”。他强调，要消除派性，增强党性。他点名批评了坐在他身旁的第一研究院的领导同志。强调干部，特别是第一把手要负起责任来。针对当时存在的眉毛胡子一把抓的混乱情况，张爱萍提出“要抓重点”。首先是把“东5”提到1977年前拿出来，可以打到×××，打到敌人心脏里。这一条卡死。然后再去搞第二代，再发展。

与会专家都赞成张爱萍的指导性意见。通过这次论证会，基本上确定“三步走”规划：1977年前拿出洲际导弹“东5”，同时搞“东4”（已经确定的另一种型号的洲际导弹）；1978年拿出潜地导弹；1980年拿出通信卫星。其中，1977年前拿出射程为8000公里的洲际导弹是必须完成的重点。会后，张爱萍又同钱学森等同志反复商量论证，确定把“三步走”规划作为正式方案上报中央专委、中央军委、中共中央。

3. 邓小平撑腰：“老虎屁股都得摸！”

邓小平一直关注着国防科技的整顿。1975年5月18日，邓小

---

①此处及以下关于这次论证会的叙述均据《张爱萍传》，第920－921页。

平访法归来。19日上午，就出席在三座门召开的中央军委第13次常委会议，同叶剑英、聂荣臻、陈锡联一起，在中央军委听取张爱萍和陶鲁笳、汪洋、钱学森、马捷汇报国防科委工作和七机部整顿的情况。

邓小平听了张爱萍的汇报后说：“七机部领导班子要勇敢地干工作，不要怕说错话。说错话，有错误，这不要紧。做工作没有错误不可能，错了就改嘛！只要你们大胆工作，错了我们负责。”[①] 叶剑英说：“我完全同意。我们支持你们的工作，军委的同志都支持你们的工作。”邓小平又说：“大字报一万张都不怕。你（指张爱萍）还在七机部吧？没有被撵跑吧？要待下去，不要怕抓小辫子。我这个人像维吾尔族的姑娘，就是辫子多。”

钱学森汇报了4月21日论证会后形成的航天“三步走”规划，特别强调重中之重是1977年前拿出射程8000公里的洲际导弹。军委领导一致赞成。

邓小平最后作指示。邓小平说：对那些继续搞派性的人不能等了。我们决不能用党和国家的利益去等那么几个人。不管是谁，不管你是“915”、“916”，不管你是四五十年的老资格，还是年轻的新干部，凡是继续搞派性的，老虎屁股都得摸，不然还得了！起码要有爱国主义嘛！不要说社会主义。这么多年搞出来了什么嘛？还在那里闹，而且还说“有理”。把七机部闹成这个样子，不要说社会主义，连爱国主义都没有。[②]

限期改正，是铁路整顿创造的一条好经验。这时，邓小平又要求在国防科技整顿中加以运用。邓小平说：过去我们对铁道部说，只等一个月。结果很快就扭转过来。现在我们对七机部

---

①此处及以下邓小平、叶剑英的谈话均转引自《张爱萍传》（下），第913－914页；参见《邓小平年谱（1975－1997）》（上），第46－47页。

②本段及下一段邓小平的讲话引自邓小平1975年5月21日《在国务院办公会议上讨论钢铁工业座谈会文件时的讲话》（记录稿）中对他同国防科委和七机部负责同志谈话的追述。

也提出只等一个月，到6月30日为止。从7月1日起，要搞成一个“七一派”、毛主席派、党性派。过一个月以后，那就不客气了，对什么人也不等，管你是老虎屁股，还是狮子屁股，都要摸，都要斗，坚决地斗。

邓小平还要求，整顿好各级领导班子，建立健全科技管理体系，严格执行规章制度，搞好科研、生产。①

5月19日中央军委汇报会后没几天，5月25日，毛泽东、周恩来就批准了国防科委关于导弹核武器的研制规划。随即在太原兴建第三个卫星发射中心（已有酒泉、西昌两个卫星发射中心）。6月30日，中共中央和毛泽东又批发了国防科委《关于解决七机部问题的报告》（中共中央1975年第14号文件）。7月，国务院、中央军委决定成立导弹工业总局（简称八机总局），统一管理导弹的生产研制。中央军委还召开了有400多个厂、所领导干部参加的国防工业重点企业会议。8月11日，中共中央批准了国防科委党委和常委的组成。中共中央的决策、邓小平的指示、国防科委进行整顿的措施，促使国防科技各工业部形势进一步好转。

4. 人人争做“七一派”

张爱萍在中央军委汇报会后进一步抓紧对七机部的整顿。张爱萍等在七机部，在一院，在二三〇厂，进行了广泛深入的贯彻和动员，这些单位和部门都先后召开了“增强党性、反对派性、争做七一派，向七一献礼”的誓师动员大会。在每一个动员大会上，张爱萍都结合传达邓小平、叶剑英的指示，强调两点：第一，不许再闹资产阶级派性，要做“七一派”。任何一个组织，无论是人多人少；任何一个人，无论是官大官小，都不允许继续抱着资产阶级派性这个僵尸。在“七一”之前都必须转变过来，回到我们大家共

①据《当代中国的国防科技事业》（上），第97页。

同参加的这个派中来。这个派就是共产党派，也可以称作“七一派”。有继续搞资产阶级派性的，对不起，两个山字叠在一起：出去！调出去。什么人都一样。你要闹资产阶级派性一边闹去。[1]第二，一定要在1977年前拿出洲际导弹来。张爱萍说：别的东西失掉是小事，时间失掉了是无法补上的。必须抓紧又抓紧。我们必须进行政治思想、组织、科研生产方面的整顿，提高党性，消除派性，团结一致，为完成1977年的任务而奋斗。

经过深入广泛的动员，“争做七一派，不做两面派”成为上上下下围剿派性的行动口号；抢时间，为1977年的任务而奋斗，成为大家共同的目标。与此同时，果断地采取组织措施。七机部提出把屡教不改的派头头舒龙山调出。张爱萍毫不犹豫地表示同意。在这之前，王洪文在钓鱼台约见张爱萍，同他套近乎，向他打招呼，说：舒龙山是我的朋友，希望你支持他的工作，团结他一道工作。张爱萍没有理睬。

经过整顿，二三〇厂最早恢复了正常生产，第一研究院也迈开了前进的步伐。同时，张爱萍一刻也不放松处于关键地位的科研工作，特别是重要方案、规划的决策。

5月26日，张爱萍召开专家座谈会，专题研究导弹发射方式和发展目标问题。会后，确定了变液体为固体、变大型为小型、变固定为机动的导弹发展目标。

6月2日，张爱萍听取第五研究院领导、专家关于卫星研究规划的汇报。对卫星总设计师孙家栋提出的侦察、导航、通信三个方案，张爱萍赞成第三方案，指出通信卫星是重点。我们的战略方针是积极防御，预警是第一，反导的东西，要努力搞，这是最有用的。

长征二号运载火箭第一次发射返回式遥感卫星失利，张爱萍

①此处及本段以下张爱萍的讲话均引自《张爱萍传》（下卷），第914－915页。

不仅认真抓了失利原因的复查工作，而且对第二次发射的准备，从发射领导班子的配备，到发射现场的组织，都亲自过问。8月19日，张爱萍出席长征二号第二发质量动员会。讲话后即兴吟诵一首四言诗，精辟地点出火箭及卫星的症结所在和解决办法："生于乱世，先天不足。精心保健，诊断从速。内脏脉胳，检查周密。气血畅通，筋骨有力。一鸣上天，为民争气。"负责组织第二次发射的同志，受张爱萍这首诗的启发，加强了对长征二号火箭的测试检查，更换了43台件仪器设备，保证了发射的成功。[①]

5．整顿见效，三星高照

经过整顿，七机部战略导弹、运载火箭和卫星的研制取得很大进展；二机部核武器研制也有新的突破。

最显著的成绩是：1975年下半年，接连成功地发射了三颗人造卫星。人们用中国传统的吉庆语言，赞誉为"三星高照"。

7月26日、12月16日两次用"风暴一号"运载火箭成功地发射了重量超过1吨的技术试验卫星一号、二号。"三星高照"中最亮的一颗，是返回式遥感卫星。研制返回式遥感卫星比研制科学实验卫星技术更复杂、难度更大，需要在航天摄影技术、高精度姿态控制技术、卫星返回技术等方面有所突破。美国经历了12次失败才获得成功。我国的这颗返回式卫星命名为"尖兵"。"尖兵"返回式卫星属于试验型卫星，重约1800公斤。由仪器舱和返回舱两个舱段组成。星上有结构、热控、摄影、姿态控制、程序控制、遥测、遥控、跟踪、返回、天线和供配电等系统。它携带一台可见光地物相机，在轨道上对预定地区进行摄影，还带一台恒星相机同时对星空摄影，以便事后校正姿态误差。在卫星完成预定拍摄任务后，将装胶片暗盒的返回舱回收，以便提取所需的信息。从1966年开始研制，经过方案论证、方案设计、初

①以上三件事均据《张爱萍传》（下卷），第920－921、922－923、924页。

样研制、正样研制四个阶段。经过组织攻关，解决了空间摄影系统、姿态控制系统、温度控制系统、返回舱、制动火箭发动机、卫星回收系统等问题。1974年11月5日首发失利后，在1975年整顿中又认真复查，解决存在问题。

1975年8月，张爱萍听取了关于即将出厂的返回式卫星及发射这颗卫星的“长征二号”运载火箭质量情况的汇报，要求做到确保质量，力争“一鸣翔天”。

1975年11月26日，在酒泉卫星发射场用“长征二号”运载火箭把返回式遥感人造卫星“尖兵”成功地送入预定轨道。卫星入轨后，由分布在我国大陆上的卫星地面测控站对卫星进行跟踪、测轨、遥测和遥控。当卫星运行到第47圈，遥控站按时发出了卫星返回调姿遥控指令。地面接收站立即收到了卫星调姿过程的遥测参数。遥控站又发出了返回舱与仪器舱解锁和启动时间控制器的指令，仪器舱上的分离火箭随后点火工作，两舱分离。接着，根据指令，返回舱起旋，返回舱上的制动火箭点火、工作。“尖兵”卫星在轨道上运行了三天，11月29日11时许，返回舱携带着照相胶片等试验资料，按预定计划返回地面。[①] 毛泽东兴致勃勃地观看了卫星获得的遥感资料。叶剑英高兴地称赞这颗卫星有功。[②] 返回式遥感卫星发射、回收成功，是我国航天技术发展史上的一个新的突破。标志着中国航天技术跻身于世界先进行列。中国成为继美、苏之后第三个掌握卫星回收技术和航天遥感技术的国家。

在核武器研制试验方面，也打破了多年的沉寂。1975年10月下旬，张爱萍同国防科委副主任陈彬、二机部副部长张均等奔赴新疆南山马兰训练基地，组织第17次核试验。这是一次地下核试验，是我国第二次地下平洞试验。张爱萍听取了这次核试验准备

①本段以上叙述据《当代中国的航天事业》，中国社会科学出版社1986年版，第310页。
②据《当代中国的航天事业》，第56、60页。

◎1975年11月26日，中国成功发射一颗返回式人造卫星，卫星按预定计划返回地面。图为直升飞机在回收返回地面的卫星（选自画册《图片中国百年史》）

工作情况的汇报，又亲临各参加试验的部队和部门仔细检查。10月27日，第二次平洞地下核试验爆炸成功。这次地下核试验在近区物理诊断测量方面取得了较多的重要数据，较好地解决了坑道自封闭、快速取样、近区物理测量、抗电磁干扰等方面的技术问题，提高了地下核试验的技术水平。与此同时，竖井地下核试验方案开始设计。[1]

①据《当代中国的国防科技事业》（上），第274、276页。

六 钢铁整顿

钢铁生产的起落和徘徊

钢铁整顿的任务，实际上是同铁路整顿的任务同时提出来的。

在1975年2月10日《中共中央批转一九七五年国民经济计划的通知》中，就已指出："把国民经济搞上去，当前特别要把交通运输和煤炭、钢铁生产抓上去。"为什么要把钢铁生产作为当前经济工作的一个重点呢？理由很简单，因为钢铁生产处在徘徊不前的状态，特别是由于1974年批林批孔运动的破坏，生产下跌，欠产十分严重。

本来，林彪事件以后，周恩来主持整顿，钢铁生产出现了好势头。1971年全国产钢2131.7万吨，1972年上升为2328.3万吨，1973年又上升为2531.9万吨，创造了历史最高水平。可是，接踵而来的批林批孔运动，给钢铁生产造成了巨大的破坏。1974年钢产量猛跌为2111.9万吨，比上年下降了411万吨，比1974年计划的2600万吨少产了近500万吨，又一次出现徘徊的苗头。

中央对解决钢铁问题的要求和冶金部召开的两个会议

在1975年3月5日重点解决铁路问题的全国工业书记会议上，解决钢铁问题和煤炭问题的要求就同时提了出来。常务副总理纪登奎明确指出：铁路两条线（指陇海、浙赣）、四个点（指徐州、南京、南昌、太原）、四大钢厂（指鞍钢、武钢、包钢、太钢）、四个煤矿（指山东的枣庄、肥城、新汶，江苏的徐州），中央责成地方，在3月份基本解决。

在中央提出要解决鞍、武、包、太四大钢厂问题的时候，冶金工业部会同国家计委已经为解决钢铁生产存在的问题，采取了若干实际的部署。其中比较得力的是召开了两个重要会议。

1．攀枝花工业基地建设问题会议

1975年1月，冶金部趁渡口市委书记廖井丹等到国家计委汇报工作，同国家建委、燃化、水电、交通、财政等八个部委负责同志一起开会，共同讨论、研究了进一步搞好攀枝花工业基地建设的问题。① 会议肯定攀枝花工业基地建设进展迅速、成绩巨大。经过九年多艰苦奋斗，现在第一期主体工程绝大部分已经建成，钒钛磁铁矿的冶炼技术已经过关，国内首次试制的一些大型冶金设备绝大部分性能是好的。在不到十年的时间里，我们在大三线地区，坚持“独立自主、自力更生”的方针，完全用我国自己的力量，建立起了一个以钢铁为主体的工业基地。会议明确提出了进一步搞好攀枝花的任务和要求：第一，充分发挥现有设备的生产能力，达到和超过设计的要求，为国家多作贡献。争取1977年达到一期工程规定的设计能力，即年产铁160万—170万吨，钢150万吨，钢材110万吨。第二，大打矿山之仗，加快原料基地的建设。不仅满足本地区需要，还要支援重庆、水城、昆明的钢铁工业。第三，大搞综合利用，逐步建设成为一个以钢铁工业为主，包括煤炭、有色金属、机械、轻工、化工、建材等多种行业的工业基地。渡口市的农业资源条件好，要就地取材，积极发展为人民生活服务的轻工业和手工业。第四，坚决把基地的农

①此处及以下对这个会议情况的叙述均据《关于攀枝花工业基地建设问题的会议纪要》（国家计委会议纪要）［1975］1号。

副业搞上去。坚持近郊区“以菜为主，全面发展”的方针，搞好蔬菜基地和其他农副业生产。

2．八大钢座谈会

1975年2月18日，经国务院批准，八大钢座谈会在北京召开。鞍钢、本钢、首钢、攀钢、武钢、包钢、太钢、马钢八大钢铁企业负责人近20人出席。会议开了20多天，到3月11日结束。在几乎同时召开的全国工业书记会议上，党中央、国务院领导对工业生产提出“三月份赶上来，二季度要大上”的要求，对鞍、武、包、太四大钢铁企业的问题提出“三月份基本解决”的要求。这两个具体目标成为八大钢座谈会的中心话题。会议期间，余秋里副总理等分别听取了汇报。3月9日，冶金部向纪登奎、余秋里副总理作了关于会议情况的书面报告。当天下午15点至18点半，陈锡联、纪登奎、余秋里、孙健四位副总理接见鞍、武、包、太四大钢铁企业的负责人，作了指示。3月11日，余秋里副总理又同有关领导同志研究了包钢的领导班子问题。

八大钢座谈会的主要领导人是国务院副总理兼国家计委主任、著名的独臂将军余秋里。余秋里对钢铁生产的现状深为忧虑，沉痛地说：搞了26年，花了五六百亿投资，职工300多万人，只搞了2000多万吨钢！他激励大家要大干快上，奋起直追。为了把钢铁生产搞上去，余秋里提出几条主要措施：第一，对矿石、洗精煤、无烟煤的运输、供应，都要实行长期固定，专列直达，定点供应，重油和电也要保证。第二，要发动群众，坚持岗位责任制，严格操作规程和交接班制度，搞好设备维修和管理。重大关键设备，要有懂得技术的工人管理。关键配件要组织地区协作加以解决；解决不了的由国家统一安排。第三，要抓好薄弱环节。首先要抓好矿山的生产；冶炼上去了，还要抓好炼钢的后部，即轧钢的生产。当前首先要抓好重点企业的生产，特别是鞍、武、包、太四大钢厂的生产。

◎余秋里视察辽河油田（1980年8月，选自《历史风云中的余秋里》插图）

八大钢座谈会按照中央的要求，联系企业实际，讨论了怎样把钢铁生产搞上去的问题。统一了认识，研究了措施。会议认真分析了当前钢铁生产的形势，算了欠产账。与会者听了邓小平在工业书记会议讲话的传达，震动很大。大家重温了毛泽东关于钢铁工业的一系列指示，进一步认识到钢铁工业关系整个国民经济发展进度，关系我国的国防和国际地位，具有重要的战略地位，深感我们现在只有这么点钢是不够的，决心把压力变成动力，坚决一吨不少地完成全年任务，表示拼了命也要把生产搞上去。通过学习、讨论，大家认识到，钢铁上得慢，有外部条件影响，但主要是内部问题，是领导班子问题。会议对八大钢的领导班子逐个作了分析，提出了解决的办法。

全国工业书记会议和八大钢座谈会精神在各大钢铁企业传达贯彻后，生产都有一定进展，但很不平衡。效果比较明显的是太钢。经过思想整顿和组织整顿，推动了革命和生产，长期落后的面貌发生了变化。[1] 但总的说来，钢铁生产的问题远远没有解决。

①据太钢党委书记卜虹云1975年5月9日在钢铁座谈会上的发言记录稿（铅印，会上分发）。

邓小平把钢铁整顿提到中心位置

在3月下旬徐州铁路整顿取得突破性进展的时候，邓小平立即腾出手来，把钢铁整顿的问题提到工作中心的位置。

邓小平主持3月25日的国务院会议时指出："铁路一通，就暴露出冶金、电力等各行各业的问题。各部都要自己打算打算，怎样工作，怎样解决老大难问题。下一步的中心是要解决钢的问题。"①

3月31日，国家计委向各省、市、自治区发出电话通知（同时印发工业交通各部），传达这次国务院会议的精神，要求迅速把9号文件精神传达到整个工交战线广大干部群众中去，把交通运输和工业生产尽快搞上去。②

工交战线的进展和钢铁生产的滞后

国务院会议精神传达贯彻之后，整顿即在工交战线全面开展起来，整个工业生产打破了停滞不前的局面。

前面已经讲过，煤炭生产经过整顿，重点解决了两省四矿（山东的枣庄、肥城、新汶，江苏的徐州）问题，生产上得很快。4月份洗精煤的日产量创造了全国历史最高水平。煤炭部要求上半年时间过半，完成任务过半。有11个省、市、区也决心实现"双过半"。③

原油，一直稳产高产，月月超额完成任务。

化肥，4月份达到日产75000吨。

---

①《邓小平思想年谱（1975–1997）》，中央文献出版社1998年版，第5页。

②国家计委3月31日给各省市区和印发工交各部委的电话稿，袁宝华签发。

③据谷牧接见参加钢铁工业座谈会代表的讲话（1975年5月8日）。这十一个省市是：北京、天津、上海、辽宁、河北、广东、广西、吉林、黑龙江、甘肃、宁夏。

发电量，4月份为5.01亿度，比2月份增长12%。

棉纱、棉布等轻工业产品都有上升。

全国工业总产值，1—4月份完成919亿元，比去年同期增长8%；4月份一个月比去年同期增长达19.4%。

在贯彻中央9号文件以后，全国工交战线的生产形势真是一片大好。但是，在工业生产中被尊为“元帅”的钢铁，却进展迟缓，久久不能“升帐”。按计划要求，不仅没有还账，而且继续欠产。1975年1—4月，累计完成660万吨，比计划欠产195万吨，低于1972年。按计划要求，延误了一个月。其中欠产最为严重的还是鞍、武、包、太四大钢厂。

迅速扭转这种局面，解决钢铁生产问题，已是刻不容缓。时间紧迫，像解决铁路问题那样，由领导干部带领工作组，深入到老大难单位去一个一个地解决问题，这种方法已经难于应急。中央决定采取集中解决问题的办法：把与钢铁生产相关的四个方面的负责人，即：各大钢铁厂负责人，这些钢铁厂所在省、市、区党委主管工业的书记，冶金部负责人，与钢铁生产直接相关的煤炭、电力、铁道和计划、经济等部委负责人，一起召集到北京，召开钢铁工业座谈会，集中揭露矛盾，找出钢铁生产上得缓慢的原因，寻求迅速地把钢铁生产搞上去的办法。

钢铁会议的召开

钢铁会议的正式名称是钢铁工业座谈会，从5月8日起在北京前门饭店召开。参加这次座谈会的有：12个省、市、自治区管工业的书记、常委，12个大钢厂的负责人，冶金部和国务院有关部委的负责人。会议由李先念和谷牧主持。

5月8日21点半，党中央和国务院负责人接见到会代表。[①] 国

①参加接见的中共中央和国务院领导同志有：李先念、陈锡联、华国锋、陈永贵、吴桂贤、王震、谷牧、孙健。

务院副总理兼国家建委主任谷牧首先讲话。在他讲话过程中，李先念等党中央和国务院领导同志时有插话。

谷牧开宗明义地指出，这次会议要集中解决的就是一个问题：如何千方百计把钢铁工业促上去。

谷牧分析了9号文件传达、贯彻两个月以来全国工业生产的形势和钢铁生产的情况。

他指出，钢铁生产也正在上，但实在不够理想，上得又慢又不稳定。日产7万吨都突破不了，老是在六万五、六万六之间。1—4月份按计划已欠产195万吨，也就是说时间过了三分之一，任务完成四分之一。他尖锐地提出："中央9号文件下达后，对各行各业都有推动，运输、煤炭都上来了，为什么钢上不去，我们的会议要回答这个问题。"

谷牧指出，欠产的195万吨钢中有118万吨是十大钢厂① 欠下的。他说：十大钢厂可以分为三类情况：一类是首钢、唐钢、马钢、本钢和上海、天津，革命和生产形势一直比较好。再一类是太钢，较长时期是老大难单位，八大钢厂会议后转变很快。再一类是鞍钢、武钢、包钢、攀钢、湘钢，基本没有大进展。我们分析了一下，几大钢厂上不去究竟是什么原因，前一段还可以说是煤炭、运输等外部条件，现在应该说，基本上都是内在原因。几大钢厂的革命没有解决好，路线不端正，领导干部不得力，广大干部和群众的积极性没有调动起来，矛盾没有完全揭开。

谷牧明确指出："钢铁工业也到了像铁路那样，要一家一家地限期解决问题的时候了，不能再拖。否则，对全国影响太大了。"

---

①十大钢厂指：鞍钢、武钢、包钢、太钢、攀钢、首钢、马钢、本钢、唐钢、湘钢。在谷牧讲话的分类分析中，实际上有12个，包括了上钢和天钢，即上海和天津的钢铁企业。出席这次座谈会的12个省、市、自治区党委工业书记、常委，除十大钢铁企业所在的省、市、自治区外，还包括上海、天津两市。在1975年7月做冶金工业十年规划时确定十个大型骨干钢铁企业，亦称十大钢铁基地，它们是：鞍钢、本钢、京津唐、邯邢、包钢、太钢、武钢、上钢、马钢、攀钢。

谷牧对如何解决钢铁工业的问题，把钢铁生产促上去提出四点重要意见。

首先，是“决心问题”。谷牧斩钉截铁地说：“今年2600万吨钢的任务决不能动摇。2600万吨任务非完成不可。”谷牧给大家算了一笔账，指出完成2600万，今后日产要达到79000—80000吨。这是过去已经实现过的。1973年11月，达到过平均日产80900吨，当年第四季度平均日产79000吨。1974年新增生产能力有一百四五十万吨，全国钢的生产能力有3200万吨。所以这个决心要下。这是很有说服力的。在算过经济账以后，谷牧又从政治上看问题。过去钢铁工业出现了十年徘徊，现在三年又出现一个小徘徊。今年如果完成2500万吨，那就是三年原地不动。应该这样尖锐地提出问题，引起全党重视。

第二，要解决领导班子问题。谷牧指出：“钢铁要上去，要认真解决好几家大企业的革命问题，领导班子问题。”“几个大钢厂，在这次会议上，一家一家地研究革命和生产问题怎么解决，由冶金部部长和有关省委同志签字，上报中央。”

第三，要搞出一个使整个冶金系统感到震动、能调动群众积极性的文件。这个文件的稿子已经交给到会同志讨论，修改好后报请中央批转，在钢铁系统放手发动群众，掀起一个声势浩大的抓革命促生产群众运动，使全国钢铁形势大大好转。

第四，冶金系统要建立强有力的指挥调度系统。①

到会的几位领导同志发表意见后，政治局委员、常务副总理李先念作了重要讲话。②

他强调这次会议的目的是“把钢铁促上去”。他指明把钢铁促上去的思路是，彻底揭露矛盾，依靠地方解决问题。他说：

---

①谷牧讲话内容据《中央和国务院领导同志接见参加钢铁工业座谈会代表的讲话》（记录初稿）。

②以下均据《中央和国务院领导同志接见参加钢铁工业座谈会代表的讲话》（记录初稿）摘引。

“不要掩盖矛盾，把矛盾彻底揭开，彻底解决。还是靠你省里自己解决，解决不了，中央帮你解决。”

李先念分析了工业交通战线的形势和钢铁生产的状况，指出目前这样的状况“不行”。他说：“对钢铁心里总有点底。如果路线正确，政策对头，群众起来，全心全意依靠工人阶级，那不是2600万吨，应是3000万到3200万吨。”他认为，问题是“有点分散，歼灭战打得不够好”。他强调，“这次就要把这个问题解决一下”。

李先念着重提出，钢铁要上，解决问题的关键是领导班子。“必要时，钢铁系统干部调动一下。”“对这些人的问题要严肃对待，该处分的处分，该调动的调动，该批评的批评。对那些屡教不改的人，老是迁就，不处理，这怎么得了！”李先念还特别提倡过硬作风说：“现在要讲硬作风，要打硬仗，要一不怕苦，二不怕死。钢铁工业不打硬仗怎么行？石油行业也是打了不少硬仗的。”他还提出，要讲究成本核算，提高生产技术。

李先念最后说：“这个会要写个文件，要写得有生气，能动员群众。不仅动员钢铁工业，也能动员其他行业。总之，钢上去了，其他行业可以上得更快更好！”

李先念讲完，时钟指在零点30分，新的一天已经开始了。

钢铁工业座谈会按照李先念、谷牧讲话的部署进行。从5月9日到18日的10天里，围绕把钢铁促上去这个中心，进行两项议程。一方面，揭露矛盾，研究钢铁生产上得缓慢的原因，表示解决问题的决心，商讨解决问题的办法，落实解决问题的具体措施。会议写出解决各钢厂问题的《情况汇报》，各大钢厂同所在地党委和冶金部联合向党中央、国务院写出保证完成今年钢铁生产计划的《保证书》。另一方面，讨论、修改两个文件：冶金部上送的《关于迅速把钢铁工业搞上去的报告》和草拟的《中共中央关于努力完成今年钢铁生产计划的批示》。

冶金部的报告和邓小平“五二一”讲话

邓小平访法归来，于5月19日上午听取国防科委工作和七机部整顿情况汇报后，立即把目光集中到钢铁整顿。邓小平决定：5月21日召开国务院办公会议，讨论钢铁整顿的文件。

这时，钢铁会议已经开了10天，找出了钢铁上得慢的原因，坚定了把钢铁生产搞上去的信心和决心，确定了完成今年生产计划的措施，各大钢厂写出了保证书，立下了“军令状”，搞出了解决钢铁问题的文件，基本上达到了预定的要求。有关钢铁整顿的文件，陆续送到邓小平和各位政治局委员、国务院副总理的案前。国务院办公会议讨论的主要文件，是经过钢铁座谈会讨论修改的中共冶金工业部核心小组《关于迅速把钢铁工业搞上去的报告》和代拟的中共中央转发这个报告的《批示》。

5月21日，邓小平主持召开国务院办公会议，讨论钢铁工业座谈会文件。

谷牧首先汇报当前工业形势和这次钢铁座谈会的情况，邓小平、李先念时有插话，提出了不少重要的有指导性的意见。

谷牧汇报以后，邓小平就钢铁生产问题作了重要讲话。[①]

邓小平首先指出：“对钢铁生产，我看到了解决问题的时候了，解决的条件也成熟了。各个行业都要支持。”他强调不能怕字当头，要敢字当头，敢于负责、敢于斗争。他抓住问题的关键，指出：第一要紧的事是“要建立一个强的、敢字当头的、有能力的领导班子”。他说：“现在，干部中的一个主要问题，就是怕字当头，不敢摸老虎屁股。我看这是第一位的，资产阶级派

---

①以下所述邓小平就钢铁生产问题的讲话内容据《邓小平思想年谱（1975－1997）》，第7－8页；《在国务院办公会议上讨论钢铁工业座谈会文件时的讲话》（1975年5月21日，记录稿，未经审阅）；邓小平5月29日讲话记录稿中用方括号补入的5月21日讲话的内容。

性是第二位的。一个部门，一个企业的领导，不能怕这怕那。要找那些敢于坚持党的原则、有不怕个人被打倒的精神、敢于负责、敢于斗争的人进领导班子。要找一些不怕打倒的人。条件就是中央支持他，省委支持他。允许犯错误，允许改正错误。没有这一条，扭转不过来。”“要敢字当头。毛主席讲矫枉必须过正，解决老大难问题不过正就不能矫枉。”

邓小平还切中要害地指出，领导班子问题还涉及管理问题、体制问题。他说：“鞍钢这样的大企业，有管理问题，也有个体制问题。整个生产过程从上到下是一环扣一环的，要有一个指挥生产的强有力的机构，有一个独立的系统。”“领导鞍钢这样大的企业，那么复杂，没有懂行的，没有一个强有力的指挥机构，不打乱仗才是怪事哩！”

邓小平指出解决钢铁的问题与解决铁路的问题应该不同。他说：“钢铁同铁道不同。铁道是和省市脱钩的，钢铁一定要取得省委同意，同省委合作。”

邓小平强调，第二，要坚决同资产阶级派性作斗争。

他尖锐地指出：“鞍钢、武钢都有派性的问题。包钢、太钢现在可能好了一些。对派性，不能怕字当头，也要采取毛主席说过的原则，寸土必争，寸步不让。要搞就要坚决搞。要敢字当头。要严格。对坚持闹派性的人该调的调，该批的批，该斗的就斗，不能慢吞吞的，总是等待。”“如果闹派性严重而又不改正的，就坚决调开。调出去又钻出来新的，那就再调开，一年调他三百六十次，行不行？”

邓小平还把领导班子和派性这两个问题联系起来，尖锐地指出，首先要解决的主要矛盾是怕字，是领导班子问题。他说：“一个是派性，一个是怕。首先要解决怕字。怕的人，一要支持他不要怕。再怕，不转变，也得调。不能让他站在岗位上怕一辈子。部、省、企业都要研究班子问题，不行的坚决调，不要拖。部和省委研究一致了就调，调了公司再调厂，车间以上都要调整好。”

邓小平指出，第三是要落实政策，特别是对老工人、对有经验的干部，一定要落实政策。第四，要严格规章制度。冶金部要把规章制度整理一下。

邓小平提出：“所有钢厂都要大搞群众运动，做到家喻户晓。”

邓小平5月21日在国务院办公会议上的这篇讲话，可以说是几天后接见出席钢铁会议代表时所作讲话的提要，主要的问题都已经说到了。

邓小平“五二九”讲话和中共中央13号文件

1. 邓小平的“五二九”讲话

5月21日邓小平讲话和国务院办公会议的精神，在冶金部核心小组内进行了传达和讨论，冶金部核心小组对冶金部的报告和代拟的中共中央批示又作了修改，于5月22日上报中共中央政治局。1975年5月29日，政治局开会讨论冶金部的报告和中共中央的批示，对这两个文件作了一些改动。当天晚上，邓小平、叶剑英、李先念等中央领导同志在人民大会堂东大厅接见出席钢铁座谈会的全体人员。邓小平发表重要讲话。

邓小平首先表示有信心把钢铁生产搞上去。① 邓小平指出：“当前，钢铁工业重点要解决四个问题。”他对四个问题，逐个作了分析，提出了要求和解决问题的办法。

第一，必须建立一个坚强的领导班子。邓小平一针见血地指出：“钢铁生产搞不好，关键是领导班子问题，是领导班子软、

①此处及在“钢铁工业重点要解决四个问题”标题下引述的邓小平讲话，均据《当前钢铁工业必须解决的几个问题》，《邓小平文选》第2卷，第8－11页。

◎按照邓小平“把钢铁生产搞上去”的要求，首都钢铁公司的工人奋战在高炉前（选自《邓小平画传》）

懒、散。”“领导班子就是作战指挥部。搞生产也好，搞科研也好，反派性也好，都是作战。指挥部不强，作战就没有力量。”邓小平强调解决领导班子的重要性，并提出解决好领导班子的要求。他说：“领导班子问题，是关系到党的路线能不能贯彻执行的问题。如果这个问题解决得不好，不要说带领群众前进，就是开步走都困难。因此，我们首先强调要把领导班子的问题解决好。不光是冶金部，各个公司、厂矿、车间的领导班子，包括职能机构，都要加强。要使领导班子一不软，二不懒，三不散，说了话大家都能听，都能指挥得动，都能领导起来。”

第二，必须坚决同派性作斗争。邓小平总结铁路整顿、煤炭整顿以及太原钢铁公司生产上去的经验说：“他们的经验，就是敢于同派性进行坚决的斗争。”邓小平指明了对于派性的态度和与派性作斗争的方法。他说：“对于派性，领导上要有一个明确的态度，就是要坚决反对。要敢字当头。对坚持闹派性的人，该调的就调，该批的就批，该斗的就斗，不能慢吞吞的，总是等待。对于派性，还要号召群众、发动群众起来共同反对。”邓小平还指明，反对派性的策略是要打击少数。他指出：“根据铁道部门的经验，徐州和其他地区的经验，在同派性作斗争中，所要打击的也就是那么少数几个人。徐州闹得那么厉害，最后被打击的只有三个人。”

第三，必须认真落实政策。邓小平指出落实政策的重要性，提出了一些要求：（1）不仅要解决戴上帽子的那些人的问题，而且要解决他们周围受到牵连的人的问题。必须使他们很快把包袱放下来。（2）虽然没有戴上帽子，但进行过批、斗伤了感情的；虽然没有清查“五一六”，但干了类似事情的，都要妥善解决。（3）要注意对那些老工人、技术骨干、老劳模落实政策，要把这一部分人的积极性调动起来。有些该回领导岗位的要调回来。

第四，必须建立必要的规章制度。邓小平指出，建立健全规章制度的问题，也是加强组织性、纪律性的问题。他说：“执行规章制度宁可要求严一些，不严就建立不起来。过去有些规章制度比较繁琐，应该改革。我们要总结正反两方面的经验，把必要的规章制度恢复或建立起来。”

邓小平讲的这四条，是贯彻中央9号文件以来，进行铁路整顿、煤炭整顿，解决工交战线的问题，把生产搞上去的实际经验的总结，也是钢铁工业自八大钢会议以来进行整顿正反两方面经验的总结，对把钢铁生产搞上去有极强的针对性，对工交战线各行各业也是普遍适用的。

邓小平讲完了关于把钢铁生产搞上去重点要解决的四个问题以后，进一步面对全国各方面的工作和各条战线，第一次把三项重要指示联系在一起，提出“三项指示为纲”这一极其重要的指导思想。

2．中共中央13号文件

钢铁座谈会结束后没几天，1975年6月4日，经毛泽东主席圈阅，中共中央发出了1975年第13号文件。13号文件包含两部分：主件，《中共中央关于努力完成今年钢铁生产计划的批示》（以下简称《批示》）；附件，即13号文件批转的中共冶金工业部核心小组《关于迅速把钢铁工业搞上去的报告》（1975年5月22日）。[①]

《批示》指出："当前钢铁生产计划完成得不好的情况，值得引起我们的注意。"钢铁上不去，钢铁企业内部的问题"恰恰是问题的主要方面"。

《批示》分析了贯彻9号文件以来工交战线的生产形势，同时又客观地分析了钢铁企业的情况。《批示》针对实际情况，就解决内部问题提出"七个是不是"的问题，要求"那些至今钢铁生产还上不去的企业，有关的领导同志应当认真地检查一下"。这"七个是不是"是："你们那里思想政治路线是不是端正了，无产阶级专政理论的学习运动是不是真正开展起来了，群众是不是充分发动起来了，一个强有力的领导核心是不是建立起来了，资产阶级派性是不是克服了，党的政策是不是认真落实了，对阶级敌人的破坏活动是不是有力地打击了？"

《批示》指出，"发展钢铁工业，要注意发挥中央和地方两个积极性。地方要加强全局观点，努力完成和超额完成国家计划。国家要在产品分配上照顾地方的需要，给地方以好处。"

《批示》对中央和地方各级领导，分别提出了具体要求。

《批示》要求"各省、市、自治区党委必须加强对钢铁工业的领导"。几个大钢铁企业所在的辽宁、湖北、内蒙古、山西、四川等省、市、自治区党委的主要负责同志"要亲自动手，对问题多的单位进行调查研究，采取有力措施，认真加以解决，不要久拖不决，贻误大局"。

《批示》要求冶金工业部"要主动依靠和帮助各地党委，抓好重点企业的革命和生产建设，建立和健全必要的规章制度，搞好生产指挥调度，搞好地质、矿山和科学技术工作"。

---

①13号文件已在1999年第6期《党的文献》上公开发表。下文引用即据公开发表的文件。

对国务院，《批示》也提出了要求："国务院应即充实和加强冶金工业部的领导班子，要他们像石油化工部、煤炭部、铁道部那样，坚决贯彻执行毛主席、党中央的指示，敢于负责，认真做好自己的工作。"

《批示》指出，"今年是第四个五年计划的最后一年，各项国民经济计划必须保证完成。"又进一步强调，"上半年快过去了。机不可失，时不再来。计划完成得好的要争取多超产，欠产的要千方百计完成计划。不仅要完成数量计划，而且要提高质量，增加品种，降低消耗，实现安全生产。"

《批示》明确要求："各省、市、自治区党委和各钢铁企业党委，要放手发动群众，制订抓革命促生产的具体措施，并于六月中旬将讨论结果报告中央。"

为生产2600万吨钢而奋斗

在中共中央13号文件的号召和指导下，全国动员起来，为生产2600万吨钢而奋斗。从实际出发，采取了一系列重要措施。

1．国务院加强领导，各部门大力支持

为贯彻落实13号文件，国务院成立了钢铁工业领导小组，由谷牧任组长，副组长除冶金部部长陈绍昆外，还有长期领导过钢铁工业的吕东（1964年9月—1966年5月任冶金部部长）、袁宝华（国家计委副主任）。[①] 同时由国家计委牵头，由与钢铁工业相关的部委组成保钢小组，加强领导和协调。对冶金部的领导作了调整和充实。

在钢铁座谈会期间，各大钢厂、有色冶炼企业为完成今年钢、铁、钢材等生产计划，要求解决石油、电力、煤炭、运输和

---

①据《当代中国的钢铁工业》，当代中国出版社1996年版，第109页。

配件等问题。由冶金部汇总提出，铁道部、交通部、煤炭部、石油化工部、水电部、一机部等相关各部努力安排，到5月底会议刚一结束，就已经逐项得到落实，充分发挥了社会主义经济集中统一的优势，为完成产钢2600万吨创造了必不可少的外部条件。

2．冶金部和各大钢铁企业积极贯彻钢铁座谈会精神

在钢铁座谈会开会期间，会议精神就以各种方式传到各大钢铁企业，开始讨论、贯彻。冶金部在5月16日开了电话会议，传达党中央、国务院领导同志的指示，有些参加座谈会的负责同志在这之前已经通过电话作了传达。各大钢厂反应强烈，纷纷找差距，揭矛盾，定措施，表决心。如：太钢公司党委在电话会议后连夜印发了电话会议稿，组织干部讨论，总结贯彻中央9号文件以来的工作，回答和铁路先进单位比差距在哪里、这一段工作的经验教训是什么、采取什么措施把生产搞上去等问题。山西省革委会决定增加对太钢职工的生活供应，调给太钢猪肉20000斤、猪下水30000斤、鸡蛋50000斤、鱼30000斤、小鸡10000只、对虾5000斤、烟20000条、糕点30000斤。包钢有180人参加了电话会议，会后立即组织了讨论，一致认为这次会议对冶金工业战线是一个有力的鞭策和鼓舞，要横下一条心，打一场前所未有的硬仗，坚决把钢铁搞上去，把包钢搞上去。[①]

在钢铁座谈会精神的鞭策和鼓舞下，钢铁生产水平有所增长。5月下旬，平均日产钢71600多吨，铁76300多吨，都已达到全年计划的平均水平。[②]

5月29日钢铁座谈会开完，冶金部党的核心小组即召开扩大会议，结合实际，研究贯彻钢铁座谈会精神，[③] 于6月1日发出

①据冶金部值班室编《值班简报》增刊第37期（1975年5月18日）。

②据中共冶金部核心小组《关于认真贯彻中央批示和钢铁工业座谈会精神的意见》（1975年6月1日）。

③据冶金部赵岚在1975年6月6日第一次保钢小组会上的汇报，《保钢小组简报（2）》。

《中共冶金部核心小组关于认真贯彻中央批示和钢铁工业座谈会精神的意见》，对怎样把冶金工业搞上去提出了六条措施。

6月初，冶金部为贯彻钢铁座谈会精神，接连召开了三次电话会议，传达13号文件和邓小平讲话和其他中央领导同志指示。6月4日，经毛主席圈阅同意，中共中央发出第13号文件。5日下午冶金部即召开电话会议向冶金系统传达。鞍、武、包、太四大钢立即行动起来，大张旗鼓地传达贯彻13号文件。

3. 成立“保钢小组”，确保钢铁计划任务实现

6月3日，由计委副主任袁宝华主持召开了有关部委负责人参加的生产调度会。会上，根据国务院领导同志指示和钢铁座谈会精神，组成了“保钢小组”。成员共10人：计委袁宝华、建委宋养初、冶金部杨殿奎、煤炭部李建平、水电部张彬、铁道部苏杰、交通部马耀骥、石化部孙晓风、一机部阎济民、物资局刘炳华。[①]“保钢小组”的任务是：积极贯彻钢铁工业座谈会精神，加强领导，大力协同，发动群众，按质、按量、按品种、按合同，确保今年钢铁计划任务的实现。“保钢小组”的工作方法主要是：每星期五召开一次保钢小组会；会议决定事项，有关各部分头办理；各部之间加强协作，互通情况；有关各部指定一名主管司、局长，与计委生产组密切联系，及时研究解决保钢生产中的外部和内部的具体问题，并向保钢小组报告和请示。

在中共中央13号文件的统一号令之下，各钢铁企业深入传达贯彻，保钢小组集中统一领导，冶金部加强生产指挥调度，钢铁生产继续好转。保钢小组于6月20日召开第三次会议，检查6月中旬钢铁生产，情况如下：钢平均日产72000吨，比上旬增加1400吨；生铁平均日产77000吨，比上旬增加2000吨。但还没有达到月计划的要求，钢、铁还各日欠产3000吨。钢欠产主要是鞍钢、

①此处和以下内容均据国家计委生产组：《保钢小组简报（1）》（1975年6月3日）。

武钢两家。武钢日欠2200吨，鞍钢日欠980吨。生铁欠产较多的是武钢、本钢、太钢、酒钢。四川省各钢铁企业，贯彻13号文件后效果显著，生产上升很快。攀钢、重庆特种钢厂、重庆钢厂、成都无缝、长城五大钢厂，从5月下旬起生产普遍增长。长城钢厂变化最大，今年头五个月，天天欠产，月月完不成计划。从5月下旬起，到6月下旬，天天超额完成计划。①

经过2月八大钢座谈会、5月钢铁工业座谈会、6月贯彻中央13号文件，钢铁生产取得很大进展。6月份全国钢的平均日产量达到72400吨，超过了全年计划的平均日产量，开始补还亏欠。钢产量实现时间过半、任务完成过半的重点钢铁企业② 有6个：首钢、攀钢、长城、西宁、大冶、抚顺。完成年计划43%的有9个：天津、唐山、大连、上海、齐钢、济南、重庆钢厂、马钢和鞍钢。

保钢小组和冶金部对钢铁生产抓得很紧。6月18日起，冶金部在天津召开全国下半年钢铁排产会。6月27日保钢小组召开第四次会议，集中检查下半年钢铁排产中的问题，建议采取坚决措施坚持执行钢铁工业座谈会确定的钢铁计划指标。③ 7月18日，冶金部向全国计划工作务虚会汇报冶金工业十年规划的几个问题，提出为实现“五五”4000万吨钢、“六五”6000万吨钢的任务，打算首先抓好十大钢铁基地，打三个硬仗（矿石原料、品种质量、降低消耗），采取三项措施（开展工业学大庆运动，抓老大难单位转化，推广先进典型；改革管理体制；发展出口品种，力争以出养进）。8月1日，保钢小组又一次召开会议研究当前钢铁生产和当年钢材分配问题。7月高温，加之鞍钢10000人患痢疾、

①以上材料据国家计委生产组：《保钢小组简报（4）》（1975年6月24日）。

②此处所说重点钢铁企业，按当时保钢小组列表，共25个：鞍钢、上海、武钢、包钢、首钢、太钢、重钢、马钢、本钢、攀钢、天津、唐山、大冶、齐钢（齐齐哈尔）、大连、抚顺、重庆、成都、长城、西宁、西安、贵阳、昆明、济南、湘潭。

③据国家计委生产组：《保钢小组简报（5）》（1975年7月1日）。

上海流行红眼病等因素影响出勤率，钢铁日产水平普遍下降，但还是保持了历史同期最高水平。鉴于8月正值酷暑，又是雨季，提出生产指标不宜安排过高，钢平均日产7300吨比较适宜。

1975年钢铁整顿做了许多工作，钢铁战线作出了巨大的努力，但由于前几个月亏欠过于严重，1975年全年产钢2393万吨，未能拿下“2600万”。但比1974年，增产了280万吨。应该说，钢铁整顿的成效是明显的。

七　围绕“反经验主义”的较量

从理论问题指示到形成学习理论运动

1974年8月毛泽东发出“安定团结”的指示、决心结束“文化大革命”的时候，他必然要考虑的问题是，在不再采用“文化大革命”这种非常办法的时候，在不搞政治运动的正常情况下，应该怎么样来反修防修、防止和平演变、防止资本主义复辟？毛泽东关于理论问题的指示，试图作出回答。

毛泽东第一次集中谈论这个问题，是1974年10月20日在长沙会见丹麦首相保罗·哈特林的时候。毛泽东对这位首相说：

> 总而言之，中国属于社会主义国家。解放前跟资本主义差不多。现在还实行八级工资制，按劳分配，货币交换，这些跟旧社会没有多少差别。所不同的是所有制变更了。

12月26日，是毛泽东81岁生日。这一天，他在同周恩来谈话时又一次谈到这个问题。毛泽东说：

> 列宁为什么说对资产阶级专政，要写文章。要告诉春桥、文元把列宁著作中好几处提到这个问题的找出来，印大字本送我。大家先读，然后写文章。要春桥写这类文章。这个问题不搞清楚，就会变修正主义。要使全国知道。
>
> 我同丹麦首相谈过社会主义制度。我国现在实行的是商品制度，工资制度也不平等，有八级工资制，等等。这只能在无产阶级专政下加以限制。
>
> 所以，林彪一类如上台，搞资本主义制度很容易。因

此，要多看点马列主义的书。

列宁说，“小生产是经常地、每日每时地、自发地和大批地产生着资本主义和资产阶级的”。工人阶级一部分，党员一部分，也有这种情况。

无产阶级中，机关工作人员中，都有发生资产阶级生活作风的。①

毛泽东关于理论问题的谈话，表明他深深地忧虑社会主义制度建立以后，还存在着资本主义复辟的危险性，还存在着变修正主义的危险性。这种忧虑是富有远见的。他力图寻找产生这种危险性的内在原因，即从社会主义的经济基础和社会制度本身去寻找产生资本主义和资产阶级的根源，以便及早采取措施，加以避免；在指出新社会“所有制变更了”，即实现了生产资料公有制这一社会主义本质特征的同时，又指出中国现在实行的商品生产、货币交换、按劳分配及八级工资制等“跟旧社会差不多”。这种思考是深刻的。毛泽东指出，在社会主义国家，从工人阶级中，从共产党员中，也会产生资本主义和资产阶级；在无产阶级中，在机关干部中，都会发生资产阶级生活作风；党和国家的最高权力如果被“林彪一类”阴谋家、野心家掌握，搞资本主义制度很容易。这些论断的正确性已经被国际或国内的实践所证明。在准备结束“文化大革命”，转入正常的政治生活时，特别加以强调，引起人们警觉、注意、及早防范，是必要的。毛泽东认为，在社会主义的中国，防止变修正主义，防止资本主义复辟的办法，在思想上、政治上，全体党员、全国人民要多读马列主义的书，搞清楚关于无产阶级专政的理论；在经济上，要对商品制度、货币交换、按劳分配及工资制度加以限制。

在“文化大革命”初期，毛泽东对产生修正主义、复辟资本

---

①《关于理论问题的谈话要点》，《建国以来毛泽东文稿》第13册，第413－414页。

主义的社会基础的认识，更多地着眼于旧社会遗留下来的社会成分。他赋予“文化大革命”的任务之一是要解决这一部分人的问题。1966年6月10日同越南劳动党主席胡志明谈话，1967年2月3日同阿尔巴尼亚领导人卡博和巴卢库谈话，以及1970年12月18日同美国朋友斯诺的谈话，毛泽东都是这样讲的。应该看到，经过八九年“文化大革命”的动乱，毛泽东的认识有了发展变化，到1974年作出理论指示时，更多地从经济制度上着眼看问题了。毛泽东的立足点是反修防修，反对和平演变，防止资本主义复辟。他主张对商品制度、货币交换、按劳分配、八级工资制加以限制，自然意味着还允许存在而不是消灭。他看到，社会主义制度下的商品生产、货币交换、按劳分配、八级工资制，与旧社会的根本不同是“所有制变更了”，但又认为“与旧社会差不多”，因而政策的基本立足点是“限制”，则不免偏颇；他看到了消极的一面，保持着警惕。但是，在这时，他没有指明——像他过去曾经指明的那样——按劳分配是社会主义的原则，是共产主义的学校，能够调动劳动者的积极性，有利于发展社会生产力，应该贯彻和完善；也没有指明——像他过去曾经指明的那样——商品制度、货币交换有其积极作用，应该发挥和利用。这不能不说有所不足。把列宁针对苏俄特定情况下的小生产所作的论断，用来估计中国小生产发展的趋势，指出了消极面，但对其消极面不免看得过于严重。事实上，经过引导，小生产可以组织起来，成为集体经济。毛泽东20世纪50年代领导农业合作化运动，领导对个体手工业的改造，就是这样做的。在社会主义条件下，小生产可以作为社会主义经济的补充而存在和发展，只要不放任自流，也不会大量地产生资本主义和资产阶级。

对于怎样学习理论，毛泽东作了具体部署。1975年2月9日，农历春节前夕，《人民日报》发表社论《学好无产阶级专政的理论》，传达了毛泽东关于理论问题谈话的主要内容和精神。2月10日，经毛泽东“圈阅”，中共中央发出1975年4号文件《中共中央批转一九七五年国民经济计划的通知》。这个通知强调“当前要特别学好毛主席关于无产阶级对资产阶级实行专政这一重大理论问题”。2月11日，周恩来就中央转发毛泽东关于理论问题的指示及其他有关文件致信王洪文、叶剑英、邓小平、张春桥，建议“先在政治局常委一谈，然后再提交政治局讨论”。15日，周恩来在人民大会堂主持常委会，讨论中央通知和有关文件。[①] 18日，经毛泽东“圈阅”，中共中央发出1975年5号文件——《中共中央关于学习毛主席关于理论问题的重要指示的通知》，要求“认真组织广大党员、干部和党外群众学习”。通知说明：“根据毛主席指示摘编的马克思、恩格斯、列宁论无产阶级专政的语录，不久将在《人民日报》《红旗》杂志上发表。也请你们认真学习，并且要多读一点马列的书和毛主席的书。这个学习可以同批林批孔紧密地结合起来。”通知要求：“各级领导干部要带头学好。在学习中，注意联系我国革命的实际情况和历史经验，并亲自对目前实际状况做一点调查研究。同时，要领导并帮助党员和群众学好。注意总结学习中的先进经验。促进全国的安定团结。”2月22日的《人民日报》和3月1日出版的《红旗》杂志发表了《马克思、恩格斯、列宁论无产阶级专政》33条语录。《人民日报》和《红旗》杂志为发表《马克思、恩格斯、列宁论无产阶级专政》加了“编者按”。强调“各级党委一定要把关于无产阶级专政理论的学习抓紧抓好，更加自觉地贯彻执行党的基本路线和各项政策，进一步搞好批林批孔运动，把无产阶级专政下的继续革命进行到底。”

就这样，一个学习无产阶级专政理论的运动在全中国发动起来。

①中共中央文献研究室编：《周恩来年谱（1949－1976）》下卷，中央文献出版社1997年版，第696页。

“四人帮”把学习理论运动引向“反经验主义”的邪路

对于贯彻毛泽东关于学习无产阶级专政理论的指示，周恩来、邓小平等同“四人帮”的态度和重点完全不同。

周恩来、邓小平等把毛泽东学习理论的指示同安定团结和把国民经济搞上去的指示联系在一起，他们提倡学习和贯彻理论指示，联系实际的重点是：反对资产阶级派性，实现安定团结；反对无政府主义和资产阶级作风，建立健全规章制度和生产秩序，把生产搞上去；发展社会生产力，发挥社会主义优越性，为限制资产阶级法权创造条件。

“四人帮”却利用学习无产阶级专政理论运动，特别是利用毛泽东要张春桥、姚文元写文章的机会，有意把运动引向邪路，把运动的重点放到所谓“反经验主义”上去。他们企图以此来攻击周恩来等老一辈革命家，破坏安定团结，为他们篡夺党和国家的最高权力服务。

1975年3月1日，《人民日报》转载《红旗》杂志第3期登出的姚文元的文章《论林彪反党集团的社会基础》，论证资产阶级法权的存在“是产生新的资产阶级分子的重要的经济基础”，强调必须批评、限制、破除资产阶级法权。文章说，有了资产阶级法权思想，“当修正主义思潮出来时”，“还会上当受骗，甚至糊里糊涂地上了贼船”。他又把“上贼船”同“经验主义”联系到一起，还故意制造谣言说：“1959年反对彭德怀反党集团时，毛主席曾经指出，‘现在，主要危险是经验主义’，因此要认真读书，这十几年来，毛主席多次重复了这个意见”。其实，“现在，主要危险是经验主义”这句话，是毛泽东在1959年8月15日致参加庐山会议各位同志的信中说的，是专对当时的情况而发。十几年来，毛泽东并没有多次重复这个意见。

张春桥、江青、王洪文也都在不同场合竭力鼓吹“反经验主义”。

张春桥在3月1日全军各大单位政治部主任座谈会上讲话，提出：“对经验主义的危险，恐怕还是要警惕”，“要解决”。他还说：主席1959年关于反对经验主义的话“现在仍然有效”，要把反对经验主义“当作纲”。在3月写的一个文件稿中，张春桥写道：“这些年来，我们学习马列的状况，有所进步，但是，主要危险是经验主义这一点并没有根本改变”。4月1日，张春桥发表《论对资产阶级的全面专政》，提出必须“在一切领域、在革命发展的一切阶段始终坚持对资产阶级的全面专政”。他还抛出一个颇具煽动性的口号：“打‘土围子’”。把反对他们那一套“左”倾错误的老干部比作民主革命时期躲在“土围子”里的敌人，叫嚷要把他们“全部地打掉”，对他们实行“全面专政”。

江青十分起劲地为反经验主义进行组织发动。4月4日，迟群传达江青的电话指示：“党现在最大的危险不是教条主义而是经验主义。这个问题进城以后就屡次提出过，在全党没有提起应有的警惕。现在我们应该按照毛主席的教导，对经验主义的危险性，擦亮眼睛，要认识清楚，保持高度警惕。经验主义是修正主义的帮凶，是当前的大敌。”① 4月5日，江青又对清华、北大两校大批判组讲这些话。② 江青和王洪文还分别找政治局一些成员谈话，宣传“经验主义是当前的大敌”，③ 并分别送上海机床厂反经验主义的十条经验等材料。在4月中旬的政治局会议上，江青一再提出“反经验主义”的问题，说政治局应该讨论，而且要“交锋”。④

---

①据：金冲及主编《周恩来传》，中央文献出版社1998年版，第2127页；《周恩来年谱（1949－1976）》下卷，第701页。

②据：《周恩来传》，第2127页。

③转引自力平著《“文化大革命”中的周恩来》，中共中央党校出版社1991年版，第41页。

④据邓小平在周恩来1975年5月21日给政治局委员的信中所加的注。

“四人帮”手里掌握着舆论工具。在他们指挥下，三四月间北京、上海两地主要报纸接连发表宣扬经验主义是当前主要危险的报道和文章。他们大搞影射史学，把矛头指向周恩来和其他富有经验的中央领导同志。上海《解放日报》4月7日发表的《历史的经验值得注意》就是明显的一例。文中露骨地说，“恰恰是这些同志，自觉地或不自觉地成了王明教条主义的合作者”。这就明白无误地告诉读者，被“四人帮”指责为当前主要危险的经验主义的代表人物，就是历史上犯过所谓经验主义错误，而“自觉地或不自觉地成了王明教条主义的合作者”的人。了解中国共产党历史的人都知道，这是明目张胆地攻击周恩来。

果真如此！“四人帮”在党内外造成“反经验主义”的声势后，就图谋把“反经验主义”的舆论变为一个重要的实际行动了。这回采取的办法是：姚文元指使他主管的新华社于4月20日写出一份《关于报道学习无产阶级专政理论问题的请示报告》，由姚文元送毛泽东审阅。这个请示报告中说：在今后一段时间里……特别要宣传各级干部通过学习，认识和批判经验主义的危害，自觉克服经验主义。①

“四人帮”企图骗取毛泽东的支持，刮起一股反对经验主义的风来。

邓小平的巧妙对策和毛泽东的鲜明态度

对“四人帮”搞“反经验主义”的险恶居心，邓小平洞若观火。

“四人帮”三四月间一个腔调大反“经验主义”之时，正是周恩来病重开刀之际。3月26日，周恩来做了住院后的第三次大

①据毛泽东《对新华社关于报道学习无产阶级专政理论问题请示报告的批语》注释［1］，《建国以来毛泽东文稿》第13册，第426－427页。

◎1975年4月18日下午，邓小平陪同金日成乘敞篷车经过天安门广场（选自画册《邓小平外交风采》，中央文献出版社、福建人民出版社1998年版）

手术，切除新发现的大肠内的肿瘤。肿瘤位置，正好就是40年前长征途中在沙窝会议（1935年8月4日—6日）后得肝脓疡病穿肠成便的地方。这次手术进行了8个小时之久。在此前后，邓小平同周恩来多次单独谈话。他们还几次同王海容、唐闻生长谈。①

当4月上旬江青、王洪文找政治局一些成员谈“经验主义是当前的大敌”时，邓小平一针见血地指明：这是在政治局内一个一个动员反总理。②

邓小平要用适当方式向毛泽东反映这一重大的政治动向。

机会很快来了，这就是毛泽东和金日成的会见。

4月18日下午16时，金日成率朝鲜党政代表团到达北京，邓小平到车站迎接。当天下午，毛泽东就会见了金日成和他率领的

①据《周恩来传》引周恩来卫士记录的《首长活动日记》（1974年－1976年），见该书第2128页。

②据力平著《“文化大革命”中的周恩来》，第41页。

◎1975年4月18日，毛泽东与来访的金日成亲切握手（选自画册《新中国外交五十年》）

朝鲜党政代表团。邓小平是陪同会见的唯一的中国领导人。

毛泽东同金日成的谈话，内容相当广泛。谈话快结束的时候，有一段直接涉及邓小平。

毛说：我不谈政治，由他（指邓小平）来跟你谈了。此人叫邓小平。

金回答道：我们很早就认识了，他做过很多工作，是老朋友、老同志了。

毛说：他会打仗。

金接着说：不但会打仗，而且会做政治工作，进行思想斗争。

毛补充道：还会反修正主义。

金说：是啊，我们很清楚他。我和邓小平副主席十年没见了。

毛解释说：红卫兵整他，现在无事了。那个时候打倒了好几年，现在又起来了。

金说：很好，我们欢迎！

毛说：我们要他！

金再一次说：我们也欢迎他！

在会见结束、送走金日成以后，邓小平就张春桥3月1日片面强调“经验主义是当前主要危险”的讲话，当面向毛泽东请教，同时还反映江青在政治局会议上正式提出要讨论这个问题、要

◎1975年4月，邓小平陪同金日成（左）参观南京长江大桥（选自画册《邓小平外交风采》）

“交锋”等情况。邓小平明确表示，不同意“经验主义是当前主要危险”的说法。毛泽东赞同邓小平的意见。[1]

“四人帮”无从得知毛、邓之间这次重要谈话的内容，继续打着他们的如意算盘。

姚文元把他指使新华社于4月20日写的一份强调“认识和批判经验主义，自觉克服经验主义”的请示报告送到了毛泽东的案头。

通过18日邓小平的当面请教，毛泽东已经知道了“四人帮”借学习无产阶级专政理论搞“反经验主义”的经过和企图，对他们非常不满。4月23日，毛泽东在姚文元送审的这份《请示报告》上，写下一段批语[2]：

提法似应提反对修正主义，包括反对经验主义和教条

---

①据周恩来1975年5月21日给中央政治局委员信中的话和邓小平加的注，见《周恩来传》，第2128页。

②中共中央办公厅曾将新华社4月21日的报告和毛泽东4月23日的批语作为1975年第126号文件印发。《人民日报》1976年11月19日发表的《“四人帮”篡党夺权的一个黑纲领——批判王张江姚反党集团的反经验主义为“纲”》一文中，用黑体字引用了这个批语的主要内容。

主义，二者都是修正马列主义的，不要只提一项，放过另一项。各地情况不同，都是由于马列水平不高而来的。不论何者都应教育，应以多年时间逐渐提高马列为好。

我党真懂马列的不多，有些人自以为懂了，其实不大懂，自以为是，动不动就训人，这也是不懂马列的一种表现。

此问题请提政治局一议。

“四人帮”大反“经验主义”，没想到在毛泽东那里碰了一鼻子的灰。

4月27日政治局会议上的初步交锋和江青、王洪文会后的花招

在毛泽东的批评面前，“四人帮”露出了他们藏在麒麟皮下的马脚。他们竭力把毛泽东的批示封锁起来。可是，纸是包不住火的。毛泽东不仅在新华社报告上对反经验主义问题作了批评，而且明确要求“此问题请提政治局一议”。“四人帮”无法一手遮天。

4月27日，中央政治局开会，议论、领会毛泽东4月23日批示精神，研究怎样贯彻落实。叶剑英、邓小平等在发言中批评江青、张春桥等人大反经验主义的错误，并对江青在1973年12月中共中央政治局扩大会议上提出所谓“第十一次路线斗争”、在批林批孔运动中以个人名义送材料和“四人帮”进行的其他宗派活动提出质问。

江青不得不在会上作了检讨。[①] 但是，会后他们就赖账了。王洪文、江青分别向毛泽东“告状”，并要求见毛泽东。

王洪文给毛泽东写信，汇报4月27日政治局会议情况。信中

①据《周恩来年谱（1949–1976）》下卷，第703页。

诬告周恩来、叶剑英、邓小平总是把形势说得漆黑一团，支持、纵容社会上最凶的谣言；说叶剑英、邓小平想把江青一棒子打下去，所涉及的问题都和“文化大革命”、批林批孔联系在一起。王洪文还说：“这场争论，实际上是总理想说而不好说的话，由叶、邓说出来，目的是翻前年十二月会议的案。”① 王洪文要求面见毛泽东。

江青打电话给毛泽东处，要秘书转告主席，4月27日会上几个人跳出来围攻他们，这是庐山会议的再现。她要求见主席面谈。

毛泽东没有答应他们的要求。毛说：“不见，要见请大家一起来。”

毛泽东主持5月3日政治局会议批评“四人帮”

毛泽东果真请大家一起来见面。5月3日晚，毛泽东亲自召集中共中央政治局会议。在京中央政治局委员、候补委员出席，开会地点就在中南海他的住所。这是毛泽东最后一次召集中央政治局会议。②

与会者一一同毛泽东握手。毛泽东同他们相互寒暄、问候，谈吐间保持着他特有的幽默和机智。

会议开始，毛泽东开门见山，提出“反经验主义”的问题。他老人家首先作自我批评。

毛泽东说：“好久不见了，有一个问题，我与你们商量，一些人思想不一致。我自己也犯了错误，春桥那篇文章，我没有看

①据《周恩来年谱（1949－1976）》下卷，第703页。并据一份有关“四人帮”问题的材料。

②这次政治局会议的时间据苏振华1975年5月22日给毛泽东的关于海军建设的报告，《建国以来毛泽东文稿》第13册毛泽东《对苏振华关于海军建设报告的批语》注释［1］转引，第434页。地点据《周恩来年谱（1949－1976）》下卷，第704页。

出来，只听了一遍，我是没有看，我也不能看书，讲了经验主义的问题我放过了。新华社的文件，文元给我看了。还有上海机床厂的十条经验，都说了经验主义，一个马克思主义都没有，也没有说教条主义。”

毛泽东强调“现在要安定团结”。指出：“要安定，要团结。无论什么问题，无论经验主义也好，教条主义也好，都是修正马列主义，都要用教育的方法。”

毛泽东批评江青等人：

> 现在我们的一部分同志犯了错误要批评。三箭齐发，批林，批孔，批走后门。批林批孔都要这些人来干，没有这些人批林批孔就不行。走后门这样的人有成百万，包括你们在内（指在座的王海容、唐闻生），我也是一个，我也有资产阶级法权。我送去，小谢不得不收。这些人不是坏人。
>
> 你们只恨经验主义，不恨教条主义，二十八个半统治了四年之久，打着共产国际的旗帜，吓唬中国党，凡不赞成的就要打，俘虏了一批经验主义。

毛泽东在指出“不要看低教条主义”后说：

> 有经验主义的人多，无非是不认识几个字，马列也不能看，他们只好凭经验办事。历来对经验主义是没有办法，慢慢来，还要十年、八年，二十年、三十年可以好一些。太急了不好，不要急，一些观念连不起来。
>
> 我说的是安定团结，教条主义，经验主义，修正主义，又要批评资产阶级法权，不能过急，你们谁要过急就要摔下来。

毛泽东反复强调“三要三不要”的原则。他说：“这一次还是三条，要马列不要修正，要团结不要分裂，要光明正大，不要搞阴谋诡计，就是不要搞宗派主义。”并指出：“有的同志不信三条，也不听我的，这三条都忘记了。”他交代：“九大、十大都讲这三条，这三条要大家再议一下。”“其他的事你们去议，治病救人，不处分任何人。”

毛泽东继1974年12月在长沙告诫王洪文"不要搞'四人帮'"之后，这天当着全体政治局成员的面又一次告诫王、江、张、姚："不要搞四人帮，你们不要搞了，为什么照样搞呀？为什么不和二百多个中央委员搞团结，搞少数人不好，历来不好。"毛泽东对"四人帮"的批评是严肃而尖锐的，同时他又认为问题并不那么严重。他说："我看问题不大，不要小题大作，但有问题要讲明白，上半年解决不了，下半年解决；今年解决不了，明年解决；明年解决不了，后年解决。"

针对江青说4月27日政治局会议是1971年庐山会议再现的说法，毛泽东明确指出"这次和庐山会议不同"。毛泽东还批评江青等人说：

> 我看批判经验主义的人，自己就是经验主义，马列主义不多，有一些，不多，……不作自我批评不好，要人家作，自己不作。中国与俄国的经验批判主义，列宁说：那些人是大知识分子，完全是巴克莱学说。巴克莱是英国的一个大主教，你们去把列宁的书看一看。

毛泽东说到这里，江青搭上话去，说：主席是不是说看《唯物主义与经验批判主义》？

江青这一搭话，又引出毛泽东对她的一番批评。毛泽东说：

> 江青同志党的一大半（斗争）没有参加，陈独秀、瞿秋白、李立三、罗章龙、王明、张国焘，都没有参加斗争，没有参加长征，所以也难怪。我看江青就是一个小小的经验主义者，教条主义谈不上，她不像王明那样写了一篇文章《更加布尔什维克化》，也不会像张闻天那样写《机会主义的动摇》。不要随便，要有纪律，要谨慎，不要个人自作主张，要跟政治局讨论。印成文件发下去，要以中央的名义，不要用个人的名义，比如也不要以我的名义。

毛泽东还谈到自己过去的经历，告诫"不要搞什么帮"。老人家沉浸在回忆中，他的思维，无拘无束，任意驰骋。他的语言，随着自己活跃的意识，如汩汩山泉，随势曲折，奔流出来。毛泽东谈古论今，引出宋人辛弃疾的词《南乡子·登京口北固亭怀古》，请叶剑英背诵。听罢，毛引这首词末的话“天下英雄谁敌手？曹刘”说，刘是刘震，曹是曹里怀，就是吴法宪不行，叶剑英早就看不起吴法宪。在政治局全体人员面前，毛泽东把叶剑英着着实实夸了一番。说叶帅不仅有文化，而且在同林彪一伙斗争中，他也是早就识破他们、同他们斗争的一个！1973年毛泽东曾严厉批评过叶剑英。在谈笑间，他把以前那片阴云轻轻吹散了。

看似海阔天空，实则有深意在。这是毛泽东的一种谈话风格。

夜已深了。会议的紧张气氛，在毛泽东转入谈古论今以后，缓和了下来。

周恩来说：今天就到这里结束吧，主席休息一下。于是，到会人员一一同毛泽东握别。

毛泽东与周恩来握手时又说：还是三句话。

同王洪文握手时，王洪文表示：按主席的指示办。毛泽东又一次告诫他：你不要……一边说着，一边作了个翻过来覆过去的手势。

周恩来同“四人帮”的斗争

5月3日政治局会议后，重病中的周恩来依然为贯彻、落实毛泽东5月3日的讲话和4月23日的批示而紧张工作，他为此还不动声色地同“四人帮”展开斗争。

周恩来提议先开中央政治局常委会。5月4日晚，中央政治局常委会由周恩来主持，在人民大会堂召开。出席会议的有王洪文、叶剑英、邓小平、张春桥。会议首先核对了毛泽东讲话的内容，弄清当时没有听清楚的问题。会议着重讨论怎样贯彻毛泽东5月3日的讲话及4月23日的批示。

关于毛泽东4月23日对新华社的批示要不要专门发文件下达的问题，王洪文传达毛主席的指示：《红旗》第五期发表了文章，批示可不下达。[①] 周恩来等认为，单由《红旗》发表署名文章并由《人民日报》、《解放军报》转载还是不够的，决定由中央发一文件，从正面阐述无产阶级专政理论及在中国如何限制资产阶级法权、逐步缩小三大差别等政策问题，以利于学习和实践。

根据5月4日常委会的决定，周恩来立即亲自起草这个文件——《关于学习毛泽东理论问题指示和中央政治局工作等问题的意见稿》。[②]《意见稿》指出，在学习过程中需“在一定时期有针对性加以宣传”，“把主席指示的反修防修的目的说清楚”。对犯一般经验主义的人，“要慢慢来教育改造”。明确指出：在过去一个多月里，有些报告、报刊社论、文章、新闻报道、内部清样中，只“强调反修正主义的一项经验主义，放过另一项教条主义，有些地方甚至连反修正主义主题都不提了，这不能不说是一个错误”。对于毛泽东指出的江青等人的“这次错误”，即反经验主义的错误，《意见稿》表示“拥护主席意见”，“有错误的，要有自我批评”；同时，“同意小平同志意见”，“愿自我批评的就说，说多少都可以，不说也可以，不要强人所难”。《意见稿》强调：政治局工作“必须遵守九大、十大方针路线，‘三要三不要’，以安定团结为好”。“凡要议大事，先在政治局常委谈一谈。各单位拟好文件的，除外交、国防事急需立即传阅送批外，其他总要在二三天前先行送阅待议。政治局同志有意见（除小事急事外）需提政治局讨论的，请先向主持人在两三天前提出。个人除自己管辖的单位外，其他需下达的事，必须经过政治局常委会或主管部门同意后以机关名义下达。

①据周恩来就如何传达毛泽东4月23日指示等问题给中央政治局委员的信（1975年5月21日）。

②以下所述这份意见稿的内容引自《周恩来年谱（1949－1976）》下卷，第705页。

个人交换意见，不能以个人或机关名义下达下送文件。个人通信，不能以指示口气来信和通电。”对经济建设，指出“不能再耽误了”。

5月7日晚，周恩来再次在人民大会堂主持中共中央政治局常委会议，继续研究中央政治局讨论贯彻毛泽东5月3日讲话一事。由于邓小平5月12日至17日出访法国，会上商定：等邓小平访法回来之后再召开政治局全体会议。

这次反经验主义错误，张春桥是主要当事人之一。5月上旬中央政治局常委会议论写一文件时，他提出此事请中央政治局同志讨论后报主席。邓小平5月18日访法归来，正式讨论贯彻毛泽东讲话的政治局会议召开在即，弄清楚事实经过，是开好政治局会议的前提。于是，周恩来在1975年5月21日写了一封信，要王洪文阅后“转政治局同志和参加会议同志审阅”。对反经验主义错误的主要事实，周恩来写了一段话，说明这次大搞“反经验主义”，源出于姚的文章、张的讲话。

5月22日，王洪文将周恩来的信批给政治局委员和5月3日会议参加者传阅，要求传阅完毕后“送总理阅，是否呈主席请总理定”。

邓小平阅读周恩来此信时，在“小平同志也说，他向主席请教的是指的春桥同志在总政3月1日召开各大单位主任座谈会上的讲话”一句处，加了一个注：“当时还提到江青同志在政治局会议正式提出了这个问题”。说明“反经验主义”的积极分子，江青也是一个。

张春桥5月22日写下批语：“总理的信，有些话不确切。但我不反对报主席。”他企图抵赖又难以抵赖，想以“不确切”来逃避、推托。

经过阅批的文件回到周恩来案头。周恩来在重病中，且头上皮下神经疱疹未好，脚上皮下毛血管麻痛未止。他并没有立即把报告呈送毛泽东。他不顾病痛，于5月27日下午17点半写成给张春桥的一封长信，以事实驳复张春桥批语中所谓“总理的信，有些话不确切”的说法。周恩来在说明事实之后写道：“我这段回忆的文字，不知是否较为确切。如果仍不确切，请你以同志的坦率勾掉重改或者批回重写，我决不会介意，因为我们是遵守主席实事求是和三要三不要的教导的。”真是绵里藏针，柔中有刚！

周恩来抱病写下的无可辩驳的事实，使张春桥再也没有办法推脱。张春桥只得在这信上写道：“不再改了。”

周恩来接到张春桥这个退件后，立即把5月21日信报送毛泽东。

邓小平主持政治局会议批评“四人帮”

此时，周恩来病势日渐重笃。毛泽东乃与周恩来商量，确定由邓小平主持中共中央政治局会议。[①]

5月27日，邓小平在人民大会堂东大厅主持中共中央政治局会议，讨论5月3日毛泽东的讲话，对“四人帮”展开批评。

邓小平在会上作长篇发言。

邓小平首先谈毛主席讲话的意义。接着，不指名地批驳了江青、王洪文等对4月27日政治局会议的非难。他说：主席4月23日批示，27日政治局讨论。到会同志都讲了话。有同志说，那次会上的话讲过了头；有同志说，是“突然袭击”，“围攻”。27日的会，百分之四十也没有讲到。有没有百分之二十也难讲。谈不上“突然袭击”，谈不上“过头”。无非是讲了历史上路线斗争，有的来自经验主义，有的来自教条主义。我没有主席讲得那么清楚。历来都提反对修正主义，说现在主要危险是经验主义，是否改变九大、十大的提法？这样提出问题，没有什么过。对照

---

①《周恩来年谱（1949－1976）》下卷，第709页。

主席的话，看得太浅。

邓小平根据毛泽东对江青等人这几年错误的批评，尖锐地指出：主席提三个问题，钻出三件事。倒是问一问，为什么？话要讲清楚。不讲明白，没有好处。

邓小平说：批评周、叶，当时钻出一个十一次路线斗争。这不是主席的，后来是主席纠正了。批林批孔，又钻出个走后门。提到对马列背叛的高度，当众点很多人的名。学理论，是防修、反修，又钻出一个主要危险是经验主义。来势相当猛。别的事不那么雷厉风行，这件事雷厉风行。还有上海机床厂的经验。如果搞下去，这个反经验主义，面对几千万，比走后门大十倍。

邓小平联系党的历史，讲了对毛泽东“三要三不要”指示的理解。他说，主席的三条是总括历史经验。搞小圈子，历来不好。这方面要讲安定、团结，首先要搞马列主义，不搞修正主义。搞团结，更要注意，首先是政治局要注意团结。主席建党学说，既弄通思想又团结同志，这是列宁也没有的。学理论，安定团结，把经济搞上去，贯彻三项指示，不搞掉派性不行。“四人帮”，值得警惕。在不在“四人帮”，都要警惕。政治局有责任把主席的优良传统贯彻下去。我们要带头做到这一点。

李先念发言说：4月27日会议，我认为没有过分，没有越轨。他还谈到主席几次批评“四人帮”，“我叫他们不要搞，他们还要搞”。

陈锡联强调要贯彻毛主席的三要三不要原则，他说：不要搞宗派，有问题，要讲清楚。不能少数人，要多数人。

6月3日，邓小平再次在人民大会堂东大厅主持政治局会议，继续讨论毛泽东4月23日批示和5月3日指示。

叶剑英作长篇发言，谈自己的体会。

叶剑英说：5号文件下发以后，形势很好。可是，3月1日出现反经验主义，全国报纸跟着来了，用反经验主义代替反修正主义。不要只提一个，放过另一个。弄通马列可是难，一定要学

◎1975年，邓小平在毛泽东的客厅里（选自《邓小平画传》）

习。不学好，没有武器。今后中央要带头学。

叶剑英指出：要团结，不要分裂。团结的方法：一手是批评，一手是团结。过去一个时期不正常。如果保持下去，就有害团结。历来小组织存在，导致分裂。

叶剑英强调一定要严守纪律，坚持请示报告制度。他批评江青等人几乎所有重大问题都不请示报告：提出十一次路线斗争，事先未请示；批走后门，也是事先未请示；批经验主义，又是主席纠正。都是事先不请示，事后来纠正。叶剑英问道：为什么不请示？使主席有感觉？他指出：不要干扰主席。你们这样做，是对主席最大的干扰。

政治局多数同志气很大，在两次会上都批评江青、王洪文等人。江青等人虽然不承认有“四人帮”，但王洪文不得不在会上就抓大事、学习、只听一方意见等作了一点自我批评。江青也承认，4月27日会上自我批评不够，又有新的不恰当的地方。还要加深认识。还得消化一下，看一点东西，再作进一步检讨。

邓小平最后说：提议结束，讲多少算多少。给主席作报告。

围绕“反经验主义”较量的结局

对政治局5月27日、6月3日两次开会批评“四人帮”的情况，住在医院中的周恩来十分关注。5月28日，他即同邓小平长谈，了解27日会议的情况。在此前后，他还同李先念、纪登奎、陈锡联、王洪文、苏振华等就此进行了谈话。6月3日会后，周恩来同王海容、唐闻生多次谈话。6月7日晚，周恩来又同邓小平以及王、唐长谈。周恩来和邓小平要王、唐将江青、王洪文等在会上的发言情况报告毛泽东。

此后不久，毛泽东召见邓小平。邓小平就政治局会议批评“四人帮”的情况当面作了汇报。王、唐二人在座，留下了这次谈话的记录。

邓说：会议的情况，主席都知道了。

毛点头，说：我看有成绩。把问题摆开了。

邓：最后他们否认有“四人帮”。

毛：过去有功劳，反刘少奇，反林彪。现在不行了，反总理，反邓小平，反叶帅，反陈锡联。要告诉庄则栋，有事要找陈锡联，不要跑王洪文、江青，不然陈锡联不好办事。你跟庄则栋讲一下，告诉他，不找陈锡联不好。跑江青、王洪文，司令不好办。

毛又说：风向快要转了，在政治局。

邓汇报说：政治局的同志气很大，我说不要把话都说完，散了。

毛说：这个办法好，留有余地。大家清楚就行了。我准备找王洪文谈，叫他找你，听你的话。他威望不高。

邓说：他最后的发言，政治局许多同志感到不真实。

毛说：江青也不喜欢他，专门在我这里告他的状。他应该好好工作。

毛鼓励邓：没有大问题。你要把工作干起来。

邓表示：这方面我还有决心就是了。

毛：那好。

邓：反对的人总有，一定会有。

毛笑了，引古人的话说：木秀于林，风必摧之。[①]

邓领会，说：开始工作时，主席给我这个工作岗位，我说主席是把我放在刀尖上了。

毛说：这是叶帅提议的，我赞成的。

邓知道毛没有完全明白邓说的“放在刀尖上”这个岗位的所指，但邓知道毛所指的是什么，忙说：总参谋长。

毛：就是这样。

从这次谈话可见。毛泽东对邓小平主持中央政治局会议批评江青等人，既把问题摆开而又不把话说完，留有余地，是满意的。他交代邓小平“你要把工作干起来”，还引用古书，鼓励他不要怕有人反对。说明毛泽东完全信任邓小平，把安邦治国的重任放到了邓小平的肩上。

6月3日会后，江青就“四人帮”及其宗派活动等问题进行检讨。6月28日，江青致信毛泽东和在北京的中央政治局委员，信中说：“我在4月27日政治局会议上的自我批评是不够的。经几次政治局会议上同志们的批评、帮助，思想触动很大，但是思想上一时转不过来。经过思想斗争，我认为会议基本上开的好，政治局比过去团结了。当我认识四人帮是客观存在，我才认识到有发展成分裂党中央的宗派主义的可能，我才认识到为什么主席从去年讲到今年，达三四次之多？原来是一个重大原则问题，主席

---

①引自北魏李康：《运命论》。该文有云：“堆出于岸，流必湍之；木秀于林，风必摧之；行高于众，人必毁之。”

在原则问题上是从不让步的。”[①] 周恩来于6月30日把江青的检讨信批给在京中央政治局委员，表示欢迎这一检讨，并指出：“今后政治局同志凡遇大事都经过组织讨论，事先请示主席，遵照主席指示执行，认真深入学习，联系中国实际，在实践中多听同志好意见，坚决改正常犯的错误，政治局的团结就会搞得更好。”周恩来建议将这封检讨信送毛泽东批阅。邓小平、叶剑英都表示“同意总理的建议”。[②]

按毛泽东的意见，王洪文不再主持党中央日常工作，从6月下旬起离开北京，先同纪登奎一起到浙江，解决派性，落实整顿措施，后到上海工作一段时间。同时，毛泽东采纳叶剑英的建议，在王洪文离开中央期间，党中央的日常工作由邓小平主持。

围绕反经验主义问题进行的这一场较量，在毛泽东的支持下，以党内健康力量的胜利而告结束。邓小平进一步受到重用。他一身二任，同时主持党中央和国务院的工作。“四人帮”搬起石头砸了自己的脚。江青检讨，王洪文实际被削职，遭遇到了“文化大革命”以来从未有过的挫折。

善于抓住机遇的邓小平，立即抓住这一有利时机，领导整顿全面展开和向纵深发展。在六七月间，他同时开始部署、展开了六件大事：组建国务院政治研究室；召开计划工作务虚会、制定《工业二十条》；召开军委扩大会议，进行军队整顿；进行文艺调整；组织科技整顿；解决浙江问题，推动地方整顿，使深受“文化大革命”灾难的中国，出现了历史的转机。

①《大型电视文献纪录片〈邓小平〉》，中央文献出版社1997年版，第110页。

②据《周恩来年谱（1949－1976）》下卷，第713页。

八　组建国务院政研室，协助邓小平整顿

正当1975年的整顿全面铺开和深入发展的时候，邓小平抓住有利时机，及时地在6月中旬正式组建了一个重要机构——国务院政治研究室（简称政研室）。在1975年整顿中，作为邓小平的写作班子和参谋班子，发挥了独特的作用。

国务院政治研究室的酝酿和组建

早在1975年1月，邓小平重新担任党政军领导职务时，就酝酿要组建一个写作—参谋班子，帮助党中央、国务院调查研究，起草文件，进行舆论宣传工作。

1975年1月6日，邓小平就找素称“党内一支笔”的胡乔木谈话。胡乔木在“文化大革命”中受到冲击，后来又被“冷藏”起来。直到1974年国庆节，在毛泽东要求解放干部、落实政策的形势下，才出席了国庆招待会。其时，对胡乔木还没有作出组织结论。邓小平不管这些，把胡乔木约请到自己那里，跟他说：正在考虑，要你和吴冷西、胡绳、李鑫等同志当国务院的顾问，像过去“钓鱼台的班子”那样写一批反修反帝的文章。邓小平提出一些研究和写作的题目，如：三个世界的划分，苏联的社会性质，战争与和平问题，资本主义世界经济危机问题等。还提到：主席前不久关于无产阶级专政理论的谈话，资产阶级法权问题，也应认真研究。邓小平说：这些问题都是国内外广大群众迫切需要系统解答的。从《九评》以后，就很少有那样系统地解答问题的文

章了。现在的一般文章，只有结论，没有论证，总之一句话，不能说服人。邓小平还交代胡乔木：要多找一些人，多带一些徒弟，组织一个写作班子。邓小平说明，今天谈的这些，只是同你交换意见，中央和国务院都还没有讨论。

邓小平同胡乔木的这次谈话，对于后来正式成立的国务院政治研究室来讲，是一次重要的酝酿。邓小平还没有把此事提交党中央、国务院讨论，他只同李先念商量过。李先念很支持。哪些人当负责人，名单也是邓与李商量提出的。

1975年6月上旬，邓小平抓住机遇，把组建、成立国务院政治研究室正式提上了日程。这是因为，一方面，整顿发展到那时，邓小平迫切需要有一个政研室这样的参谋班子和写作班子；另一方面，几个月来形势的发展，邓小平已经进一步取得了政治上的主动，成立这样一个机构的条件已经具备。而就在这时，胡乔木被毛泽东再度起用，成为组建国务院政治研究室的一个契机。

1975年4月4日，李鑫便把包括《论十大关系》、《同音乐工作者的谈话》等第一批需要编辑、整理的毛泽东文稿交给胡乔木。因为毛泽东亲自指示，让胡乔木参加《毛选》第五卷的编辑整理工作。这样，趁整理、编辑《毛选》之急需，成立政治研究室这样一个机构，由胡乔木等做负责人，条件已经成熟，“四人帮”没有任何理由阻拦。

1975年6月8日，邓小平再次约见胡乔木，商谈成立国务院政治研究室事宜。邓小平说：上次谈的事要着手办，不过不要叫顾问了。打算成立一个政治研究室，由你们几个人负责。按照邓小平的设想，政研室和毛选整理小组是两个机构，一套班子。关于政研室的组成成员，就是1月谈话时提到的吴冷西、胡绳、熊复和原来在整理毛选的李鑫等人。在商量时，邓小平同意胡乔木的提议，增加于光远。关于政研室的任务，邓小平提出，除了写文章，承担编辑毛选五卷的具体工作外，还要“分管学部”，就是分管中国科学院哲学社会科学部（中国社会科学院的前身）。显然，邓小平是要通过政研室掌握对我国最大的、有组织的这支哲学社会科学队伍的领导权，将宣传理论队伍组织起来。

这次谈话后，邓小平即写信向政治局正式提议："国务院设政治研究室，先由胡乔木、吴冷西、胡绳、熊复、于光远、李鑫等同志组成，以后再吸收一些人，特别是年轻一点的，作理论工作。"同日，邓小平还向政治局送上关于《毛选》编辑工作的建议，说明毛主席已批准成立由康生、邓小平、胡乔木组成的三人小组（《毛泽东选集》工作小组），负责《毛泽东选集》第五卷的编辑工作。具体工作也由政研室承担。可以考虑吴冷西、胡绳、熊复参加《毛选》五卷整理小组。

这两项提议经政治局审议通过，报毛泽东圈阅同意后，国务院政治研究室遂正式成立。负责人除邓小平报告中提到的六人外，又增加了邓力群。7月5日，国务院办公室发出通知："经毛主席、党中央批准，国务院已设立政治研究室。由胡乔木、吴冷西、胡绳、熊复、于光远、李鑫、邓力群等同志组成。"当时，政研室七位领导成员都称负责人。主要负责人胡乔木，也没有别的职衔或名义。这样，可以免生枝节，立即上马办事。

政研室的人员和办公地点按任务分为两部分。一部分以编辑《毛选》为主要任务，办公地点在中南海西四院，胡乔木和吴冷西、胡绳、熊复、李鑫在那里办公。另一部分管理政研室的日常工作，承担邓小平交办的调查研究等任务，由于光远、邓力群负责，在中南海武成殿办公。政研室共分三个研究组：理论组，王子野（组长）、陈道（副组长）、郑惠、苏沛、滕文生、朱佳木；国内组，丁树奇（组长）、林涧青（副组长）、徐道河、孙小礼、赵乾德；国际组，王飞（组长）、何汉、周锡荣、李波人、冯兰瑞。政研室内部设办公室（主任李敬之）和图书馆（负责人高兴国）。包括三位司机在内，一共只有30来人。

邓小平的领导方式

“读文件”，是邓小平领导政研室的主要方式之一。编辑《毛泽东选集》第五卷这件事，在当时是不公开的。在编辑工作班子内部，胡乔木等把毛泽东的文稿整理成功一篇，就交给邓小平一篇；邓小平就召集政研室七位负责人集体阅读，讨论修改。改好之后，报送毛泽东本人审阅、定稿。有些篇在送毛泽东之前还经政治局通读讨论。“读文件”就是邓小平带领政研室负责人集体讨论毛泽东著作选篇所用的名义。“读文件”的地点，不在中南海，在故宫斜对面的“三座门”——中央军委。通常，读过“文件”，邓小平和大家一起看一场电影，作为休息。

“读文件”时，除了对文稿本身的整理、修改进行讨论以外，邓小平常从毛泽东文稿的论述出发，联系当前的现实问题发表一些意见。主席最近有什么指示，应该怎样理解，怎样贯彻落实，邓小平也利用这个机会向大家传达、布置，组织大家讨论。讨论文稿之余，还交流各人了解的情况、工作的进展和遇到的问题，商讨政研室的日常工作。所以，“读文件”实际上同时也是邓小平和政研室七位负责人的碰头会。这种碰头会差不多两星期一次。从1975年7月9日第一次阅读并讨论《论十大关系》起，至当年10月，共进行了7次。

此外，就是个别交谈。《毛泽东选集》编辑工作和政研室工作中有事，胡乔木即去向邓小平汇报；邓小平有事，向胡乔木布置。邓小平大多是同胡乔木一个人交谈，有时也有别的负责人参加。还有一种方式，就是书信、文件的往来。胡乔木等把整理好的毛泽东文稿、拟好的文件报给邓小平，把调查研究中发现的重要情况和重大问题反映给邓小平，把重要的“来信”和报刊文章转给邓小平；邓小平批下来，或转报给毛泽东以后把毛泽东的批示传下来。

国务院政治研究室在1975年整顿中的作用

国务院政治研究室于1975年6月中旬组建，7月上旬正式开展工作，到1975年11月下旬“打招呼会”后在“批邓、反击右倾翻案风”中被重点批判，只活动了四个来月。但是，它在邓小平指导下，为1975年整顿做了大量工作，产生了巨大的影响。概括说来，除编辑《毛泽东选集》第五卷以外，主要做了以下四项工作：

（1）对思想文化工作进行了一些调查研究，收集和上报了“四人帮”砍掉“百花齐放”的材料，向党中央和毛泽东主席转呈了电影《创业》作者张天民反映《创业》受压制情况的信，电影《海霞》编导反映受到“层层围攻”的信，冼星海夫人钱韵玲建议举办人民音乐家冼星海、聂耳纪念音乐会的信，姚雪垠汇报历史小说《李自成》写作情况和存在困难的信，周海婴反映鲁迅书信编辑出版、鲁迅著作注释出版等方面亟待解决的问题的信件，等等，推动了思想文化领域，主要是文艺领域的整顿。

（2）参加起草和修改一些重要文件。其中影响最大的是协助修改《工业二十条》（即《加快工业发展的若干问题》）和《科学院工作汇报提纲》（起先名为《关于科技工作的几个问题（汇报提纲）》）。

（3）撰写了理论文章《论全党全国各项工作的总纲》（简称《论总纲》）。

（4）代管哲学社会科学部，协助筹办综合性理论刊物《思想战线》。

上述前三个方面的工作，涉及一些重要领域的整顿以至全党的整顿，在后面各章中将专门叙述。对第四个方面，实际上是哲学社会科学部的整顿，在这里作一扼要的叙述。

“学部”，是中国科学院哲学社会科学部的简称，是我国最大的社会科学研究机构。当时下设13个研究所，两个研究室，有工作人员2000多人，其中干部和研究人员1800多人。它原由教育部代管，“文化大革命”中教育是重灾区。教育部整顿教育的任务已经十分繁重，再要代管学部，力不从心。所以，政研室组建之初，邓小平就提出政研室成立后要“代管学部”。他把这项任务交给政研室，可谓知人善任。

6月29日，邓小平再一次向胡乔木明确交代：政研室一定要把哲学社会科学部管起来。他同胡乔木一起商量，确定了学部的组织领导关系。学部的业务工作由政研室管，分工由胡绳负责；政治工作由国务院政工组管；行政工作由国务院办公室管。邓小平还提出，“学部要办个刊物”，由政研室指导。这是一个重要的决定。当时的主要报刊，如《红旗》杂志、《人民日报》、《光明日报》、上海的《文汇报》、《解放日报》、《学习与批判》杂志，都被“四人帮”控制。在一时难以夺回来的情况下，要从思想理论上宣传“三项指示为纲”，指导和支持整顿，只有另起炉灶，创建自己的舆论阵地。

邓小平对学部工作抓得很紧。6月29日同胡乔木商谈后，立即要中央组织部提出学部领导机构人选，同时委托一位副总理召集国务院政工组、办公室和教育部等相关单位开会，把重新确定的对于学部的管理分工事项正式通知执行。7月16日，中央组织部和国务院政工组发表学部领导机构名单，由郭沫若任主任，调林修德、刘仰峤、宋一平三人组成临时领导小组，主持学部工作。

7月17日，胡乔木即召集三人小组开会，对学部当前状况作了分析，对整顿学部的方针、当前的任务提出指导性意见。要点是：（1）学部各个研究所无产阶级文化大革命已经基本结束，已初步实现安定团结。（2）工宣队、军宣队已基本完成任务，现在就可以撤走。（3）学部下乡下厂的科研人员和工作人员7月底全都回来。（4）要逐步恢复科研。（5）科研不能再走老路，但对老路要有分析。（6）学部原来出版的20多种刊物，要恢复，可首先考虑恢复和办好综合性刊物。胡乔木的这些意见，同“文化大革命”中的一套完全是反其道而行之，具有拨乱反正的意义，在当时听来，颇有石破天惊之感。

胡乔木最后对临时领导小组三人的分工提了意见，要他们立即开始工作。

7月21日，林修德、刘仰峤、宋一平三人就到学部任职。没过几天，在7月下旬，就把工宣队、军宣队送走，把下乡下厂的研究人员和工作人员全都撤了回来。学部各个研究所的业务工作逐步恢复。在学部初步恢复正常后，国务院政研室主要通过让学部领导参加重要活动和政研室负责人直接指导的方式，推动学部的整顿，发挥学部的作用。

8月22日，胡绳到学部讲话。他传达了邓小平的“三项指示为纲”的精神，指出要以三项指示为总纲来看形势、看任务。强调要安定团结，完成斗、批、改的任务。明确指出，“改”，就是要从事业务工作，恢复科研。科研要面向现实，联系实际。可以不提开门办所的口号，因为对这个口号不同观点会有不同解释，会造成混乱。

经过一段时间工作之后，国务院于8月30日发出了由胡乔木拟稿的《国务院关于哲学社会科学部若干事项的通知》（国发［1975］142号）。通知规定：中国科学院哲学社会科学部直接受国务院指导，其地位同于中国科学院，相当于部委一级的单位；国务院指定国务院政治研究室指导学部的业务工作，并由国务院政工小组管理它的政治工作；学部所属各研究所和其他工作单位，应即在临时领导小组的领导下，进行正常的业务工作。

9月26日，邓小平主持国务院会议听取科学院汇报。哲学社会科学部派负责同志列席了会议。会后，向学部领导小组、办公室、政工组负责同志传达了邓小平的讲话。学部领导决定立即贯彻，落到实处。邓小平讲要给科研人员解决房子、孩子入托、夫妻两地分居等困难，学部有关部门即开始采取措施逐步改善；讲应该关心支持专家学者，学部召开了专家座谈会听取意见；讲刊物太少，就积极行动起来，准备恢复刊物。这些举措，使学部广大知识分子重新恢复了对科研工作的热情。

对于邓小平学部要办刊物的指示，胡乔木积极贯彻。9月5日，学部临时领导小组就写了《出版哲学社会科学综合性杂志的请示报告》（哲发［75］字第47号），上报“国务院政治研究室并报国务院”，还附了第一期至第三期的选题计划。9月22日，学部临时领导小组对9月5日的报告作了修改，再次向政研室报送了《关于创办〈思想战线〉杂志的请示报告》，请转国务院。胡乔木接到这个报告后，即向邓小平汇报。邓小平指示抓紧筹备，还要求《思想战线》的重要文章要交政研室审定，有些文章还要交中央和国务院审查。胡乔木立即把创办《思想战线》的《请示报告》修改、重写了一遍。说明“刊名定为《思想战线》。它是一个理论性、批判性、讨论性的哲学社会科学综合性月刊”，拟于年内出版试刊，1976年1月正式出版，由邮局向国内外公开发行。《报告》提出《思想战线》要认真贯彻“百花齐放、百家争鸣”的方针，贯彻“古为今用”、“洋为中用”、“厚今薄古”的原则；要面向全国，面向广大群众，注意同工农兵结合，实行开门办刊物；坚持理论联系实际的原则，提倡从理论和实际的结合、观点和材料的统一上说明问题以及提倡革命的文风等四条具体的办刊方针，并列举了《思想战线》五个方面的内容。从办刊方针和内容可见，邓小平、胡乔木期望刊物承担起在思想理论战线上拨乱反正的任务。

胡乔木于10月4日把重新写过的《关于创办〈思想战线〉杂志的请示报告》报送邓小平。10月5日，邓小平即表示同意，报请主席批示。当天，毛泽东就圈阅同意。经13位在京中央政治局委员圈阅，于10月9日退到胡乔木、胡绳的手里，前后不到一个星期。

在《请示报告》上报以后，胡乔木在10月6日就同学部临时领导小组三位同志谈话，专门讲怎样办好《思想战线》的问题。他要求要把《思想战线》办成政治性、战斗性、现实性、理论性的刊物，办成能代表党的路线的、面向全国、面向广大群众的刊物。文章的选题与质量，都应与党目前在各条战线上的方针任务相适应。编辑部要与党、与各个实际工作部门保持密切的联系，把他们工作中的问题，转换为我们的选题、文章。要把实际工作中、实践中提出的问题，用马列主义毛泽东思想的观点来阐明，来解决，而不是无的放矢，废话空论。写文章要正面立论，不要放暗箭。刊物的作者应当是全国范围的，要搞五湖四海，打破那种小圈子习气。群众并不要求那些一窝蜂的文章，这样的文章与其写不如不写。胡乔木的谈话，具体阐述了同“四人帮”对立的办刊方针和方法。

当天下午，胡乔木又同负责办《思想战线》的同志具体谈了刊物的选题。在教育方面，他提出，要从理论上阐明列宁反对自发性的观点，阐明毛泽东的实践论的观点；封建主义的师道尊严要破除，社会主义的师生关系要建立。关于科学技术，出了科学和政治、科学是生产力、马克思主义哲学和自然科学的关系、理论科学和应用科学的关系、党的知识分子政策等题目。经济工作方面，提出要区别关于唯生产力论、利润挂帅、技术至上的正确理解和歪曲理解，要用马克思主义的劳动价值论来解释怎样提高劳动生产率、把生产搞上去等等。

学部在10月上、中旬召开各所室负责人座谈会，讨论胡乔木的谈话。认为胡乔木10月6日的谈话，不仅对办好刊物具有重要的指导意义，而且对当时的现实斗争也具有重要的指导意义。学部的整顿应从创办《思想战线》这个头等大事抓起。这是整顿学部的突破口。在思想战线上树立什么旗帜，对当前思想战线上斗争的焦点问题采取什么态度，怎样解决，只有把这些问题认识清楚，正确解决，学部的整顿才能顺利进行，取得积极的效果。

在10月座谈会后，《思想战线》的筹办工作加快了步伐。编辑部调集了60多人，提出了明年第一季度三期的选题计划，并落实了大部分选题的作者。试刊和第一期的稿子大多印出了清样。正当一个崭新的刊物即将降生的时候，所谓“批邓、反击右倾翻案风”开始了。

邓小平在受到批评、攻击的情况下，还指示胡乔木要帮助学部把刊物办好，但终于无法抵挡这股逆流。《思想战线》未能出世，学部的整顿也被迫中断。

综上所述，在1975年整顿中，国务院政治研究室在邓小平直接领导下做了大量的卓有成效的工作，一方面有力地推动了整顿在文艺、社会科学、科学技术以至工业交通等部门的展开和深入，一方面揭露和打击了“四人帮”的反革命阴谋和极左理论，出色地担当了以邓小平为代表的党中央、国务院的助手和参谋，表现了中国共产党一代马克思主义理论家的历史主动性和创造精神。

九　计划工作务虚会与《工业二十条》

计划工作务虚会的召开

从1975年3月发布中共中央9号文件、铁路整顿取得突破性进展以来，只三个月时间，邓小平领导的整顿，在工交战线取得了令人惊叹的实效。上半年全国工业总产值完成全年计划的47.4%，财政收入做到收支平衡，略有积余。这是“文化大革命”以来没有过的好形势。但是，邓小平并不以此为满足。他赋予整顿双重任务，首先是拨乱反正，进而要改革发展。不仅要恢复生产秩序，完成1975年年度计划和“四五”计划，而且要制定出保证国民经济持续快速发展的章程、设计出实现两步设想建设四化强国的蓝图。1975年6月，邓小平提议国务院召开计划工作

◎邓小平和谷牧交谈（选自《邓小平画传》）

务虚会，集中研究怎样加快速度把国民经济搞上去，并研究解决制定“章程”和“规划”这两个重要问题。邓小平说：前一阶段解决铁路问题、钢铁问题，都是一个一个地解决，光这样不行，要通盘地研究。

计划工作务虚会从6月16日开始，由李先念、谷牧主持。出席会议的有：计委、建委、石化、煤炭、冶金、一机、水电、轻工、铁道、交通、邮电、国防工办、二机、四机、五机、财政、商业、外贸、外经、供销总社、政研室等部门的负责人。

在6月16日的会上，谷牧首先讲了会议的目的和任务。他说：“要把国民经济搞上去，速度快一些，关键是今后十年这一仗要打好。只是一个问题一个问题解决不行。要研究工作中的路线和方针、政策，把纲抓起来。国民经济大综合要从计委的工作谈起，计委是党中央和国务院经济工作的总参谋部。现在，上的速度太慢，上上下下都不满意。怎么样把主席思想更好地贯彻到经济工作中去，把速度搞快，是一个大问题。为了能广泛交换意见，决定采取务虚的办法，请大家畅所欲言，各抒己见。”

会议分两个阶段，第一阶段从6月16日开到月底，每天一次，两个星期开了12次会。各部门负责人张劲夫（财政部部长）、姚依林（商业部部长）、康世恩（石油化工部部长）、周子健（第一机械工业部副部长）、杨殿奎（冶金部副部长）、徐今强（煤炭部部长）、曹鲁（轻工业部副部长）、郭鲁（铁道部副部长）、钱正英（水电部部长）、郑汉涛（国防工办副主任）、钟夫翔（邮电部部长）、林乎加（国家计委副主任）先后在会上发言，比较集中地议论了“文化大革命”中经济工作的问题和今后经济工作的指导思想、方针政策。会议认为，当前经济生活中的主要问题是散和乱，必须狠抓整顿，强调集中。7月2日，谷牧副总理宣布，务虚会告一段落，根据会议提出的问题，分八个小组（后又增加两个小组）进行专题研究，计划务虚会进入第二阶段。[①] 各小组经过讨论，对怎样进行有关方面的整顿提出了意见，对怎样搞好有关方面的规划提出了设想。国务院从7月底到8月初连续开了六次会，听取钢铁、体制、轻工农林商业、基本建设、工业和企业管理、机械工业规划六个小组的汇报并进行了讨论。第二阶段会议对加快发展国民经济问题的研究更加深入具体，对计划管理体制、企业管理体制、物资管理体制、财政金融体制、劳动工资管理体制等有关国民经济全局的整顿和改革提出了具体意见，对如何发展钢铁工业、调整机械工业、缩短基本建设战线、发展农林牧业、安排好国内市场和对外贸易以及发展科学技术等，提出了设想，为制订“发展国民经济十年规划（1976—1985）”做了准备。

计划工作务虚会上，按照邓小平的指导思想，决定搞一个文件，总结铁路整顿、钢铁整顿的经验，概括务虚会讨论的成果，对加快发展工业中存在的重要问题提出切实的解决办法，作出一些必要的规定。这个文件通称工业条例，于7月底起由计委负责起草（房维中执笔），后几经修改，成为《关于加快工业发展的若干问题》（通称《工业二十条》）。

计划工作务虚会期间形成的阐述经济体制改革问题的《体制问题汇报提纲（草稿）》，各部门关于“五五”计划和十年长远规划的设想，特别是计划工作务虚会上提出、会后完成的《关于加快工业发展的若干问题》，是指导工业整顿和整个国民经济整顿的重要文件。

---

①这八个小组是：（1）理论小组，召集人于光远、邓力群。（2）体制小组，召集人张劲夫、吕东、李开信。（3）钢铁小组，召集人李人俊、姚依林、杨殿奎。（4）工业和企业管理小组，召集人康世恩。（5）基本建设小组，召集人韩光、宋养初、金熙英。（6）机械工业规划小组，召集人孙健。（7）改进计划工作小组，召集人计委负责。（8）轻工、农林、商业小组，召集人曹鲁、任泉生。7月17日遵照李先念的指示，增加了文教、科学规划小组。这个小组后来又分成文教和科学技术两个小组，召集人分别是周荣鑫和胡耀邦。

关于经济体制改革的意见

《体制问题汇报提纲（草稿）》（以下简称《提纲》）是计划工作务虚会期间体制小组进行多次讨论，并先后召集有关部门开会，邀请上海、天津、河北、辽宁、江苏、甘肃六省市座谈以后形成的。其指导思想是毛泽东的《论十大关系》和邓小平关于整顿的一系列指示。这个《提纲》于1975年7月17日印出，于7月30日由体制小组主要召集人张劲夫向国务院会议作了汇报。《提纲》共分六个部分：（1）体制改革的基本情况。（2）关于计划管理体制问题。（3）关于企业管理体制问题。（4）关于物资管理体制问题。（5）关于财政金融管理体制问题。（6）关于劳动工资管理体制问题。这个《提纲》是我国进行经济体制改革的第一个相当全面和系统的文件。

《提纲》指出："当前的问题是，计划、物资、财政管理都有些'散'和'乱'，……这是前进中的问题。但是，如果不抓紧解决，就会影响国民经济多快好省地发展。"《提纲》提出："对体制改革中出现的问题，应当采取积极的态度。要坚持前进，不能徘徊，更不能后退。"基本的思路是："在管理权限下放的同时，强调统一计划，强调全局观点，加强纪律性，反对本位主义和分散主义。同时，对于一些实际问题，也必须认真对待，采取措施，有步骤地、切切实实地加以解决。"《提纲》分析了经济管理各项体制的关系，指出："经济管理各项体制，是互相联系、互相影响的。计划管理体制是牵头的，企业管理体制是基础。物资、财政、劳动管理等体制虽然决定于计划和企业体制，但是，由于人、财、物是进行生产建设不可缺少的条件，常常成为体制改革的争论中心。""要解决目前存在的问题，对于经济管理的各项体制，必须通盘考虑，全面研究，提出解决方案。"

《提纲》对计划管理体制、企业管理体制、物资管理体制、财政金融体制、劳动工资管理体制等体制的现状和存在的问题作了分析，对经济管理各项体制的改革提出了贯彻落实的意见。以计划管理体制为例。《提纲》分析，存在三个突出的问题：一是全国没有一个真正的统一计划，不是一本账，而是几本账，不是“一盘棋”而是“几十盘棋”。集体所有制的经济活动基本没有纳入国家计划。二是在综合平衡工作上，条条与块块关系不够明确，结合得不好，没有把在国家统一计划下，实行“条块结合，块块为主”的原则落实。三是计划缺乏严肃性，定了不算数，上面留缺口，下面层层加码，“计划外”冲击“计划内”，有些地方和部门没有做到按计划办事。《提纲》提出五条贯彻落实的意见：（1）实行统一计划，上下一本账。（2）在国家统一计划下，充分发挥中央和地方两个积极性。（3）成立六大协作区势在必行，要下决心尽快搞起来。（4）搞好综合平衡，正确处理国民经济中的几个主要比例关系，包括农、轻、重的比例关系，积累和消费的比例关系，经济建设和军政费用、文教事业的比例关系，简单再生产和扩大再生产的比例关系，以及重点和“枝叶”的比例关系，要提出方案，经中央批准，确定下来。（5）强调计划的严肃性。计划一经党中央、国务院审定下达，便具有法律效力，各地区、各部门必须严肃对待，认真执行。

关于发展国民经济十年规划的设想

讨论、提出1976—1985年发展国民经济十年规划的设想，是计划工作务虚会的一项主要议程。十个专题小组的讨论、六个小组向国务院会议的汇报，主题就是十年规划的设想。在这次计划工作务虚会前，拟订十年规划早在1974年就已经提上工作日程；而正式讨论拟订《发展国民经济十年规划纲要（草案）》则是在这次计划工作务虚会后的1975年11月至1976年1月的全国计划会议；最终讨论、通过经过重新修订的《1976—1985年发展国民经济十年规划纲要（草案）》，已经是六年以后，1978年2月的五届全国人大一次会议了。1975年6月至8月召开的这次计划务虚会，可以说是制订十年发展规划的一个中间环节。

1975年1月，周总理在四届全国人大《政府工作报告》中，按照毛泽东关于从第三个五年计划开始，在几十年内，分两步走建设四个现代化社会主义强国的设想，提出分两步走发展国民经济、实现四个现代化的宏伟蓝图，对今后十年发展国民经济所必须遵循的路线、方针、政策，以及奋斗目标和拟订长远规划的方法，都作了明确的说明。2月中旬，国务院副总理办公会议确定，责成国家计委着手进行草拟发展国民经济十年规划的工作，要求二季度拿出初稿。为拟订好十年规划，国家计委于1975年3月初向各省、市、自治区革委会和国务院各部委发出《关于拟订十年规划的补充通知》。3月16日至4月26日，国家计委在京西宾馆召开了国务院工交财贸各部负责同志参加的长远规划座谈会。5月中旬至7月中旬，国家计委和国务院各部委组织调查组分赴六大协作区调查研究，并和地方同志座谈、交换了对发展国民经济十年规划的设想和意见。6月16日开始举行的计划工作务虚会，中心议题就是讨论十年规划（包括五五计划和1976年年度计划在内）。国家计委综合各方面的意见，一方面进一步研究“五五”计划方案，一方面开始草拟《发展国民经济十年规划主要指标初步设想》和《关于十年规划几个问题的汇报提纲》。

9月1日，国务院召开会议，由李先念副总理主持，工交财贸各部部长参加，讨论了国家计委起草的《关于十年规划几个问题的汇报提纲》。9月上、中旬，根据国务院会议讨论的意见，国家计委把《汇报提纲》改写为《关于十年规划几个问题的汇报和请示》。9月23日，李先念委托谷牧副总理主持，王震、孙健副总理并工交财贸各部部长参加，对这个文件进行了讨论。会后，根据讨论意见改写成《关于十年规划几个问题的汇报要点》

（以下简称《汇报要点》）。10月5日，邓小平主持国务院会议讨论了《汇报要点》。根据国务院会议讨论的意见，自10月6日至24日，在李先念主持下，对《汇报要点》进行了修改。10月25日晚，邓小平主持政治局会议进行了讨论。政治局决定，对《汇报要点》修改后，报送毛泽东。10月26日，根据政治局讨论意见，对《汇报要点》进行了修改，改名为《发展国民经济十年规划要点（供讨论稿）》。10月27日，由李先念、华国锋送邓小平转毛泽东。毛泽东看了一半，同意先印发全国计划会议讨论，经计划会议讨论修改后，再报他批准。11月1日，全国计划会议正式开始。11月上、中旬，全国计划会议充分讨论了《发展国民经济十年规划要点（供讨论稿）》，提出了修改意见。11月25日、26日、28日，李先念主持，华国锋、陈锡联、纪登奎参加，讨论研究了《十年规划要点》的修改稿。然后作了进一步修改，改名《1976—1985年发展国民经济十年规划纲要（草案）》。

关于发展国民经济十年规划的奋斗目标，《十年规划纲要（草案）》提出："在一九八〇年以前，建成我国独立的比较完整的工业体系和国民经济体系。到一九八五年，进一步完善全国的经济体系，基本完成国民经济的技术改造，实现笨重体力劳动机械化。基本建成六个大区不同水平，各有特点，各自为战，大力协同，农、轻、重比较协调发展的经济体系。"

《十年规划纲要（草案）》同时提出了1976—1980年第五个五年计划和1981—1985年第六个五年计划的主要要求。

《发展国民经济十年规划纲要（草案）》印发全国计划会议讨论，根据代表们的意见又作了修改。12月17日下午，李先念主持，华国锋、陈锡联、王震、孙健参加，讨论研究了这个修改稿，对个别章节作了修改。12月20日，国务院把《发展国民经济十年规划纲要（草案）》分送政治局各同志。12月25日、27日晚，中央政治局讨论了《发展国民经济十年规划纲要（草案）》，邓小平出席了这两次政治局会议。根据政治局会议讨论的意见进行了修改的《发展国民经济十年规划纲要（草案）》于12月30日用国务院名义印发，分送政治局各成员并报送主席。这时，“反击右倾翻案风”已经发动起来。周恩来总理于1976年1月8日逝世。全国上下处在大悲痛、大震动之中。主持会议的李先念、纪登奎、陈锡联、华国锋于1976年1月17日联名向中央写报告，提出：“关于十年国民经济规划纲要（草案），包括第五个五年计划，拟由各省、市、区先带回去，作些准备工作。待毛主席、党中央批准后，再正式下达执行。”粉碎“四人帮”以后，华国锋主持中央和国务院工作期间，十年规划问题重新提上日程。经重新修订的《1976—1985年发展国民经济十年规划纲要（草案）》在1978年2月五届全国人大一次会议上通过。这个纲要草案在当时起到了强调经济建设的积极作用，在执行“五五”计划的过程中，1976—1978年，国民经济出现了转机，较为迅速地得到了恢复发展。但在经济工作中求成过急的指导思想作用下，规划纲要提出的生产指标和建设规模总体偏高偏大，脱离实际。在十一届三中全会后，经济工作重点转入拨乱反正，贯彻以调整为中心的新的八字方针（调整、改革、整顿、提高），国民经济的比例关系趋于好转。原定的“五五”计划各项指标中途作了适合实际情况的调整。

《工业二十条》的制定

《工业二十条》是《关于加快工业发展的若干问题》的简称。它和《科学院工作汇报提纲》（简称《汇报提纲》），是1975年整顿进入通盘解决各条战线问题的产物，体现了邓小平全面整顿的指导思想和策略。邓小平指导制定这两个文件，是要从两个方面入手推动全面整顿：一是在经济领域，以《工业二十条》指导经济各部门、各行业的整顿；一是在科技文教领域，以《汇报提纲》来指导和推动科技以及文化、教育各部门的整顿。

“四人帮”也不能不佩服邓小平的英明决策和领导艺术，在后来的一篇批判文章中说，这两个文件就像围棋上的两只眼，抓住了这两点，全局就都活起来了。[①]

1. 《工业二十条》的起草和邓小平在国务院会议上的谈话

制定一个加快工业发展的条例是计划工作务虚会于7月提出的。起草工作先由主管工业和计划的副总理余秋里主持，后来又由常务副总理纪登奎抓。《关于加快工业发展的若干问题》初稿于8月初写成，共十四条。

8月8日，邓小平要求政研室参加对工业条例的修改。于光远、邓力群参加了计划工作务虚会，并且是十个专题小组之一的理论组的召集人。8月18日，国务院开会讨论国家计委起草的工业条例——《关于加快工业发展的若干问题》。胡乔木、于光远、邓力群列席。

邓小平在会上发表重要谈话。[②]

他首先指出，加快工业发展需要有这样一个条例，要求参考1961年的《工业七十条》进行修改。邓小平说：“计委起草的文件提出了相当多的问题。需要有这样一个文件。毛泽东同志历来主张要有章程。有章程才能体现党的方针、政策。过去的工业七十条，基本上是好的，是修改的问题，不是要废除。”

邓小平对加快工业发展的有关问题谈了七点重要意见：

（1）确立以农业为基础、为农业服务的思想。邓小平指出：“工业支援农业，农业反过来又支援工业，这是个加强工农联盟的问题。”“工业支援农业，促进农业现代化，是工业的重

①康立、延风：《〈汇报提纲〉出笼的前前后后》，《学习与批判》1976年第4期。

②这篇谈话以《关于发展工业的几点意见》为题收入《邓小平文选》第2卷。以下引用这次谈话均引自该书。

大任务。工业区、工业城市要带动附近农村，帮助农村发展小型工业，搞好农业生产，并且把这一点纳入自己的计划。”“工业越发展，越要把农业放在第一位。”

（2）引进新技术、新设备，扩大进出口。邓小平明确提出并具体阐述了“一个大政策”——对外开放的政策。他提出：“要争取多出口一点东西，换点高、精、尖的技术和设备回来，加速工业技术改造，提高劳动生产率。”邓小平指出，“要进口，就要多出口点东西。这里有一个出口政策问题。出口什么？”除了工艺美术品等传统出口产品，“要千方百计增加出口”。具体说来，“要大力开采石油，尽可能出口一些”，“化工产品要考虑出口”，“煤炭也要考虑出口，还可以考虑同外国签订长期合同，引进他们的技术装备开采煤矿，用煤炭偿付。”这就进一步打开国门，加快了对外开放、搞活经济的步伐。

（3）加强企业的科学研究工作。邓小平指出：“这是多快好省地发展工业的一个重要途径。随着工业的发展，企业的科技人员数量应当越来越多，在全部职工中所占的比例应当越来越大。”他要求：“大厂要有自己独立的科研机构；小厂的科研可以由市里综合办，也可以由几个厂联合在一起搞。”他还特别提请大家注意，要改进“现在有一些知识分子用非所学”的状况。

（4）整顿企业管理。邓小平强调“企业管理是一件大事，一定要认真抓好”。他指出，看来企业里面“带普遍性的问题是企业管理秩序不好，设备完好率差。特别是重工业，问题更突出”。针对这种现状，他对企业管理的整顿提出具体的要求：“要考虑今年十一、十二两个月集中整顿一下企业管理秩序，加强设备维修，为明年的生产打好基础。设备失修严重的企业，重点应放在维修上面。”他还指出：“企业里浪费惊人，也是普遍现象，要好好整顿，争取利润多上缴一点。”

（5）抓好产品质量。邓小平强调“质量第一是个重大政策”，“提高产品质量是最大的节约”。他把质量问题同对外开放、扩大出口联系起来。他说："质量好了，才能打开出口渠道或者扩大出口。要想在国际市场上有竞争能力，必须在产品质量上狠下功夫。"

（6）恢复和健全规章制度。邓小平强调，"关键是建立责任制"，执行规章制度要"严"。不严，规章制度就恢复不起来，企业的混乱状况就无法改变。

（7）坚持按劳分配原则。邓小平指出："这在社会主义建设中始终是一个很大的问题，大家都要动脑筋想一想。所谓物质鼓励，过去并不多。"他说："如果不管贡献大小、技术高低、能力强弱、劳动轻重，工资都是四五十块钱，表面上看来似乎大家是平等的，但实际上是不符合按劳分配原则的，这怎么能调动人们的积极性？"

2．胡乔木主持《工业二十条》的修改

国务院会议讨论后，按照邓小平的意见，这个条例的修改即在胡乔木主持下进行，于光远、邓力群同计委的房维中等参加。

胡乔木在主持修改过程中，对毛泽东的一贯思想、邓小平一系列指示精神和8月18日在国务院会议上谈话的精神，作了不少精彩的阐述和发挥，讲了不少具体的修改意见。

胡乔木强调，这个工业条例要把毛泽东的有关论述作为加快工业发展的思想理论基础，要把工业条例搞成带思想性理论性的文件。整个文件要以现代化为红线，拿25年实现现代化的红线贯串起来。文件一开始要大讲加快工业发展速度的迫切性。要迫切陈词，说明同外国比，我们已经落后了几十年，一定要争时间，抢速度，浪费时间就是犯罪；说明加快发展既是经济任务，也是政治任务。要把现存问题的严重性摆出来，使人不能容忍，感到非整顿不可。

胡乔木针对"文化大革命"中搞乱了的一些突出问题指出：要把加快资金积累同加快发展速度联系起来，放在文件前面讲，说明这不是“利润挂帅”；学习外国才能加快速度，这个道理也要放在文件开头讲；整顿企业一条，要增加内容，要批判无政府状态，说明搞无政府主义就是搞资本主义；在体制方面，强调反对党委书记一长制，强调建立企业中独立的生产指挥系统；要理直气壮地说明一定要实行按劳分配，开展劳动竞赛；工业学大庆要有几条具体标准，说明怎样才是大庆式企业；等等。

在胡乔木主持下，对条例进行了很大的修改。条例从原稿的14条增加到18条。增加的主要内容是：以农业为基础，为农业服务；采用先进技术，引进高、精、尖的新技术、新设备，加速工业技术改造，提高劳动生产率；增加工矿产品的出口；坚持质量第一；坚持按劳分配。对原来已有的整顿企业管理，加强责任制，严格管理制度等条例都作了充实。

3．20个企业座谈会对《工业二十条》的讨论

工业条例第二稿《关于加快工业发展的若干问题（讨论稿）》在胡乔木主持下于9月2日写成，即向出席20个企业座谈会的北京、上海、武汉、杭州、洛阳、兰州、长沙等地的企业负责人征求意见。9月5日开始，进行座谈、讨论。

讨论中大家讲到，现在速度不快，真急人。迫切希望中央发一个文件，总结我们自己的经验，针对当前的问题，作出一些规定，统一思想，统一行动，把工业生产搞上去。对《关于加快工业发展的若干问题（讨论稿）》，大家认为基本内容是可以的，这18条都很必要，许多规定是符合实际情况的。同时，也提出了增补、修改的意见。主要的意见是：（1）要把整顿企业党的组织问题突出地写出来。（2）要写一条全心全意依靠工人阶级。文件应当充分揭露资产阶级派性的反动性、危害性；强调必须同资产阶级派性作坚决的斗争，哪里冒出来就在哪里斗，把它搞臭。要讲落实政策，做细致的思想工作，团结两个百分之九十五，加强整个工人阶级的团结。（3）要讲清楚工业管理和

企业管理方面需要抓紧解决的几个突出问题：①体制问题，②企业的生产指挥系统问题，③计划问题，④物资供应问题，⑤减轻负担问题。[1]

座谈、讨论中涉及一些重要问题的是非界限划分时，意见有很大分歧。北京第一机床厂和首钢炼钢厂的同志主张，文件要把一些重要问题的是非界限划分清楚。例如，什么是单纯技术观点，单纯生产观点，一提钻研技术、业务，一提搞生产，就不对吗？什么是"管、卡、压"？对歪风邪气就不能管、不能卡、不能压吗？什么叫物质刺激？反对物质刺激，就一定要不分劳动好坏，到年头一律长工资吗？还有，什么叫洋奴哲学、爬行主义？外国的先进技术为什么不能学习？现在有些领导，所以怕字当头，不敢干，重要原因就是分不清是非。中央文件里要把这类问题明确讲清楚，纠正形而上学、片面性，企业里的干部就敢干了。但也有的与会者对上述意见有不同看法。上海重型机器厂的负责人说：《讨论稿》中"革命和生产两不误"的提法，把革命和生产并列起来，不妥当。"唯生产力论"要继续批判，当然也要把生产搞上去。上海沪东造船厂的负责人竟提出：资产阶级派性不一定写到文件中，下面提就可以了。他的理由是：不然，闹派性的人觉得不光是我一个人闹，反而助长了他的声势。[2] 座谈会上的这种分歧，反映了在根本问题上观点的对立。

工业条例的这个《讨论稿》，10月初又拿到有12个省、市委书记出席的农村工作座谈会上去征求意见。同样得到普遍赞同，认为这是一个十分适时的文件，符合实际情况。大家都希望尽快成为正式文件下发。说有了这样一个"章程"，进行整顿有所遵循，加快发展工业就有指望了。

①以上座谈会上的意见据《二十个企业座谈会简报》第一期（1975年9月9日）。
②本段座谈会上的意见据《二十个企业座谈会简报》第一期（1975年9月9日）。

4.《工业二十条》的修改稿

胡乔木、于光远、邓力群、房维中等在听取20个企业座谈会所提意见的基础上，对工业条例又作了一次较大的调整和修改，于10月25日完成，称为《关于加快工业发展的若干问题（修改稿）》。这个修改稿与原来的《讨论稿》有不小的改动，全文从18条增加到20条。《工业二十条》由此得名。这20条的条目是：（1）全面地贯彻执行毛主席的办工业路线；（2）深入进行党的基本路线教育；（3）加强党的领导；（4）依靠工人阶级；（5）整顿企业管理；（6）工业学大庆；（7）统一计划；（8）发挥两个积极性；（9）以农业为基础；（10）以钢为纲；（11）立足于挖潜、革新、改造；（12）把质量、品种、规格放在第一位；（13）增加积累，厉行节约；（14）基本建设要打歼灭战；（15）加强社会主义协作；（16）尽量采用先进技术；（17）又红又专；（18）各尽所能，按劳分配；（19）关心职工生活；（20）工作方法。

10月25日的《工业二十条（修改稿）》拟定交给正在北京召开的全国计划会议讨论。为此，10月29日先在国务院会议上讨论了一次。张春桥提出，这个修改稿有2万字，篇幅太大，且没有引用毛泽东在“文化大革命”中的语录。于是，胡乔木等在会后又作了一次修改。不过三四天，经过较大修改的第二个《修改稿》在11月3日印了出来。这是这个工业条例的第四稿。这一稿仍为20条，篇幅压缩了一半，改动主要在一头一尾：

——把第一个《修改稿》开头一大段相当于“序言”的话单列为第一条：“加快工业发展是全党全国人民的迫切任务”，篇幅压缩了一半。

——删去第一个《修改稿》第一条“全面贯彻执行毛主席的办工业路线”。这一条胡乔木原来采取的是同《科学院汇报提纲》一样的办法，即把毛泽东有关我国办工业路线的一系列重要指示分18段摘录编排。此时，已经听说毛泽东10月中旬看了《科学院汇报提纲》编排的一系列语录不高兴。第二个《修改稿》删去这一条，大约与此有关。

——删去第一个《修改稿》第20条“全党动员，为加快工业发展速度而奋斗”，恢复《讨论稿》最后两条“工作方法和思想方法”（第17条）和“工作作风”（第18条）的内容为第20条“工作方法”。

5．《工业二十条》的主要内容

《工业二十条》是在当时的历史条件下对1961年邓小平主持制定的《国营工业企业工作条例（草案）》（即《工业七十条》）的继续和发展。它集中了邓小平1975年春主持中央工作、领导整顿以来一系列讲话的精神，特别是8月18日讨论加快工业发展问题时谈话的要点，概括了计划工作务虚会的讨论成果和工交战线初步整顿的经验，提出了整顿企业、加快工业发展的方针、政策和措施，是在当时解决“文化大革命”在经济上造成的混乱和灾难的纲领性文件。它十分鲜明地提出了同“四人帮”根本不同的发展工业生产以至发展整个社会主义经济的路线、方针、政策。在社会主义经济建设史上是具有历史价值的重要文献。其主要内容是——

第一，简明有力地论证了加快工业发展是全党、全国人民的迫切任务。按照邓小平讲大局，用实现四个现代化的宏伟目标来号召、团结、动员全党、全国人民的思想，文件高屋建瓴，从“两步走”实现四个现代化入笔，迫切陈词，具有极强的号召力和说服力。

第二，突出了与资产阶级派性作斗争这个整顿的重点。文件从贯彻党的基本路线、坚持社会主义方向的高度，把资产阶级派性看做两个阶级、两条道路、两条路线斗争激烈的表现之一，强调要抓好与资产阶级派性斗争这个整顿的重点。

第三，对企业管理的整顿作出了比较系统的规定。文件讲了七个要点：

（1）企业党委要把思想政治工作放在首位。要健全各种行之有效的政治工作制度。企业的各项政治运动，都要在坚持生产的情况下进行，不能停产闹革命。

（2）企业党委必须坚持集体领导和个人分工负责相结合的原则。

（3）在党委统一领导下，建立和健全有力的、能够独立工作的生产管理指挥系统和精干的职能机构，同群众管理相结合，搞好计划管理、技术管理、劳动管理、物资管理、财务管理。

（4）所有企业，都要按照计划的要求，坚决、全面地完成下列主要经济技术指标，即：产量指标，品种指标，质量指标，原料、材料、燃料和动力消耗指标，劳动生产率指标，成本指标，利润指标。

（5）所有企业，都要从实际出发，建立和健全下列主要的生产管理制度：岗位责任制、考勤制度、技术操作规程、质量检验制、设备管理和维修制、安全生产制、经济核算制。

（6）企业的各项工作都要走群众路线，大搞群众运动，实行政治民主、生产民主、财务民主。

（7）企业的各级干部必须深入实际、密切联系群众。要求领导干部和科室人员实行“三个面向”、“五到现场”：面向群众，面向基层，面向生产；生产指挥到现场，政治工作到现场，材料供应到现场，设计科研到现场，生活服务到现场。

第四，把采用先进技术、赶超世界先进水平放到重要的位置。文件明确指出：“要加快实现工业现代化，必须把采用先进技术，赶超世界先进水平放到重要的位置上来。每个部门、每个行业，都要了解本部门本行业最先进的技术，定出计划和措施，尽快地掌握和应用。”文件还明确地指出：“要认真学习外国的好东西，有计划有重点地引进我们所急需的先进技术和设备，洋为中用。所有工业部门和科学研究单位，都要抓紧时机，尽快地把我们急需的国外新技术学到手，把学习和创新很好地结合起来。”“为了得到引进国外先进技术所必需的外汇，要采取措施，积极增产能够出口的、换汇率高的工矿产品，建立专门用于出口的煤炭、石油等产品的生产基地。”文件虽然没有用“对外开放”这个词语，但从对引进和出口两方面的要求和措施来看，要加快我国工业发展必须实行对外开放政策这一指导思想已经十分明确，步子也已经相当大了。与此相应，对科技人员、对学习科学技术，也提到了“文化大革命”以来没有过的高度。文件指出：“要把我国建设成为现代化的社会主义强国，必须有大批政治觉悟高而又精通技术、精通业务的人材”；所有干部，不仅要学习马列主义、毛泽东思想，而且要“学习技术和业务，使自己成为内行，带领职工走又红又专的道路”；广大工人，“要积极学政治、学技术，提高阶级觉悟，掌握生产技术”，要给他们办好业余文化学校和技术学校；科学技术人员，“要坚持同工农相结合，努力改造世界观，同时要努力钻研科学技术，精通业务。”规定“科技人员不适当地调离本行的，要调整”；“各级党委要表扬那些又红又专的先进人物”；等等。

第五，在要求更好地发挥两个积极性的前提下强调集中统一，作出了一系列具体规定。

总之，11月3日的《工业二十条》修改稿是在邓小平8月18日讨论这个文件初稿时的讲话直接指导下写出来的。它相当充分地体现了邓小平当时整顿企业、改革开放、加快发展的指导思想，概括了1975年3月以来各方面整顿的积极成果，吸取了建国以来我国社会主义建设的经验教训，反映了现代化工业生产必须遵循的普遍规律，确实是一个能够指导所有企业进行整顿，收到拨乱反正、加快发展功效的好文件。

11月3日完成的《工业二十条（修改稿）》本拟交11月1日起在北京正式开始的全国计划会议讨论后下发。但是，这时形势突然发生变化，进行所谓“反击右倾翻案风”了。这个文件也就被压了下来，既未交付讨论，更没有下发。但是，这个还不够成熟的“修改稿”已经传播开去，[①]得到广大干部、科技人员、工人群众的拥护；《工业二十条》的主要精神已经在整顿中得到一定的贯彻执行，对经济战线的整顿和工业的发展产生了一定的积极的影响。而粉碎“四人帮”后中共中央为指导工交战线的拨乱反正于1978年4月20日作出的《关于加快工业发展若干问题的决定（草案）》（即《工业三十条》），则是同1975年的这个《工业二十条》一脉相承的。

①国务院一位副总理在1976年1月23日全国计划会议上讲话时谈到关于《工业二十条（修改稿）》的传播情况，他说：关于工业管理和企业管理的问题，国家计委去年曾经起草了一个《关于加快工业发展的若干问题》（即二十条），征求过少数企业和少数同志的意见，他们提出了许多好的修改意见。当时就说明这个稿子回去不要传。有的同志传下去了，有的现在还在传。现在再说一次，原来的稿子不要再传了。

十　军队整顿

军队整顿，是1975年整顿中一个极其重要的方面。这个任务，早在1971年“九一三事件”后，毛泽东就已提出，主持中央军委工作的叶剑英也已着手进行。但由于江青一伙的干扰等原因而延误，基本筹备就绪的军委扩大会议一再推迟，直到1975年初邓小平就任总参谋长、参加中央军委领导工作以后，才重新提出，进行部署并全面付诸实施。

邓小平提出军队整顿的任务

1975年1月，邓小平被任命为中央军委副主席兼中国人民解放军总参谋长，当选为中共中央副主席、中央政治局常委并担任国务院副总理。1月中旬即分三次召集三总部、各大军区和空军、海军的负责干部进行座谈，讨论压缩军队定额和解放老干部、落实干部政策等问题。在1月19日各大军区负责人座谈会上，邓小平根据毛泽东“军队要整顿”的指示提出：军委只准备做两个工作，第一是召开军委扩大会议，其中一个大题目就是军队要整顿。第二是战备，要准备打仗，解决战略方针、装备等问题。[①] 又指出，搞派性的军队非调走不行，所有闹派性的一律调走。[②] 1月25日，邓小平在总参谋部机关团以上干部会议上和大家见面，发表《军

①中共中央文献研究室编：《邓小平思想年谱（1975－1997）》（上），第1页。

②中共中央文献研究室编：《邓小平年谱（1975－1997）》（上），第8－9页。

队要整顿》的重要讲话，[1] 传达毛泽东“军队要整顿”的指示，分析军队的现状，批判林彪主管军队造成的混乱，提出军队整顿的两项最主要的任务：一是消肿；二是恢复优良传统和作风，坚持党指挥枪。并提出三项具体要求：提高党性，消除派性；加强纪律性；落实政策。邓小平1月25日在总参谋部机关团以上干部会上的这篇讲话，是1975年军队整顿的动员令和号召书。

叶剑英明确军委扩大会议的主题

邓小平在总参作《军队要整顿》讲话的第二天，1月26日，叶剑英致信毛泽东，建议成立军委常委会。毛泽东同意叶剑英的建议。1975年2月5日，中共中央发出文件，通知全党，取消军委办公会议，恢复军委常委会。叶剑英、王洪文、邓小平、张春桥、刘伯承、陈锡联、汪东兴、苏振华、徐向前、聂荣臻、粟裕等11人为常务委员，军委常委会工作由叶剑英主持。[2] 这次军委领导成员的变动，使得人民解放军一批卓越的将帅重新走上最高军事领导岗位，邓小平、叶剑英承担起了中共中央军委日常工作的领导责任，对于军队和全国局势的稳定具有重要作用。

◎1975年，邓小平在中央军委扩大会议上讲话（选自画册《中国人民解放军70年图集》，上海人民出版社1997年版）

1975年2月9日，在军委常委

①这篇讲话收入《邓小平文选》第2卷。

②据：军事科学院军事历史研究部编《中国人民解放军的七十年》，军事科学出版社1997年版，第379页；范硕等著《叶剑英传》，当代中国出版社1995年版，第626页。

会成立后的第一次会议上，叶剑英把酝酿已久的召开军委扩大会议的筹备工作提上议事日程。叶剑英提出，军委扩大会议要解决的问题很多，但一次会议解决不了。中心是解决人的问题，也就是编制问题、压缩军队定额问题、干部问题，目的是要进一步把军队整顿好。

王洪文当即表示异议，提出军委扩大会议第一项议题是政治思想工作。张春桥则大谈商品、货币关系等理论问题。

邓小平支持叶剑英的主张，强调军委扩大会议应集中解决军队的编制问题，以达到整顿军队、加强战备、实现安定团结的目的。

叶剑英和邓小平关于军委扩大会议中心议题的意见，得到军委常委会多数的肯定。此后，从3月初至4月末，军委常委会召开了十多次会议，讨论调整编制体制、压缩军队定额和排除派性、调整领导班子等军队整顿的重要问题，加紧进行军委扩大会议的筹备工作。

军委扩大会议的召开和军队整顿的部署

经中共中央、毛泽东批准，中央军委扩大会议于6月24日至7月15日在北京举行。各总部、各军兵种、各大军区、国防科委、国防工办、军事科学院、军委直属院校的负责人共70多人出席。会议在叶剑英、邓小平主持下，集中讨论了军队整顿和编制体制调整等问题，通过了《关于压缩军队定额、调整编制体制和安排超编干部的报告》。邓小平、叶剑英分别就军队的整顿作了重要讲话，全面、系统地阐述了军队整顿的必要性、目标、任务及其伟大意义，并就整顿的具体工作作统一部署。

1. 邓小平分析军队状况，论述军队整顿任务

7月14日，邓小平在军委扩大会议上讲话，分析军队的状况，论述军队整顿的任务。

这是继1月25日在总参机关讲话后关于军队整顿问题更为系统、更为深刻的一篇讲话，是领导1975年军队整顿的纲领性文献。

邓小平着重讲了五个问题。

（1）我们军队的状况

在肯定“我们军队的传统是好的，是英勇善战的”前提下，邓小平系统、深刻地分析了由于林彪一伙的破坏，军队建设中存在的不少问题。他用“肿、散、骄、奢、惰”五个字来概括，对这五个字逐个作了分析。邓小平明确指出：“这次会议研究精简整编，就是解决肿的问题。”散，“主要表现在有派性和组织纪律性差这两个方面”。他严肃地指出：“派性在军队里存在是很危险的，说严重一点，这种现象是不能容忍、也不应该容忍的。”并说：“讲落实政策，讲了多少年，好多政策不能落实，闹派性是一个重要的原因。”邓小平还指出，“组织纪律性差同派性有关。他们考虑的不是革命整体的利益，而是他们那一派的利益”，“现在不只是组织纪律差，政治纪律也差。”由此，邓小平提出要解决领导班子问题：“领导班子软懒散的问题，地方有，军队也有。军队有相当多的散班子，也有相当多的懒班子，恐怕软班子占得更多。”三是有点骄。邓小平说，骄的问题，“在‘文化大革命’中又出现了新的情况。军队支左，权力大得很。大权在握，加上其他一些原因，在军队一部分人中增长了骄气。有的甚至不只是骄气，而是骄横。”邓小平还从公共汽车上战士不给抱娃娃的妇女让座，老人说“雷锋叔叔不在了”这些事情上看出问题，指出军政团结、军民团结、群众路线、艰苦奋斗这些优良传统丢掉了，三大纪律八项注意至少有某种程度的丧失。四是有点奢。邓小平举出不少奢侈的表现，指出：“这种情况要整顿。”他还指出，占用地方的房屋、土地太多，“也有是霸占的”，“地方意见很大，该还的应该还嘛”。五是有点惰。惰性的主要表现，一是思想懒惰，另一种是怕字当头：不敢办事，不敢讲话，怕讲错了挨批。

（2）军队整顿的任务

邓小平说：“军队整顿整什么？就是整上面讲的那五个字。”“这次会议我们搞编制，就是整肿字。”同时，邓小平又分析其他四个字同肿字的相互关系，提出“要联系起来解决”。他指出：“搞好军队的编制整顿、体制整顿，可以适当解决军队的其他问题。比如，这次整编，要配备、健全各级领导班子，就要同时注意克服散字、惰字，解决软班子、懒班子、散班子的问题。”

（3）中央军委的工作

邓小平说：“军委工作实际上就是两件事：第一件是‘军队要整顿’；第二件是‘要准备打仗’。这两件事都是毛泽东同志讲的，我们军队工作的纲就是这个。”他指出：“我们抓了编制，接着就抓装备，装备也要抓好。”“还要抓战略，要按次序来抓。”关于装备，邓小平提出要有规划，要抓科研。他强调：“科研要走在前面。不单是尖端武器、常规武器有科研问题，就是减轻战士身上带的东西的重量，同样有科研问题。现在一个战士要背几十公斤，怎么打仗呀？到时候，非战斗减员不知有多少呢！这不是小事，也是装备问题，也要研究、定型。”他要求“总后勤部要订出规划，要有一些人专门管这个事情”。在谈到抓战略时，邓小平特别强调训练的重要。他清醒地指出，“现在是合成军队作战，不是过去的小米加步枪了”，“战略要研究的问题，不仅是作战问题，还包括训练。要把训练放在战略问题的一个重要位置上。”这是邓小平根据新形势、新情况提出的在和平时期建设现代化、正规化军队的又一重要思想。他还提出要继承政治机关管干部的传统，首长要经过政治机关去考核、审查干部；要特别注意加强连队政治工作。

（4）整编中的干部问题

邓小平指出，现在整编中的干部问题有两个，第一，在军队内部的处理问题，就是谁留谁去，谁在职谁不在职；支左回来的干部，“文化大革命”初期靠边站的干部，有个分配工作的问题；还有一个干部调整、交流问题。第二，在地方的安置问题，几十万干部转到地方，地方要承担起来，把他们安置好。邓小平提出：“在步骤上，我建议首先自上而下地调整好各级领导班子。”“领导班子要有威信，敢字当头，能很好地执行党的方针政策，能很好地工作。”“配备领导班子的时候，首先要把一、二把手选准，要选党性好、作风好、团结好的。”

（5）高级干部的责任

邓小平语重心长地说：“搞好军队的责任首先在我们到会的同志，扩大一点，到军以上的主要成员。我们这些人把军队带好了，我们党的一套优良传统就能保持好，军队就会非常团结、非常有战斗力。”

邓小平以毛泽东的两句名言——“发扬革命传统，争取更大光荣”结束这篇讲话，对军队高级干部寄予极大的信任和期望。

2. 叶剑英论述国际形势、精简整编和学习理论

7月15日，叶剑英在中央军委扩大会议上作总结讲话。他首先分析了国际形势，然后着重讲了关于压缩军队定额、调整编制体制和安排超编干部问题。

（1）关于国际形势

叶剑英分析了美苏争霸的国际形势，重申了毛泽东关于三个世界划分的战略思想，指出一方面是战争不可避免，另一方面是战争可能推迟。中国有必要也有可能争取更多一点时间，做好国民经济和国防建设等项工作，在国民经济发展的基础上相应发展国防力量。这个分析一定程度上改变了“立足于早打、大打、打核战争”的观念，使人民解放军得以摆脱长期处于临战状态的束缚，集中力量考虑较长时期的自身建设。[①]

①据：《中国人民解放军的七十年》，第380页；《叶剑英传》，第627页；《中国人民解放军》（上），第238页。

（2）关于精简整编和安排超编干部

叶剑英尖锐地指出，主要是由于林彪路线的流毒和影响还没有肃清，部队建设上存在着不少问题："党的领导受到削弱，许多党委没有形成坚强的领导核心，怕字当头，不敢负责，有些领导班子存在着软、懒、散的严重现象；政治思想工作软弱无力，管理教育不严，组织纪律差，事故多，有些人受资产阶级思想作风严重影响和腐蚀；有些单位资产阶级派性严重，闹不团结，政策不落实，有些干部的积极性没有调动起来；作战思想不够统一，战备工作、军事训练和民兵工作都存在一些问题。部队臃肿庞大、干部超编、装备落后的情况比较突出。"叶剑英提出，必须"从各方面采取有力措施，抓住重点，有计划有步骤地解决军队建设上存在的问题。当前首先解决压缩军队定额、调整编制体制和安排超编干部这两个问题，然后再解决其他问题，使毛主席关于整顿军队的指示真正落实"。

关于精简整编的意义，叶剑英作了精辟的论述。他说："通过精简整编，可以把部队搞得比较精干，进一步提高部队质量，提高作战能力。小打，现有部队就可以；中打，稍加充实也能对付；大打，能保证部队迅速扩编"，"我们的方针是实行人民战争"，"我们是社会主义的大国，兵源雄厚，平时少养兵，战时多出兵，既有必要，又有可能。压缩定额，可以给国家的工农业建设增加力量，有利于把经济建设搞上去"。[①]

关于精简整编的原则，叶剑英指出，主要是精简机关，裁减重叠机构，减少保障部队和普通兵员，保留政治工作骨干和技术骨干，有重点地加强特种兵部队。通过精简整编，把部队搞得比较精干，进一步提高部队质量，提高战斗力。关于安排超编干部问题，叶剑英指出，总的精神是，既要精干现有的领导班子，又

---

①《叶剑英军事文选》，解放军出版社1997年版，第649页。

使超编干部各得其所；既有利于部队平时建设，又适应战时部队发展的需要；既能发挥老干部的作用，又有利于中青年干部的成长。他强调要教育干部树立共产主义远大理想，保持艰苦奋斗、与人民群众同甘共苦的光荣传统，做到能上能下，能官能民，能东能西，能城能乡。安排超编干部的办法，一是转业到地方工作，二是在领导班子中设置顾问。[①]

3．叶剑英打招呼：警惕江青一伙插手军队

在这次军委扩大会议期间，叶剑英还通过各种途径、用各种方式向军队高级领导干部打招呼，提醒他们警惕江青一伙野心家插手军队，在尖锐复杂的斗争中服从中央军委的集中统一领导。

叶剑英不止一次地在小组会上打招呼：有个别中央领导人，不通过组织，自己发指示搞运动，这是不正常的。他说：中央军委是毛主席领导的。今后，不论是谁，凡不经过军委直接向部队发指示、送材料的，你们都有权抵制，都可以不执行。我们一定要听毛主席的话。[②]

会议期间和散会以后，叶剑英都以个别谈话的方式，亲自给各大军区、各军兵种的领导同志传达毛主席的指示，跟他们打招呼，说：毛主席说现在有个“上海帮”，你们要注意警惕，稳定部队，防止和抵制他们插手军队。他要求高级干部要听从毛主席、中共中央、中央军委的指挥，要注意形势，掌握动向，站稳立场，看清方向。平时要注重策略，行事谨慎，少说话，不授人以柄。[③]

在7月15日军委扩大会议总结讲话中，叶剑英脱开讲稿，说了以下一段话：

---

①本段叶剑英讲话内容概述引自《叶剑英传》，第627－628页。

②转引自《叶剑英传》，第629页。

③转引自《叶剑英传》，第629页。

你们要注意，现在有的人到处送书、送材料、写信，把部队思想搞乱了。以后没有军委的同意，任何人不得这么做！不容许任何野心家插手军队，搞阴谋活动。①

参加军委扩大会议的同志一听就知道，叶剑英所说的就是江青。正是她，在1974年初到处给部队送书、送材料、写信，把部队思想搞乱。叶剑英的揭露和提醒，提高了到会人员的警惕性，对防止“四人帮”插手军队，保证中央对军队的集中统一领导，发挥了积极作用。

4．讨论通过精简、调整编制的报告

会议通过了《关于压缩军队定额、调整编制体制和安排超编干部的报告》。这个报告，确定在三年内将军队总员额减少160万人，安置超编干部约60万人。

7月19日，中共中央批转了中央军委的这个报告，以及邓小平、叶剑英在这次军委扩大会议上的讲话。25日，中共中央通知将叶、邓的讲话转发全党学习。这样，他们两位的讲话，不仅指导了军队整顿的实施和展开，而且对全国各方面的整顿也具有重要的指导作用。

军队整顿的实施

根据中央军委扩大会议的精神和决定事项，邓小平、叶剑英即实施对军队的整顿。

1．精简整编，安置超编干部

8月7日，中央军委转发解放军总政治部《关于安排超编干部

①转引自《叶剑英传》，第628页。

的方案》。《方案》分析了干部超编的情况，根据1974年底的统计，人民解放军干部共有152.6万人，超编46.7万人，压缩定额、调整编制体制后，还要多出10余万人，预计超编干部可能达到60万人。同时，各级领导班子人员普遍很多，大军区平均36人，最多的44人；省军区平均38人，最多的58人；陆军军、师、团也达到20至40人。平均年龄偏大，陆军师师长、政委平均49岁，团长、政委平均45岁。《方案》分析了造成这种状况的原因，提出了安排超编干部的意见。对各级各类干部的安排原则、方法以及工作和生活待遇等问题作出规定。对大部分师以上干部和部分团以下干部，采取增编副职、设顾问、做研究工作、送学校培养、离职休养等办法进行安排。其余干部退出现役，采取转业、复员、退休的办法，由地方安置。

9月7日，中央军委批转总参谋部《压缩军队定额、调整编制体制的方案》。这个《方案》确定的精简整编原则是：大力精简机关，裁并重叠机构，减少保障部队，压缩普通兵员，淘汰陈旧装备；有些部队实行简编，保留技术骨干和技术装备；保持一定数量的齐装满员部队，有重点地加强特种兵部队的建设。《方案》规定全军总人数精简26.2%。对各军兵种、各军区及其直属单位、总部及其直属单位的精简都作出了具体规定。按《方案》精简整编后，全军机关、保障部队比例减小，战斗部队、院校和科研单位的比例增大，陆军所占比例减小，海军、空军比例增大，人民解放军基本上可以做到：小打，使用现有部队就可以；中打，稍加充实扩编就能应付；大打，由于保留了技术骨干和领导骨干，做好了民兵工作和扩编计划，能够迅速扩编，保证战争需要。①

这个精简整编方案从1975年第四季度开始实施。军区机关

①据《中华人民共和国实录》第三卷（下），吉林人民出版社1994年版，第1261页。

按新编制进行了较大的整编；步兵部队撤销了地方独立师和步兵师；保留的步兵师分别整编为满员师和简编师；铁道兵地铁部队、部分工程建筑部队和县、市中队移交给了地方有关部门；空军撤销了部队军部、高射炮兵师；等等。军队整编工作虽然因受江青反革命集团的干扰破坏，没有完成就停了下来，但还是取得了不小成绩。1975年基本完成了年度计划。至1976年底，全军总人数比1975年减少了13.6%。

2．调整配备全军高级领导班子

军委扩大会议以后，叶剑英抓紧进行了军队高层领导干部的调配工作。中央军委请示党中央、毛泽东，得到批准，组成了叶剑英、聂荣臻、粟裕、陈锡联、杨成武、梁必业为成员的军委领导小组。叶剑英直接了解情况，特别注重考察同林彪集团斗争中的表现和对“四人帮”的态度。政治上不强的，坚决不予重用。对那些犯了错误而又能改正的人，本着党的干部政策也予安排适当的工作。[①] 领导小组与各总部（不含总参）、各大军区、各军兵种、国防科委、军事科学院、军政大学等24个大单位的主要领导人协商，提出了各大单位领导班子调整配备的初步方案。其内容包括留任的、当顾问的、交流调出的、挂职休养的、离职的以及担任党委的人选名单。这个方案，经报军委常委讨论并作出最后调整决定后，再报中共中央和毛泽东主席审核批准。经过上下结合，充分酝酿，反复协商，把一些追随“四人帮”搞派性的人调整下去，把一些相对年轻的干部选进领导班子，形成了一个比较好的高层领导班子的调整配备方案，增强了班子的活力，组织也更加纯洁。[②]

---

①据《叶剑英传》，第630页。

②据《中国人民解放军的七十年》，第380页；曾庆洋、邓礼峰、陈奇勇：《一九七五年的军队整顿》，《当代中国史研究》2003年第4期。

8月30日，中央军委通知，经中共中央和毛泽东主席批准的各总部、各军兵种、各大军区主官如下：总政治部主任张春桥；总后勤部部长张宗逊；空军司令员马宁，政治委员傅传作，第二政治委员余立金；海军司令员肖劲光，第一政治委员苏振华，第二政治委员王宏坤；炮兵司令员张达志，政治委员张池明；第二炮兵司令员向守志，政治委员陈鹤桥；装甲兵司令员黄新廷，政治委员莫文骅；工程兵司令员谭善和，政治委员王六生；铁道兵司令员吴克华，政治委员吕正操；国防科委主任张爱萍，政治委员陶鲁笳；军事科学院院长宋时轮，第一政治委员粟裕，第二政治委员萧华；军政大学校长萧克，政治委员唐亮；南京军区司令员丁盛，第一政治委员张春桥（兼），第二政治委员彭冲（兼），政治委员廖汉生；沈阳军区司令员李德生，政治委员曾绍山、毛远新（兼）；广州军区司令员许世友，第一政治委员韦国清（兼），政治委员赵紫阳（兼）、张平化（兼）、孔石泉；武汉军区司令员杨得志，政治委员王平、刘建勋（兼）、赵辛初（兼）；成都军区司令员秦基伟，第一政治委员刘兴元（兼），第二政治委员李大章（兼），政治委员严政；昆明军区司令员王必成，第一政治委员周兴（兼），政治委员刘志坚；济南军区司令员曾思玉，第一政治委员白如冰（兼），政治委员肖望东；福州军区司令员皮定均，政治委员李志民、廖志高（兼）、江渭清（兼）；兰州军区司令员韩先楚，政治委员冼恒汉（兼）、李瑞山（兼）；新疆军区司令员杨勇，第一政治委员赛福鼎（兼），政治委员郭林祥、司马义·艾买提（兼）。[①]

同日，中央军委通知，经中共中央、毛泽东批准，罗瑞卿、谭政、陈士榘、陈再道、王建安为中共中央军委顾问。

当月稍后，中央军委任命徐立清为总政治部副主任。

10月1日，中央军委发出通知，任命张廷发任空军政治委

①引自《中国人民解放军的七十年》，第765页。

员，陈锡联为北京军区司令员，纪登奎为北京军区第一政治委员，秦基伟为北京军区第二政治委员，赵紫阳兼任成都军区第一政治委员，刘兴元为成都军区政治委员。5日，任命陈先瑞为成都军区政治委员。①

总参谋部主官不在此次任命之列。他们是：总参谋长邓小平，副总参谋长杨成武、张才千、向仲华、彭绍辉、李达、王尚荣、胡炜、何正文、伍修权。

在第一批大单位领导班子调整配备任务完成以后，军委即开始调整配备军级领导班子。主要是选配好作战部队的军和省军区的军政第一把手，以及三总部机关的二级部（局）的领导干部。到1975年底，基本上调配完成。

经过这次调整配备领导班子，全军各大单位政治上加强，组织上精干纯洁，干部年龄相对年轻。原来的班子一般在20人左右，多的达三四十人，调整后都在十二三人。各大单位党委常委原来大多在15人左右，调整后为9人左右。领导班子平均年龄由原来的61岁下降为59岁（军级单位主要负责人年龄低于平均年龄）。全军高级领导班子的调整，为防止“四人帮”进一步反军乱军、篡党夺权，保持军队和全国的稳定起了重要作用，为以后顺利粉碎“四人帮”准备了重要条件。②

3. 全面加强军事训练

根据军委扩大会议精神，军队的军事训练全面恢复，并确定1975年训练的重点是干部训练和诸兵种联合演练，争取在两三年内解决营、团、师、军组织指挥问题。各军兵种在专业技术训练的基础上，加强了战斗技术、战术合练和使用新式武器装备的训练。10月，三总部成立了以副总参谋长李达为召集人的总部训

---

①以上均引自《中国人民解放军的七十年》，第765－766页。

②本段数据与评价，均采用《一九七五年的军队整顿》。

◎中央军委确定1975年军事训练的重点之一是干部训练。图为某部教导队集训基层干部（选自画册《中国人民解放军70年图集》）

练小组。到1975年11月底，全军集训师以上干部2000余人，营、团干部和参谋人员近万人，野战部队基层干部轮训率达到85%。1975年全年，各军区和军兵种共组织了17次军事演习。通过军事训练，特别是联合演练，全军指战员极大地提高了对防御战、歼灭战、运动战、近战、夜战等作战思想、作战原则和战法的理解，提高了军事思想水平和组织指挥能力。

4．整顿部队作风，恢复优良传统

根据邓小平的要求，整顿部队作风，首先是消除派性，提高党性，增强纪律性。从军委、总部到各级党委及政治机关，对派性严重、纪律性差的单位和个人进行了重点整顿，采取了组织措施。对那些派性思想严重并在班子中搞不团结的，严重违反政治纪律、组织纪律的，作了适当调整、交流，或安排离退休，甚至撤销职务；对那些派性严重的部队，实行调防或换防，割断军队派性与地方派性的联系，分隔和孤立派性的力量；对那些陷入派性太深，经教育不肯改正的人，则执行严格的组织纪律。经过一段时间整顿，有效地遏制了军队内部的各种派别活动，军队的派性问题得到初步解决，进一步巩固了党对军队的绝对领导。

为加强部队的纪律性，推进部队的正规化建设，在军委扩大会议之前，就已采取了一些措施。1975年3月30日，总参谋部、总政治部联合发出了《关于严整军容风纪的通知》。4月上旬，北京卫戍区召开驻京部队、机关和院校整顿军容风纪会议。总参谋部还抓紧修订《中国人民解放军纪律条令》和《中国人民解放军内务条令》。军委扩大会议后，11月25日，经中央军委批准，将这两部条令颁发在全军试行。总参谋部和总政治部联合发出通知，要求全军认真学习贯彻新的《纪律条令》和《内务条令》，推进了军队正规化的建设，加强了军队的纪律性。

反骄破满，密切军政军民关系，也是整顿的一项重要内容。军委扩大会议以后，全军上下，普遍开展了反骄破满教育和作风纪律整顿。对违反群众纪律的，分情况进行了妥善处理。"支左"中有一部分人和单位占用了地方大量房屋、土地及其他财物，按军委要求，采取切实措施进行清退。暂时不能清退的，向地方作出解释和交代，取得谅解。有些地方的驻军还就一些"三支两军"遗留下来的、与军地双方有关联的问题，进行协商，妥善解决。一部分违反群众纪律的人员和单位，受到批评和处理。针对邓小平在军委扩大会议讲话中提出的、群众反映"雷锋叔叔不在了"的问题，全军进行了重温人民军队性质、宗旨、任务和"三大纪律八项注意"的教育，广泛开展宣传为人民服务的英雄模范人物的活动。经过多方面的工作，军队优良传统作风得到恢复和发扬，军政关系、军民关系有了明显改善，军队内部的团结得到增强。

在军队整顿的过程中，按照邓小平的要求，继续落实政策，平反了一批冤假错案。经清查，仅在所谓"第九次路线斗争"中被列入军队专案和重点审查的干部就有2万多人。在审查过程中形成了大量材料，最多的重达680公斤。材料有真有假，大多数是假的。9月27日，中央军委批转总政治部《关于受审查人员材料的归档和处理问题的通知》，要求全军各单位加快落实政策的步伐。到1975年底，全军复查工作基本结束，清掉了大批假材料，推倒了相当一部分诬蔑和不实之辞，军队一大批受冤屈的干部解除了政治上、精神上的枷锁。[①]

5．整顿国防工业生产，加强武器装备管理

邓小平非常重视军队的装备，关注国防科研和国防工业生产的整顿。在中央军委扩大会议上，邓小平把“抓装备”列为中央军委的重要工作，提出“装备也要抓好”，“军队装备也要有规划。科研要走在前面。”“装备问题，也要研究、定型。总后勤部要订出规划，要有一些人专门管这个事情。”[②]叶剑英提出当前武器装备建设有四项主要任务：一是要把性能落后的旧杂武器淘汰一批；二是部队缺编的装备不少，要补齐，按战时编制储备；三是装备不配套的，不能用于打仗，要解决配套问题；四是部队装备严重失修的，要解决。[③]

自1975年3月贯彻中央9号文件以来，国防科技开始进行大力整顿，国防工业生产方面，国防工办也已经把各主要军工企业的派头头召集到北京开会学习，用这种“调虎离山”的办法，恢复派性严重的国防工业企业的生产秩序。军工生产的形势开始好转。4月，邓小平主持召开了国防工业重点企业汇报会，他强调要缩短战线，精简型号，加强集中统一管理，狠抓科研。同月，叶剑英主持召开了国防工业和部队装备问题汇报会。会议强调要整顿武器装备研制、生产方面的混乱状况。5月，毛泽东在《关于国防工业和部队装备问题汇报会的情况》上批示：“要在三年

①以上叙述引自《一九七五年的军队整顿》。

②《邓小平文选》第2卷，第20－21页。

③转引自《一九七五年的军队整顿》。

左右时间内把失修装备突击修好。”[①] 同月，中共中央批准常规武器十年发展规划。

当时，问题特别突出的是海军装备失修情况严重，海军舰船的在航率下降到40%左右，为人民海军历史上第二次舰艇严重失修状况。毛泽东5月作出要突击修好的批示后，中央军委和国务院立即发出相应指示。海军召开了装备修理厂生产会议，部署抢修，并重点研究解决舰艇失修最严重的南海地区的问题。会后，由海军、六机部派出调研人员，分别赴南海舰队和湖北、江西、广东等地，调查舰船技术状况和有关厂、所的修船能力，落实抢修安排。

军委扩大会议后，中央军委自7月20日至8月4日在北京召开了国防工业重点企业会议，进一步研究军工企业的整顿问题。8月3日，邓小平到会讲话，对国防工业企业的整顿提出三项要求：一定要建立敢字当头的领导班子，一定要坚持质量第一，一定要关心群众生活。叶剑英再次强调要警惕大大小小的野心家。李先念提出要建立和健全总工程师、总会计师的责任制，保证企业的正常生产秩序。在这次会议推动下，军工生产通过整顿，开始好转。

12月4日至22日，总参谋部、总后勤部召开了全军装备会议，着重研究了全军装备管理问题。1976年5月13日，中央军委批转了会议通过的《关于加强部队装备管理的意见》。

军队整顿的历史评价

在邓小平、叶剑英主持下进行的1975年军队整顿，是中国人民解放军历史上光辉的一页。军队的整顿虽然因为“四人帮”的干扰、破坏而受到影响，特别是因为“反击右倾翻案风”而被迫

---

①《中华人民共和国实录》第三卷（下），第1220页。

◎全军广大指战员热烈拥护和认真贯彻军队要整顿、要准备打仗的指示。图为某部利用冬季进行长途野营拉练（选自画册《中国人民解放军70年图集》）

中断，预定的任务没有全部完成，但是，已经进行的军队整顿对肃清林彪极左错误的影响，增强军队的党性和纪律性，恢复传统优良作风，加强军事训练，促进军政、军民团结，发挥了巨大作用，对全国各地、各部门的整顿也产生了积极的影响，并且从思想理论、体制编制、军事训练、国防尖端科技研制、武器装备改进提高等方面为新时期军队现代化、正规化建设指明了方向，奠定了基础。特别重要的是，通过1975年军队整顿，调整配备了军队各大单位和军级领导班子，使枪杆子牢牢地掌握在忠于党、忠于人民的马克思主义者手里，在决定民族、国家和党的前途命运的关键时刻，使江青反革命集团无法插手军队，最终只能束手就擒。1975年的军队整顿，为1976年10月粉碎“四人帮”的伟大胜利作好了物质准备和精神准备，这就是历史作出的结论。

十一　地方整顿

地方整顿最初是由铁路整顿带动起来的。1975年3月以铁路为突破口开始进行整顿时，邓小平就注意到，严重影响安定团结的资产阶级派性问题，不单纯是铁路系统的问题。铁路的问题与地方的问题搅在一起，非切断它们之间的联系不可。所以，整顿一开始，邓小平就指出："铁路系统里闹派性的人同地方上闹派性的人是有联系的，反对派性，要把他们之间的联系切断。"① 在对徐州铁路局进行重点整顿的同时，江苏省委对位于陇海路沿线的徐海地区② 也进行了整顿，很快就顺利地解决了问题。

邓小平指出："徐州就是老大难。在铁路，在地方，都是典型的。"③ 中央运用徐州铁路整顿的经验，指导了全国的铁路整顿和工交系统的整顿，同时也运用徐海地区整顿的经验，来指导地方的整顿。6月初，中共中央及时向全国转发了江苏省委解决徐海地区问题的经验。6月中旬起，又重点抓了浙江的整顿，解决浙江省以"双突"（突击入党、突击提干）为主要表现的严重问题。7月中旬，中共中央批转了浙江省委解决处理"双突"问题的报告，促进了浙江问题的及时解决，并推动和指导了全国各省、市、自治区的整顿。

①《邓小平文选》第2卷，第6页。

②徐海地区是一个地域概念。包括当时行政区划上的三个地方：徐州市、徐州专区和新海连市（包括新浦、海州、连云港，现名连云港市）。

③《邓小平在万里向国务院汇报徐州铁路局情况时的插话》（1975年3月25日），《党的文献》1999年第6期。

徐海地区的整顿

“文化大革命”在徐海地区的恶果，突出表现在资产阶级派性的恶性发展和严重危害。在相当长的时期里，党和革命队伍处于分裂状态。许多领导干部陷进了资产阶级派性的泥坑。在相当多的单位中，不是用党性掌权，而是用派性掌权。随着形势的变化，来回反复，造成所谓“翻烧饼”的局面：这一派上了台就整那一派，那一派掌了权又整这一派，两派之间裂痕很深。敌人利用派性，派性掩护敌人。资产阶级派性严重影响社会安定和国民经济建设。到1975年2月，徐州全市70%的企业停产；徐州矿务局2月份平均日产只有1万吨，该矿两派干部群众800人集中到南京办学习班，仍迟迟不能解决问题，成为全国煤炭行业问题最严重的四个老大难单位之一。

邓小平在3月25日听取万里汇报徐州铁路局整顿情况的国务院会议上，对徐海地区的整顿提出了尽快解决问题的三条具体办法：（1）落实政策，为受害者平反，要一批一批地搞。（2）对坚持资产阶级派性的坏头头的批判，要抓住实质。（3）解决问题要直接依靠群众。

江苏省委按照中央9号文件精神，根据邓小平等的指示，对徐海地区大力进行了整顿。在3月10日徐州铁路分局召开万人大会之后，3月11日召开了徐州党员干部大会。中共江苏省委分管工业的常委传达了中央9号文件和邓小平等的讲话，万里宣讲了毛泽东关于学习理论反修防修、安定团结、把国民经济搞上去三条重要指示，号召“3月份转变局面，搞好安定团结”。[①]

①据当时中共徐州市委办事组印发的材料。

为解决徐海地区问题，江苏着重抓了三条：[①]

其一，放手发动群众，直接依靠群众解决问题。在徐海地区，多次召开几千人、几万人、10万人的大会，大张旗鼓地反复传达中央9号文件，宣讲中央领导同志的指示精神，基本做到家喻户晓，人人明白。接着，开展了“一学三批五大讲”的群众自我教育运动，联系徐海地区实际，批判资产阶级派性，拆墙、填沟、解疙瘩，进行团结胜利的路线教育。不到一个月，清查“五一六”的政治平反工作就基本结束。全区出现了安定团结的新局面。

其二，端正领导思想政治路线，增强党性，克服派性。徐海地区老大难，主要难在领导班子的思想路线不端正。带头闹派性的就是一些领导干部和极少数迷了心窍的派头头。有些派头头所以能闹起来，往往又是受到了某些领导干部的支持或影响。江苏省委紧紧抓住解决领导班子这个关键进行教育，对派性特别严重的领导干部，敢批、敢斗、敢捅“马蜂窝”，毫不含糊地指出他们的错误，既做细致的政治思想工作，又限期改正。到期不改，就采取组织措施，绝不允许妨碍大局。领导班子中路线是非分清了，在批判派性、落实政策、打击坏人等方面就有了共同语言，基本上做到了步调一致地到群众中去做团结工作。对于那些问题解决得不透，或者虽已基本解决但不甚巩固的干部，于4月底把他们调到省委党校继续学习。经过学习，极少数实在不行的再进行必要的组织处理。

其三，严格区分和正确处理两类不同性质的矛盾。徐海地区“文化大革命”中的严重教训是混淆两类不同性质的矛盾，对人民内部的问题，采取高压办法，残酷斗争，无情打击。其结果是越压越不服，矛盾越来越深，而坏人逍遥法外，借机破坏捣乱。

---

①以下三条内容引自《中共江苏省委关于徐海地区贯彻执行中央九号文件的情况向中共中央、国务院的报告（1975年5月21日）》，《党的文献》1999年第6期。

这次解决徐海地区的问题，吸取了历史的教训，坚持严格区分两类不同性质的矛盾，扩大教育面，缩小打击面，对少数资产阶级派性严重的领导干部和头头，实行惩前毖后、治病救人的方针，从团结的愿望出发，经过批评和斗争，满腔热情地把他们从派性中拉出来，“抓革命、促生产”。对群众坚持正面教育，提倡各自多作自我批评，不纠缠历史旧账，不准以多数压少数，防止以批派性为名，行攻击对方之实。这样做，团结教育了大多数。

经过将近三个月的整顿，徐海地区各方面都取得了显著的成效。革命和生产形势发生了很大的变化，“乱哄哄”的局面安定下来了，各方面的团结增强了，广大干部群众的革命精神振奋起来了。革命促进了生产。徐州市原来停产70%的企业，恢复了正常生产。全市完成工业产值四月份比去年同期提高3.2%，五月份上半月比去年同期提高36%。徐州矿务局二月份平均日产只有1万吨，四月份平均日产达到2.2万吨，比去年同期增长40%，五月份上半月又有增长。①

中共江苏省委通过在徐海地区贯彻9号文件的实践，得到的最主要的体会是：“所谓老大难问题，真正解决起来也并不是难的不得了。”② 江苏省委总结解决徐海地区问题的经验，主要是两点：第一，端正思想路线和政治路线。要做到：坚持党的基本路线，全心全意按照毛主席、党中央的指示办事；坚定不移地相信和依靠马列主义、毛泽东思想，坚定不移地相信和依靠群众，放手发动群众；正确估量阶级形势，下定决心，挺直腰杆，同各种各样的资产阶级思潮和势力作坚决的斗争；具体分析情况，正确区别和处理两类不同性质的矛盾。第二，随时总结经验，以点带面，在克服一种倾向的时候，注重防止另一种倾向。

---

①②引自《中共江苏省委关于徐海地区贯彻执行中央九号文件的情况向中共中央、国务院的报告（1975年5月21日）》，《党的文献》1999年第6期。

徐海地区整顿的经验和体会，受到党中央和邓小平的重视。江苏省委的报告是5月21日上报中央的。5月29日，邓小平在钢铁工业座谈会上讲话时，就多次谈到徐州经验，用来启发和指导钢铁整顿。[①] 邓小平对江苏省委解决徐海地区问题的那条体会特别赞赏，在几次谈话中引用，说：老大难，真正解决起来并不难，这句话，朴素而又充满自信。经邓小平赞扬，这句话成为1975年整顿中克服怕字、提倡敢字的流行语言。党中央在6月2日向全国转发了江苏省委的报告，转发报告的文件说："中央认为，这个报告很好，可供各地解决本地区问题时参考。"[②]

浙江整顿

"九一三事件"林彪反党集团的覆灭为解决"文化大革命"以来的浙江问题提供了条件。浙江省委在新调任的省委书记谭启龙主持下，通过深入开展批林整风运动，清算了陈励耘以及南萍、熊应堂在浙江推行的极"左"路线，集中解决了几个重大问题。浙江省委着手整顿国民经济，再次强调农业是国民经济的基础，加强农业和轻工业建设，全省工农业生产得到恢复和发展。到1973年下半年，经济形势明显好转。正当浙江形势出现转机，国民经济明显好转之际，江青一伙利用批林批孔运动，又直接插手浙江，把浙江搞乱，断送了已经出现的大好趋势。

批林批孔运动和"双突"搞乱了浙江，使浙江省的国民经济遭受巨大损失。1974年全省工农业总产值131.35亿元，比上年下降6.6%。全年工业只完成国家计划的78.4%，列入国家计划的80种工业产品，完成计划的只有8种，煤炭、钢铁、铁矿石、化

①这次讲话以《当前钢铁工业必须解决的几个问题》为题收入《邓小平文选》第2卷，以下引文见该书，第9－10页。

②《中共中央关于转发江苏省委报告的通知》，见《党的文献》1999年第6期。

肥、棉纱、白厂丝、麻袋等都减产，是“文化大革命”以来工业下降幅度最大的一年。农业生产上半年虽比上年略有增加，但下半年就受到影响，晚稻减产，夏粮征购入库只有139万吨，比上年减少44万多吨。财政收入和人民生活全面紧张，全省经济处于危难之中。①

1975年1月，中共十届二中全会和四届全国人大一次会议以后，中共浙江省委即于1月29日至2月6日召开工作会议，传达这两个重要会议的精神，着重贯彻中共中央1975年2号文件《关于禁止抢夺武器问题的通知》。浙江省委工作会议要求停止派性活动，解散“民兵指挥部”之类组织。对此，造反派坏头头叫嚷要批判省委领导“支一派、压一派”的“翻烧饼”错误，妄图扭转会议方向，并煽动温州、台州的造反派施压，还劫持了谭启龙（劫持途中被杭州市公安局民警和警卫战士救回）。谭启龙不为所动，在会议结束时强调要坚决贯彻中共中央2号文件，一律撤销各地（市）、县的“民兵指挥部”一类组织，两派都不得另打旗号继续活动。② 浙江省委发出紧急通知，宣布撤销、解散武斗组织，两派民兵组织立即停止活动，谁开枪就把谁作为反革命论处。③

为贯彻落实全国工业书记会议精神和中共中央9号文件，浙江省3月召开了计划、工业会议，重点解决批林批孔和“双突”造成的工业生产普遍大幅度下降、主要工业产品都没有完成计划以及企业领导班子“软、懒、散”等问题。4月1日至17日，又召开了农业学大寨经验交流会，要求迅速改变浙江农业徘徊局面，尽快把农业搞上去。④ 但是，由于江青、王洪文直接插手浙江，

---

①《当代浙江简史》，当代中国出版社2000年版，第275－276页。

②据《当代浙江简史》，第275页。

③据：访问铁瑛谈话（1994年5月25日，访问者：程中原、刘志男）；《浙江文革记事》（内部本），《浙江地方志》编辑部印行，第232页。

④据《当代浙江简史》，第276页。

整顿很难进行。浙江省委采取的整顿措施，受到“四人帮”及其帮派势力的严重干扰和阻挠。特别是“双突”问题没有解决、造反派头头列席党委会等问题的继续存在，严重破坏了党的领导，破坏了生产。1975年上半年，浙江省的国民经济继续恶化，一些地方和单位长时间停工停产或半停工停产，工业生产状况几乎降至全国各省、市、自治区的末位，成为全国工业生产低于上年同期水平的两个省之一。更为严重的是，浙江是素享“上有天堂，下有苏杭”美名的江南鱼米之乡，三年困难时期还向国家上缴大批粮食，在1975年春夏之间却大闹粮荒，不得不采取特殊措施，向东北和江苏、江西、安徽等省调借玉米、山芋干度日。[①] 从东北运粮过来的车皮上，有的用白漆写着“送给浙江懒汉吃”的标语。[②] 浙江干部群众蒙受耻辱，深为震动。

毛泽东、周恩来、邓小平决定派纪登奎带领中央工作组前往浙江调查研究，协助浙江省委，落实整顿措施，解决浙江派性和“双突”问题。王洪文随纪登奎前往。名义上中央工作组由王洪文与纪登奎带队，实际上此时王洪文带有下去锻炼改造的性质。

纪登奎赴浙江之前，分别请周恩来、邓小平给予指示。6月中旬周恩来以重病之躯在医院接见纪登奎，动情地说：浙江历来是鱼米之乡，可现在却要吃北方省市支援的地瓜干、玉米面。在运粮的火车车厢上，还写有“送给浙江懒汉吃”的大字标语！我这个当总理的，对不起浙江人民。他再三叮嘱纪，一定要制定出切实办法，解决好浙江问题。[③] 邓小平明确指出：要为解决浙江派性问题、“双突”问题，制定出办法和措施。[④]

---

①本段所述据《当代浙江简史》，第276－277页。

②据访问铁瑛谈话（1994年5月25日，访问者：程中原、刘志男）。铁瑛《总理勉励我抓好经济工作》一文中也写及此事，标语的语言稍有不同。该文原载1985年1月5日《解放军报》，收入《周恩来与浙江》时用现题，见该书，中共党史出版社1992年版，第13页。

③《周恩来年谱（1949－1976）》（下卷），第712页。

④转引自《当代浙江简史》，第277页。

纪登奎一行于6月底到达杭州，中共浙江省委正召开工作会议，贯彻落实毛泽东三项重要指示和中央12号、13号文件精神，联系浙江实际，研究贯彻落实的措施，改变浙江的被动局面。

谭启龙在会上分析了当前的形势，提出：在这次会议上，我们要根据中央文件的精神，找出上不去的主要原因，研究措施，迅速改变被动局面。他主要从省委领导上分析了浙江上不去的原因，诚恳地作了自我批评。说我们省委常委就是一个软班子、散班子。毛主席批评我“太软了”。这是十分正确的。谭启龙从“软”与“怕”的关系检查自己的弱点，并分析原因主要是“怕”字当头，怕犯错误，怕反复，怕触动那些搞资产阶级派性的领导干部和头头，不敢摸他们的老虎屁股。谭启龙提出：我们这次工作会议，就是要解决怕这怕那的精神状态，丢掉怕字，换上敢字，振奋精神，大胆工作，敢摸老虎屁股。他还说：我们这次会上，一定要改变“恐派病”，狠批资产阶级派性，摆表现，论危害，挖根源，造成一个大讲路线、大讲大局、大讲党性、大讲团结、大讲纪律的革命风气。谭启龙提出八个问题，要求大家开动机器，集思广益，研究出切实有效的措施，尽快地改变当前浙江的被动局面。与此同时，谭启龙用实际行动克服“怕”字，树立“敢”字，真正地“硬”起来。在会议期间，7月8日作出《关于撤销三台山山头的决定》，9日凌晨三时半就干净利落地撤销了造反派盘踞的位于杭州城西的这个山头。

纪登奎等到杭州后，参加了浙江省委常委会议，抽时间到杭丝联、杭二棉等几个工厂作了一些调查研究。7月9日晚上，省委召集参加省委工作会议的各单位召集人和县委书记会议，谭启龙代表省委常委和他个人作了自我批评，王洪文、纪登奎先后讲话。实际上对6月20日以来省委工作会议的前一阶段作了小结。

纪登奎在9日晚的会上讲话。他旗帜鲜明地支持谭启龙和浙江省委常委的工作，说：撤销三台山山头的例子说明省委进步了。不是说启龙同志有点软吗？现在也硬起来了，敢于和资产阶级派性作斗争了。希望大家支持启龙同志的工作，支持省委的工作。纪登奎要求地委书记、县委书记回去后，上行下效，像省委这样做，作点自我批评，承担一点责任，不要一层一层揪住不放，搞好团结。要按三要三不要的指示办，有人搞修正主义，搞分裂，搞阴谋诡计，要坚决顶住。地、县委书记要讲党性，讲团结，无论如何不要搞到资产阶级派性里面拔不出来。三台山这个山头搬掉了，其他的山头，该自动撤掉了吧！

纪登奎把突击入党、突击提干的问题特别着重地提出，认为需要严肃而又慎重地对待。

浙江当时最为紧迫的是处理“双突”问题。在省委工作会议期间，省委常委议论了几次，开始起草一个文件。这个文件题为《关于正确处理突击发展的党员和突击提拔的干部的请示报告》，以中共浙江省委名义，写给毛主席、党中央。这个请示报告首先简要说明“双突”的情况和错误，概述了“双突”造成的恶劣影响和严重危害，向中央提出了“对‘双突’问题作为特殊情况处理”的原则和具体的处理意见，请求中央批准。对怎样分别情况、妥善处理，报告提出了六条具体意见。

7月14日，浙江省委主要负责人谭启龙、铁瑛跟纪登奎、王洪文一起乘专机飞抵北京。7月15日，邓小平主持中央政治局会议，听取浙江省委工作会议情况的汇报和关于处理“双突”问题等请示，进行了讨论。邓小平右耳背，他要铁瑛坐在他的左边，随时询问有关情况。政治局会议除讨论了请示报告以外，还讨论了浙江省委和杭州市委领导干部的任免问题，作出了决定。也就是说，中央针对浙江实际，既解决了最突出的政治方针、政策的问题，又解决了组织问题。

7月16日，根据政治局讨论、修改的浙江省委关于正确处理“双突”问题的请示报告和中央对这个请示报告的批语，以及浙江省、杭州市干部任免决定，呈报给毛泽东主席。毛泽东当天就批阅了报告和决定。7月17日，浙江省委的《关于处理突击发展的党员和突击提拔的干部的请示报告》加了《中央对浙江省委报告的批示》（以下简称《中央批示》），以中共中央16号文件发布。

《中央批示》是对浙江省委请示报告的批复，直接指导浙江的整顿，同时，它的基本原则又普遍适用于全国，特别是对地方的整顿具有指导意义和推动作用。

《中央批示》对浙江省委关于处理“双突”问题的方针、原则作了批复，并由此提出了在当时情况下有关党的建设的重要指导意见：第一，肯定对党组织进行一次整顿，十分必要。第二，同意对“双突”问题作为特殊情况处理。《中央批示》说：“浙江省委提出，对突击发展的党员和突击提拔的干部，给以一年左右的培养、教育、考察的时间，然后在各级党组织的领导下，分别情况，妥善处理。作为一种特殊情况，这个办法是可行的。”并对浙江各级党组织和“双突”入党或提拔的干部分别提出要求。第三，明确整顿党的组织、处理“双突”问题的政策界限。《中央批示》指出：“在整顿党组织的过程中，要划清两个界限，一个是敌我界限，一个是无产阶级先进分子和一般的‘反潮流’分子、‘造反派’分子的界限。对于混进来的个别坏人，经过调查，证据确凿的，必须坚决清除。对于经过一年的培养、教育、考察，仍然不够党员条件的，就不能留在党内。”第四，为反对和克服资产阶级派性，对入党、提干的方针政策作出规定，采取措施。《中央批示》指出：“当前发展党员和选拔干部，必须采取慎重的方针。发展党员，要按照党章的规定，严格入党手续，成熟一个发展一个，保证质量。”《中央批示》还规定：“凡有两派的地方，在资产阶级派性还没有克服，群众仍然严重对立的情况下，应当暂缓发展党员和提拔干部。一切共产党员，决不容许参加任何资产阶级的派别活动。”

7月19日下午，浙江省委工作会议召开全体会议，谭启龙和纪登奎等传达中央16号文件和浙江省委、杭州市委领导班子任免决定。会议对如何在全省贯彻落实16号文件精神，搞好浙江的工作进行了讨论，明确了当前的任务。这次浙江省委工作会议开到8月4日结束。铁瑛代表省委常委在会议结束时讲话。他对会议情况作了总结，对当前任务作了部署。

中共中央和中共浙江省委在浙江省委工作会议期间和会后，采取果断有力的措施，大力进行整顿，取得显著的效果。

第一，中共中央在发布16号文件的同时，调整、充实了中共浙江省委的领导班子。中共浙江省委采取了一系列调整、充实组织机构的措施，重点调整了派性严重地区、单位的领导班子，尽力解决各级领导班子“软、懒、散”问题，重新任命了一批干部。[①]

第二，果断地批判和处理了在全省影响最大的几个坏头头。在中共中央支持下，中共浙江省委工作会议批判了张永生、翁森鹤、贺贤春等人坚持资产阶级派性、搞打砸抢等严重错误，并分别给予处理。张永生被定为反党篡权复辟的罪恶分子、派性的总头目，下放河北遵化劳动；翁森鹤被隔离审查；贺贤春等人也下放农村劳动改造。[②]

第三，全省逐步形成一个狠批派性，纠正“双突”，增强团结，恢复发展生产的局面。

浙江整顿取得了显著的成效。1975年下半年，浙江全省绝大部分停工停产的企业恢复了生产，整顿了劳动纪律，健全了规章制度，歪风邪气大有收敛。到第四季度，浙江全省经济局面大为改观。批林批孔运动中受干扰最为严重的杭州、温州两市，12月份工业生产超过历史上最高的月平均水平。杭州市第三季度工业产值比第二季度增长21.3%，第四季度又比第三季度增长30%。全省社队企业发展很快，达到4.75万个，产值12.9亿元，分别比

---

①据《当代浙江简史》，第279页。

②本段摘引自《当代浙江简史》，第278页。

1974年增长20%和30%，得到毛泽东的肯定。1975年浙江全省工农业总产值131.02亿元，比上年增加0.3%。其中工业产值74.52亿元，比上年增长3.9%。[①]

全国各地的整顿

全国各省、市、自治区的整顿，在贯彻执行3月5日中共中央9号文件《中共中央关于加强铁路工作的决定》的过程中，都已不同程度地开始进行。6月2日中共中央12号文件批转《中共江苏省委关于徐海地区贯彻执行中央九号文件的情况向中共中央、国务院的报告》，要求各地参考江苏徐海地区进行整顿的经验，解决本地区的问题；7月17日中共中央发出16号文件，对浙江省委《关于正确处理突击发展的党员和突击提拔的干部的请示报告》作出批示，指出“对党组织从思想上、组织上进行一次整顿，是十分必要的”。这两个文件下达以后，各省、市、自治区都结合本地区的实际情况，特别是围绕本地区存在的突出问题，开展整顿。9月中旬，在全国农业学大寨会议上，邓小平提出“各方面都要整顿”的任务，明确提出“地方要整顿”后，在贯彻落实农业学大寨会议和中央农村工作座谈会精神的过程中，全国各地的整顿进一步开展和深入。

调整充实领导班子、解决领导班子软、懒、散的问题；揭发、批判资产阶级派性、处理屡教不改的派头头的问题：这两个整顿中所要重点解决的问题，各省、市、自治区都学习和运用工交、军队、科技等战线的经验，从本地实际出发，上靠中央，下靠群众，求得不同程度的解决。地方存在的突出问题，在贯彻中央文件的过程中，逐步得到解决。全国搞“双突”的，不只浙江

①本段摘引自《当代浙江简史》，第279页。

一省，如山东，搞了所谓“火线入党”，不过全省仅1000多人；贵州也搞了一点，数量也不多。[1] 比浙江还要多的是河南，全省突击入党18万人，突击提干6.6万人，居全国首位。[2] 各地按照中央16号文件的要求，都积极、稳妥地作了处理。

各省、市、自治区的整顿除通过批判资产阶级派性、整顿领导班子，实现安定团结的局面之外，都花大力气抓了建立健全规章制度，恢复和发展工农业生产，把国民经济搞上去。

①据《中央领导同志在浙江省委工作会议上传达中央文件时的讲话》（1975年7月19日下午）。

②据《当代河南简史》，当代中国出版社1999年版，第187－188页。

十二　文艺调整

1975年7月2日起，邓小平主持中央政治局日常工作。就在这时，毛泽东提出调整党的文艺政策。这就为1975年的整顿从经济领域进入文艺领域提供了一个十分有利的时机。

当然，"四人帮"只是在不利形势下"韬晦"一时，锋芒有所收敛罢了，并不是说"四人帮"从此只有招架之功而无还手之力，更不能认为"四人帮"已经溃不成军了。应该看到，当时"文权"基本上还掌握在"四人帮"的手里。还应该看到，毛泽东虽然对"四人帮"非常失望，不让他们"组阁"，对他们接连进行严肃的、尖锐的批评，但不能说完全失去了对他们的信任。此时，毛泽东对"四人帮"还是采取"一批二保"的方针。

1975年春、夏党内斗争的态势，既为把整顿引入"四人帮"长期霸占的文艺领域提供了前所未有的契机，同时也使得文艺调整（其实质是同"四人帮"在文艺领域的斗争）十分尖锐复杂。这决定了1975年的文艺调整只能是就一部一部具体的作品、一个一个具体的作家来展开。如同巷战肉搏，要一所一所房屋、一个一个街垒地进行争夺。

毛泽东把整顿之风吹进文艺领域

经过"文化大革命"八年事实的教训，毛泽东对这场政治大革命中的若干错误开始有所省察，有所纠正。在文艺问题上的变化尤为突出。毛泽东认识到自己的某些失误，特别是看清楚了江青一伙实行文化专制主义造成的百花凋零、万马齐喑的严重后果。他决心加以纠正和扭转。于是，作为发动“文化大革命”突破口的文艺，在1975年夏天，再度成为革命与反动、正义与邪恶进行交锋的一个焦点。不过，攻守之势异矣！“四人帮”成了被批评、被指责的角色，而把整顿之风吹进文艺领域的，正是毛泽东本人。

1975年7月初，毛泽东同刚刚正式受命主持中央政治局日常工作的邓小平谈话。谈到文艺工作，毛泽东表示了强烈的不满，批评“百花齐放都没有了”。“样板戏太少，而且稍微有点差错就挨批。百花齐放都没有了。别人不能提意见，不好。”“怕写文章，怕写戏。没有小说，没有诗歌。”[①]

7月2日，毛泽东对林默涵给他的一封信写了批语：“周扬一案，似可从宽处理，分配工作，有病的养起来并治病。久关不是办法。请讨论酌处。”[②]

毛泽东7月初的一次谈话和一件批语，包含了调整文艺政策的两个互相关联的重要内容：其一，批评“百花齐放都没有了”，重申文艺工作要贯彻“百花齐放”的方针。这主要是从创作方面说的。其二，对“周扬一案”要从宽处理，批评“久关不是办法”。这是从队伍、干部方面来说的。这一批示，完全改变了“文化大革命”初期对周扬和“周扬一案”的看法，明确提出应该“从宽处理”，并对处理办法作了十分具体的指示：一是释放周扬。“久关不是办法”这句话，显然是对继续关押的周扬、夏衍、阳翰笙说的。因为4月发出《关于专案审查对象处理意见》的文件后，“周扬一案”和文艺界受审查的大多数人在五六月份都已获得释放或解除监护，恢复了自由。其中有：肖望东、徐平羽、林默涵、石西民、钱俊瑞、张致祥、于伶、金山、郁

①《建国以来毛泽东文稿》第13册，第443页。
②《建国以来毛泽东文稿》第13册，第441页。

风、穆欣、黄稻、谢和庚、沙汀、张庚、吕骥、赵寻、华君武、张光年、周巍峙、马彦祥、任桂林、石羽、唐瑜、吴祖光、新凤霞、凤子、苏灵扬、戴爱莲、丁玲、艾青、金紫光、司徒慧敏、周而复、叶浅予、程季华、周立波、阿英、陈白尘、孟超、黄苗子、袁文殊、舒强、阿甲、陈企霞、徐懋庸、葛琴等人。而周扬等人还没有得到自由。二是分配工作。这是对林默涵信的答复，适用于“周扬一案”中的大部分人。可见，毛泽东要使用文艺界的一批老同志，来改变“百花齐放都没有了”的状况。三是有病的养起来并治病。体现了毛泽东对文艺界老同志的关心、爱护。

十多天后，1975年7月14日傍晚，毛泽东又同江青谈文艺调整问题。毛泽东说：

党的文艺政策应该调整一下，一年、两年、三年，逐步扩大文艺节目。缺少诗歌，缺少小说，缺少散文，缺少文艺评论。

对于作家，要惩前毖后、治病救人，如果不是暗藏的有严重反革命行为的反革命分子，就要帮助。

鲁迅那时被攻击，有胡适、创造社、太阳社、新月社、国民党。鲁迅在的话，不会赞成把周扬这些人长期关起来。脱离群众。

已经有了《红楼梦》、《水浒》，发行了。不能急，一两年之内逐步活跃起来，三年、四年、五年也好嘛。

我们怕什么？一九五七年右派猖狂进攻，我们把他们骂我们的话登在报上，最后还是被我们打退了。

以前的《万水千山》没有二、四方面军，这不好。现在听说改好了。

文艺问题是思想问题，但是不能急，人民不看到材料，就无法评论。

《反杜林论》，柏林大学撤了杜林的职，恩格斯不高兴，争论是争论嘛，为什么撤职？杜林这个人活了八十多岁，名誉不好。处分人要注意，动不动就要撤职，动不动就要关起来，表现是神经衰弱症。林彪不跑，我们也不会杀他，批是要批的。

蒋介石的时候，报纸、广播、学校、电影都是他们的，他们蒙蔽人民。我们都是从那儿来的。我学孔夫子、资本家十三年，就是不知道马列，十月革命后才学马列，过去不知道。反动派没有多少威力，靠剥削过生活，他的兵都是靠抓壮丁，所以我们不怕他们。怕死的是林彪，叫他打锦州，他不打，最后两天他去了，俘虏十万人。又消灭了廖耀湘。长春沈阳解放。

解放俘虏放得好，国民党怕得很。

在这次谈话中，毛泽东十分明确地提出："党的文艺政策应该调整一下。"对文艺调整，作了广泛、深入、具体的论述和指示。

毛泽东又一次对文艺领域的现状提出批评。同7月初的谈话与批示一样，他还是从作品与干部这两个方面着眼，但讲得更为深刻、具体。毛再次对文艺现状表示不满，概而言之是："缺少诗歌，缺少小说，缺少散文，缺少文艺评论。"对久关周扬，毛也又一次批评。他很有针对性地指出："鲁迅在的话，不会赞成把周扬这些人长期关起来。脱离群众。"这是对把周扬这些人关起来，长达九年，还不愿意释放的江青等人的严厉批评。毛泽东还进而批评干部问题上的极左政策，说："处分人要注意，动不动就要撤职，动不动就要关起来，表现是神经衰弱症。"

毛泽东期望中国重新呈现"百花齐放"的局面，但他提的调整党的文艺政策的近期目标并不高，只是要求通过文艺调整使文艺"逐步活跃起来"。他甚至没有给这个目标规定时限，而是嘱咐"不能急"，一两年之内"活跃起来"，当然高兴；三年、四年、五年"活跃起来"，"也好嘛"。这是他深知文艺领域灾难深重，伤了元气，调整、恢复，很不容易。

那么，党的文艺政策应该进行哪些调整呢？毛泽东着重提出三点：

第一，扩大文艺节目。要改变样板戏太少，全国只演几个样板戏的状况；要改变缺少诗歌，缺少小说，缺少散文，缺少文艺评论的状况；要改变怕写文章、怕写戏的状况，使电影、戏剧的节目扩大起来，使诗歌、小说、散文和文艺评论丰富起来，扭转“百花齐放都没有了”的状况。

第二，对作家要帮助。毛泽东指明绝大多数作家都是我们的同志，是人民内部问题。因此，要改变动不动就撤职，动不动就关起来的错误做法，把他们解放出来，对他们团结、帮助。

第三，指明文艺问题是思想问题，而不是政治问题。就文艺界而言，“百花齐放、百家争鸣”的方针，就是建立在毛泽东所指明的“文艺问题是思想问题”这个理论观点的基础之上的。

就这样，毛泽东在1975年7月亲自启动了文艺调整。此后，文艺调整在邓小平直接组织领导下迅速开展起来。在当时特定的历史条件下，每一个重大举措，每一个具体步骤，都遇到江青一伙的抵制和对抗，但毛泽东支持邓小平进行文艺调整，亲自作出批示、指示，使文艺调整不断取得进展，产生巨大的影响。

邓小平组织领导文艺调整

邓小平对文艺工作向来很关心，他本人就是一个电影爱好者。“文化大革命”前，中南海周末文娱活动，西楼大厅的舞会上找不到邓小平的身影，他总是同彭德怀等在银幕前看电影。早在1965年3月2日中共中央书记处会议上，邓小平就对1964年以来文化战线上开展的错误的、过火的批判提出过批评。他指出：现在有人不敢写文章了，新华社每天只收到两篇稿子。戏台上只演兵，只演打仗的。电影哪有那么完善？这个不让演，那个不让演。那些“革命派”想靠批判别人出名，踩着别人的肩膀上台。并指出，要赶快刹车。[1] 不过，在当时的历史条件下，他的这些

①中共中央党史研究室编：《中共党史大事年表》，人民出版社1987年版，第339页。

意见未能奏效，错误批判大泛滥之势没有遏制住。十年以后，毛泽东指出“百花齐放都没有了”，指出要调整文艺政策，邓小平当然完全赞成。他立即决定把文艺调整纳入正要拓展、深化的各方面整顿的范围。

文艺调整从何入手？邓小平决定从调查入手。他把这个任务交给了刚刚成立的国务院政治研究室。

1975年7月9日，邓小平召集政研室负责人开会。会上，他传达了7月初毛泽东同他谈话时对文艺工作的意见。要求政研室作些调查研究，收集一些文化、科学、教育、出版方面不执行“双百”方针的材料，因为中央政治局将讨论这个问题。邓小平在7月9日传达毛的指示后还指出：除百花齐放外，还有一个百家争鸣的问题。要防止僵化。现在的文章千篇一律，是新八股。“双百”方针没有贯彻执行，文学、艺术不是更活泼、更繁荣。

政研室的七位负责人很清楚，在当时的情况下，毛泽东的这个指示，不仅对整顿文艺十分重要，而且对全局必将有重大影响。就1975年春开始的整顿来说，是整顿的开拓与深化，把整顿从经济领域引向意识形态领域；就同“四人帮”的斗争来说，整顿进到了他们长期盘踞的“领地”，可以直接动摇他们的根基。

这时最需要的，是拿出实实在在的、击中要害的材料。

邓小平传达后第二天，7月10日，胡乔木就在中南海西四院召集政研室负责人开会，讨论怎样贯彻落实。议论了调查研究、收集材料的题目、分工和工作方式。邓小平交的调研任务，主要由于光远、邓力群负责执行。胡乔木抓总，别的同志当然也要兼顾。文艺调整就是这样在邓小平的组织领导下，由胡乔木等人具体筹划、推动开展起来的。

从这时到10月，从下而上反映情况，取得指示、支持，是通过胡乔木—邓小平—毛泽东这条线路，从上到下贯彻执行，也是通过毛泽东—邓小平—胡乔木这条线路。在当时与“四人帮”对垒的特殊环境下，许多事情不得不采取秘密的办法，经过迂回曲折的途径。任何个别的历史事件总是有它的特殊逻辑。1975年文艺调整中的若干事件，由于既有党内高层矛盾，又有群众公开斗争，且两者常常相互联系，相互影响，由于主要采取个别串连、把材料直送毛泽东，作出批示，推动整顿的方式，所以文艺调整的斗争表现得错综复杂、眼花缭乱，呈现出更多的神秘色彩和偶然因素。

揭露“四人帮”的两个严重问题

7月10日国务院政研室负责人开会以后半个月，取得了两项重大成果。其一在当时鲜为人知，是整理出了一份“四人帮”在报刊宣传中砍掉“百花齐放”的材料；另外一项当时就轰动全国，是毛泽东对《创业》作者张天民信作出批示。

1．揭露“四人帮”在报刊宣传中砍掉“百花齐放”

7月11日，于光远、邓力群召集理论组开会，商量如何落实调研任务。

邓力群提出先集中力量搞文艺。经过讨论，决定先搞关于“三突出”的问题。当时，“四人帮”把“三突出”奉为“无产阶级文艺创作的根本原则”。不但戏剧、电影、小说，就连那些不一定写人物的诗歌、山水画等也统统都要尊奉，势必阻碍“百花齐放”。邓力群要王子野他们翻阅报纸、刊物，把有关“三突出”的论述，摘抄、整理一个材料。

王子野带领理论组郑惠等同志一起，细细翻阅报刊。从1969年“九大”以后查起，重点查阅被“四人帮”控制的《人民日报》、《光明日报》、《红旗》杂志和上海的《文汇报》。他们看到，报刊上鼓吹“三突出”原则的言论真是俯拾皆是，很快就把《关于报刊上宣传“三突出”创作原则情况的材料》编好。

就在翻阅报刊整理这份材料的同时，王子野、郑惠他们发觉，报刊上许多引用毛泽东文艺方针的话，不见了“百花齐放”四个字。前前后后细细查看，篇篇如此，无一例外。

众所周知，“百花齐放，推陈出新”，是1951年春毛泽东为中国戏曲研究院成立的题词。此后，这两句话遂成为指导我国文艺工作发展的方针。1956年4月，在讨论《论十大关系》的过程中，毛泽东又在最高国务会议上明确提出“百花齐放，百家争鸣”的方针。1964年9月，毛泽东在对中央音乐学院学生陈莲来信的批示中又指出，在借鉴古代艺术和外国艺术问题上，必须实行“古为今用，洋为中用”。[①] 此后，“古为今用，洋为中用”、“百花齐放，百家争鸣”四句话就联用在一起，作为发展和繁荣社会主义文艺的指导方针。谁都不会想到，“四人帮”竟敢从指导方针上把“百花齐放”砍掉。毛泽东7月初说“百花齐放都没有了”，指的是文艺创作。而这些文章表明，江青一伙在指导方针上也把“百花齐放”砍掉了。这就正好从指导方针和理论批评方面同毛泽东批评创作上“百花齐放都没有了”相印证，说明“四人帮”是怎样胆大妄为，有意阉割毛泽东的文艺方针。

王子野他们抓住了江青一伙的重要罪证。为击中要害，他们决定把例证集中在以“四人帮”控制的写作班子“初澜”和样板戏演出单位名义发表的文章上。时间跨度从1969年11月到1975年6月，绵延六年，可以看出错误严重而并非偶然。王子野他们从许多例子中选出12条作为罪证，说明“四人帮”把“百花齐放”这句口号砍掉，完全是蓄意为之。白纸黑字，无法抵赖。用了一个多星期，《关于报刊中宣传“双百”方针情况的材料》也整理完毕，交到胡乔木、于光远、邓力群的手里。

胡乔木等看了这两份材料，感到很重要、很有力。“四人帮”把“三突出”原则拔高为“无产阶级文艺创作的基本规律”、“普遍规律”，把肯定还是否定“三突出”创作原则，说成是政治路线

---

①《建国以来毛泽东文稿》第11册，第172页。

上复辟与反复辟斗争的直接反映，是用他们的片面性、绝对化来扼杀文艺创作的“百花齐放”。“四人帮”在文章中公然砍掉“百花齐放”这一份材料，不仅暴露了“四人帮”实行文化专制主义的本质，而且表现了他们从理论到实践抗拒毛泽东的文艺方针、割裂毛泽东思想的本来面貌。“文化大革命”开始以来，“四人帮”一直用反对毛主席、反对毛泽东思想这根棍子打人。摆在面前的这份材料说明，正是自封为“文化革命旗手”的江青及其同伙，公然反对毛泽东文艺方针，阉割毛泽东思想。

胡乔木决定，立即把这两份材料送给邓小平。他特地写了一封信，着重讲“四人帮”砍掉“百花齐放”这份材料，以引起注意。这封信同两份材料立即送给了邓小平，时间是7月23日，距邓小平布置调研任务仅仅两个星期。

材料送上去以后，胡乔木又进一步寻根究底。不久，他就发现，砍掉“百花齐放”的始作俑者是姚文元。其时，胡乔木正在整理毛泽东1956年8月24日《同音乐工作者的谈话》。在以往的记录稿和整理稿中，有一篇1969年姚文元背着毛泽东“整理”的稿子。在这篇稿子里，姚文元不顾历史事实，把1964年9月毛泽东所作批语中的“古为今用，洋为中用”硬塞到1956年8月的谈话中去，同时又把同音乐工作者的谈话中并没有引述的1951年春天的题词，砍掉了“百花齐放”，而将“推陈出新”塞了进去。姚文元移花接木，把“古为今用，洋为中用”、“推陈出新”联用在一起。

8月21日，邓小平同政研室七位负责同志在三座门军委阅读、讨论毛泽东的《同音乐工作者的谈话》文稿时，胡乔木把姚文元任意篡改的情况报告邓小平。

邓小平接到胡乔木的信和王子野他们整理的材料，很重视。见到胡乔木时说，这个材料能够说明一些问题。胡乔木查出砍掉“百花齐放”的始作俑者就是姚文元，这个材料在斗争中的分量就更重了。

1975年10月4日，邓小平在农村工作座谈会上插话，运用这个材料，痛快淋漓地揭露了“四人帮”割裂毛泽东思想的严重问题。邓小平说：“林彪主张就学‘老三篇’（后来加成‘老五篇’），是割裂毛泽东思想。……割裂毛泽东思想这个问题，现在实际上并没有解决。比如文艺方针，毛泽东同志说，要古为今用，洋为中用，百花齐放，推陈出新。这是很完整的。可是，现在百花齐放不提了，没有了，这就是割裂。”[①] 邓小平的这一番话，给予“四人帮”重重的一击。

2．揭露江青一伙扼杀电影《创业》

电影《创业》是长春电影制片厂拍摄的反映大庆油田艰苦创业的故事片，于1975年2月春节公开放映，受到广大群众热烈欢迎。可是只放了一两天，就被禁止了。江青和她控制的文化部百般挑剔，罗列了十条罪名。毛泽东作出调整文艺政策的指示，邓

◎1975年2月10日（农历12月30日）《人民日报》关于电影《创业》上映的消息和剧照

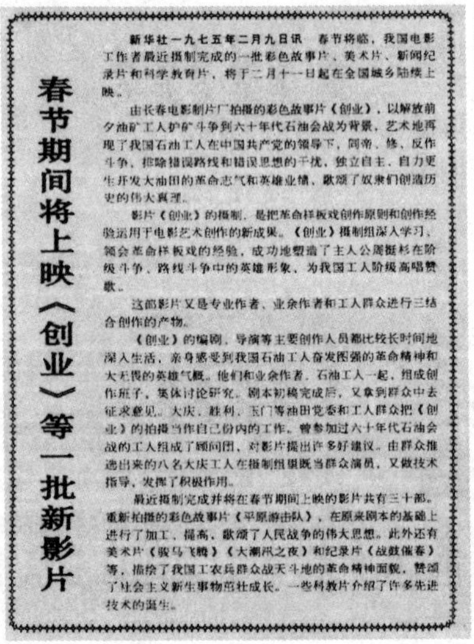

春节期间将上映《创业》等一批新影片

新华社一九七五年二月九日讯　春节将临，我国电影工作者最近摄制完成的一批彩色故事片、美术片、新闻纪录片和科学教育片，将于二月十一日起在全国城乡陆续上映。

由长春电影制片厂拍摄的彩色故事片《创业》，以解放前夕油矿工人护矿斗争到六十年代石油会战为背景，艺术地再现了我国石油工人在中国共产党的领导下，同帝、修、反作斗争，排除错误路线和错误思想的干扰，独立自主、自力更生开发大油田的革命志气和英雄业绩，歌颂了奴隶们创造历史的伟大真理。

影片《创业》的摄制，是把革命样板戏创作原则和创作经验运用于电影艺术创作的新成果。《创业》摄制组深入学习、领会革命样板戏的经验，成功地塑造了主人公周挺杉在阶级斗争、路线斗争中的英雄形象，为我国工人阶级高唱赞歌。

这部影片又是专业作者、业余作者和工人群众进行三结合创作的产物。

《创业》的编剧、导演等主要创作人员都比较长时间地深入生活，亲身感受到我国石油工人奋发图强的革命精神和大无畏的英雄气概。他们和业余作者、石油工人一起，组成创作班子，集体讨论研究。剧本初稿完成后，又拿到群众中去征求意见。大庆、胜利、玉门等油田党委和工人群众把《创业》的拍摄当作自己份内的工作。曾参加过六十年代石油会战的工人组成了顾问团，对影片提出许多好建议。由群众推选出来的八名大庆工人在摄制组里既当群众演员，又做技术指导，发挥了积极作用。

最近摄制完成并将在春节期间上映的影片共有三十部。重新拍摄的彩色故事片《平原游击队》，在原来剧本的基础上进行了加工、提高，歌颂了人民战争的伟大思想。此外还有美术片《骏马飞腾》《大潮汛之夜》和纪录片《战鼓催春》等，描绘了我国工农兵群众战天斗地的革命精神面貌，赞颂了社会主义新生事物茁壮成长。一些科教片介绍了许多先进技术的诞生。

① 《邓小平文选》第2卷，第36－37页。

小平布置了调研任务以后，胡乔木首先想到的是，关于《创业》受压制的情况应该向上反映。就在这时，胡乔木意外地收到一份揭露江青一伙扼杀电影《创业》的材料。送材料的是胡乔木家的常客、贺龙元帅的女儿贺捷生。

胡乔木读后，认为贺捷生送的材料反映的情况很充分，很有代表性，能够成为揭露“四人帮”文化专制主义的突破口，但从效果出发，不适于拿它送给毛泽东。胡乔木对贺捷生说，最好由剧本执笔者张天民自己向中央上书。他希望贺捷生同张天民联系。正好当时张天民从东北来京。张天民的信稿写出以后，贺捷生请胡乔木过目，并立即向张天民转达了修改意见。大致是：信的笔调不要太冷，一点就透的地方不宜说得过满；要冷静，客观，字字有据，不让人感到偏激，才能立于不败之地；一定要建议让影片重新公演。为了增加送信的成功率，贺捷生还建议，可写两封内容一致的信，一封给毛主席，另一封给邓副总理。

7月18日，张天民对信稿作了一番修改，用普通稿纸抄清，装进带红框的两个牛皮纸大信封里，分别送呈毛主席和邓副总理。信封上只写上收信人的称谓，没有落款。第二天，按照预先的约定，由他的妻子赵亮送到天安门广场革命博物馆门口，交给了贺捷生。

张天民的信叙述了《创业》的创作过程，具体地说明影片是实践毛泽东《在延安文艺座谈会上的讲话》的产物。张天民反映：影片在1975年春节上映，受到广大观众热烈欢迎。可是，风波突起，“就在上映的第二天，有关领导做出几项决定：不继续印制拷贝；报纸上不发表评介文章；不出国；电视电台停止广播。并通知了全国各地。不久，北影负责人传达了中央负责同志（本书作者按：即江青等人）的指示，指出影片在政治上、艺术上都有严重错误，政治上美化刘少奇，艺术上写真人真事，公式化、概念化。要求查一查背景，并写批评性的评论文章。这使文艺界受到了极大的震动，思想上比较混乱，我本人也感到压力很大。直到4月8日，文化部核心组‘经过仔细认真地讨论’，提出了十条批评意见。（见附件）并建议吉林省委，长影党委和创作人员做了检查，指示我们写一篇自我批评文章准备在报上发表。”针对江青等人的无理指责，张天民向毛主席、邓副总理申述：“我和文艺界不少同志对十条意见有不同看法，但谁也不公开讲。我想写信给毛主席，又担心会受到有关方面的责难。考虑再三，我觉得这不仅是一部影片的问题，而是关系到今后创作怎样搞的问题，是广大文艺干部所共同关心的问题”。张天民在信中理直气壮地写下五条意见，针对江青等人强加的十条罪状予以驳斥，说明从实践、从效果来看，《创业》是部好影片。最后，张天民提出：“如果这部影片的错误还没有到十条意见指出的那样严重程度，我建议应该重新上演。”

毛泽东对《创业》的批示引起连锁反应

7月22日，贺捷生把致邓小平的一封信交给胡乔木，把致毛泽东的一封信交给王海容。胡乔木很快把信送给了邓小平。邓小平在这之前已经听胡乔木谈过有关《创业》被扼杀的情况，所以读了张天民的来信以后，及时把它送给了毛主席。

7月25日，张天民的信到达毛泽东案前。前一天晚上，老人家左眼动了手术，重见光明，心情十分愉快。毛泽东静静地听身边工作人员读了张天民的信和所附江青等人的十条批评意见，即亲笔写下批示：

> 此片无大错，建议通过发行，不要求全责备。而且罪名有十条之多，太过分了，不利调整党的文艺政策。
>
> 此信增发文化部及来信人所在单位。

毛泽东作出著名的关于《创业》的批示后的第二天，7月26日，批示就送到了邓小平的手里。其时，邓小平正在三座门军委同国务院政研室七位负责同志“读文件”。他看过后就当场宣读

◎电影《创业》剧照，图中站在卡车上指挥的是影片主人公周挺杉（选自《中国电影画册（1949—1979）》，中国电影出版社1983年版）

一遍。邓小平说：文化部处理问题太粗暴，连《创业》这样好的影片也不许放映，还有什么百花齐放？会上，胡乔木向大家讲了《创业》作者写这封信的经过，邓力群介绍了有关电影《海霞》的争论。

毛泽东的《创业》批示和张天民的信迅速传播开去，长期受压制、打击的文艺工作者奔走相告，欢欣鼓舞。人们学习《创业》批示，联系实际，用各种方式揭发、批判“四人帮”及其在文化部的亲信，引起一连串连锁反应，形成一个又一个冲击波。自“文化大革命”以来一直专横跋扈的江青一伙，第一次处在被文艺工作者和公众批评、揭露的地位。

如果说毛泽东7月上旬关于文艺调整的谈话、批示主要在高层领导中传达、贯彻，外界虽有传闻，但不甚了了，那么，由张天民上书引出的《创业》指示，就把毛泽东要整顿文艺的决策一下子传遍了文艺界。

7月28日，文化部向部属文艺团体和在京文化单位传达毛泽东“《创业》批示”。北京展览馆大演出厅里座无虚席，全场响起雷鸣般的、经久不息的掌声。人们从《创业》批示中获得了两个重要信息：一是毛主席对江青等人有所不满，提出了批评；一是毛主席要求调整文艺政策，改变样板戏一花独放的现状，扩大文艺节目，使文艺逐步活跃起来。在《创业》批示的鼓舞下，7月下旬至8月，在文艺界形成了一个对“四人帮”及其在文化部的亲信揭发、批评的一连串冲击波，其中力度最强、影响最大的有两件事：一件是毛泽东支持电影《海霞》作者的申诉，一件是邓小平重视中央音乐学院青年教师的大字报。

先讲毛泽东支持电影《海霞》作者的申诉。

在“文化大革命”中，像《创业》这样受压制、遭“围剿”的事，在文艺界何止一件、两件。在胡乔木与贺捷生商量怎样把江青一伙扼杀《创业》的事向毛主席反映的时候，北京电影制片厂《海霞》摄制组的编剧谢铁骊、导演兼摄影钱江、摄影李晨声、副导演陈怀皑和王好为等，也正在为电影《海霞》的命运与“四人帮”及其在文化部的亲信进行一场尖锐的斗争。

《海霞》是谢铁骊根据黎汝清的小说《海岛女民兵》改编的。1975年春节期间，周恩来观看了新摄制完成的影片《海霞》，认为这部影片拍得不错。朱德、叶剑英、李先念等领导同志也相继看了《海霞》，认为很好。邓大姐把这部片子推荐给中联部部长耿飚，建议他用这部片子招待在京的各国使节和友人。由于总理、朱老总、叶帅、李副总理以及总参都调看了《海霞》，给予了肯定的评价，一时间，在中南海内形成了一股《海霞》热。

可是，主管电影的文化部头头却大不以为然，给《海霞》提了大大小小几十条意见，并认为影片违反了“三突出”、“三陪衬”的创作原则，还扣上一顶政治帽子，说影片有严重的路线问题，令摄制组检查创作思想。谢铁骊同文化部头头据理力争，但无济于事。不难看出，文化部的头头旨在利用手中的权力，通过“围剿”，把《海霞》打入冷宫，入库报废。

1975年6月15日，经修改后的《海霞》再次送文化部审查，

◎电影《海霞》剧照，右一为影片主人公海霞（选自《中国电影画册（1949—1979）》）

仍然不予通过。谢铁骊、钱江等忍无可忍，决定给江青写信申诉。谢铁骊、钱江把申诉信送到江青那里，真可以说是自投罗网。江青和张春桥、于会泳策划并实施了新一轮“围剿”《海霞》的计划，决定按原样放映、批判《海霞》。他们指责《海霞》是“黑线回潮的代表作”，组织和指挥对谢铁骊、钱江等人的围攻，声称要“坚决打掉北影厂行帮性导演中心制和专家治厂路线”。

在这极端困难的时刻，谢铁骊等人写信给周总理办公室，但这时总理病重，已经无力来处理这件事了。就在谢铁骊等人无法可想的时候，国务院政研室负责人之一邓力群为他们指点迷津，传授妙计。王好为的母亲张楠和邓力群在《红旗》杂志共事多年，邓力群从张楠那里得知《海霞》主创人员目前挨整的处境，十分关切，即请张楠约李晨声、王好为夫妇到他家里详谈。邓力群对江青一伙的所作所为极为气愤，向他们建议：你们给毛主席写一封信，我给你们送上去。只要主席批下来，你们的日子就好过了。

对李晨声执笔写的信稿，邓力群看后建议，将信稿中大好形势之类的虚文全部删去，又指出："要讲策略，先不要点江青、张春桥的名，要强调主席的'六条标准'和'双百方针'，主席的话更有说服力。"信稿仔细修改一遍后，请邓力群审阅，后由谢铁骊抄清。邓力群在第二天（7月26日）政研室"读文件"时交给了邓小平。其时正好毛泽东关于《创业》的批示送到。邓小平看过谢铁骊、钱江的信后，立即送呈毛泽东。

7月29日，毛泽东对《海霞》编导的信作了批示："印发政治局各同志。"

7月30日晚，邓小平、李先念等八位政治局委员审看了《海霞》的两个版本：最初送文化部审查的片子和修改后的片子。江青称病不到。谢铁骊、钱江参加。在看的时候，谢铁骊在邓小平和李先念之间边看边谈，于会泳等没有说话的机会。当晚，政治局讨论作出决定：《海霞》按作者修改过的影片上映。这是紧接着电影《创业》重新上映之后，对"四人帮"一伙在文艺领域实行文化专制主义的又一次打击。

再讲音乐学院青年教师的大字报引起的震动。

毛泽东对《创业》的批示传达以后，广大文艺工作者在学习讨论中联系实际，揭发批判了"四人帮"及其控制的文化部。其中，中央五七艺术大学音乐学院作曲理论系青年教师李春光的一张大字报，是突出的代表。这是一篇讨伐"四人帮"的檄文，集中说出了大家的心声。

在8月2日和4日作曲理论系学习、讨论毛主席《创业》批示的会上，李春光先后三次发言，得到与会者的好评。会后，他将发言整理成文，于8月8日以《在学习会上的发言》为题，贴出大字报。这张大字报言辞十分锋利，大胆泼辣地揭发、批判"文化部头头"们的种种悖理行为，一看便知，其矛头所指，就是江青。大字报一贴出来，就引起轰动，人们争相传抄，"四人帮"及其党羽则竭力封锁。

李春光的大字报尖锐地批判文化部头头对毛主席"七二五批

示”的消极抵制和炮制“十条罪名”、扼杀《创业》的行径。大字报写道：“主席的《七二五批示》惊天动地。我和许多同志一样，心里很激动。《批示》说出了我们的心里话。”“主席批示是一把火。伟大马克思主义真理之火。谁想扑灭是办不到的。”作者责问文化部领导：“为什么不发动群众帮助你们分析、批判《十条》？”作者指出，“《十条》是个带原则性、带政策性的大问题，决‘不可等闲对待’。应当让群众研究、分析、批判。”“我认为《十条》在理论上是荒谬的，逻辑是混乱的，作风是霸道，政治上是有害的，不利于安定团结，是和安定团结唱反调、唱对台戏的，是反对安定团结的。”“《十条》的产生非常奇怪。工农兵表示热烈欢迎的作品，中央批准了的事情，文化部竟然可以推翻。这是怎么回事？你们搞这个《十条》，一不要马克思主义，二不要民主集中制，三不要群众路线，四不要无产阶级纪律，你们是目无王法！这么搞，究竟是为什么呢？究竟怀着一颗什么心呢？”

大字报把批判的锋芒直指忠实执行江青旨意的“文化部的几个头头”。指出：对有的文艺干部及其作品我们敬爱的周总理多次过问，可是文化部的头头就是不听。作者极为愤慨地写道：“总理的话，你们可以置若罔闻。你们是国务院的下属机构，你们竟可以不服从国务院总理！总理指示对你们不过是耳边风，耳边风也不顶。对于全国人民，世界人民深深敬爱的总理，在毛主席、党中央领导下，几十年如一日，对党、对人民一片忠心赤胆，不避艰危，不辞辛劳，呕心沥血，鞠躬尽瘁，这样一个伟大的无产阶级革命家，党的好干部，你们采取这种态度，为亿万人民所不容！对于这件事，人民有权要求你们沉痛检讨，低头认罪！”

对于江青等人发动的反“行帮”，作者反唇相讥，指出“文化部头头”就有“行帮”。

大字报还相当深刻地谈到解放干部、落实政策的问题；尖锐地批评文化部头头在理论研究上“不讲马克思，不讲列宁，不讲主席，不讲鲁迅，专讲一些伟大发现”；在办刊物、抓创作上“事情没有办好”反责怪别人，以及没有自我批评、压制不同意见等问题。

邓力群的侄儿邓启元在中央音乐学院看到了这张大字报，立即到他叔父那里谈了这张大字报的内容。邓力群认为：这是毛主席关于《创业》批示传达后第一个比较强烈的反响。便请这位晚辈设法抄来。这时，受“四人帮”党羽的指使，贴大字报的那堵墙已经堆上了煤，大字报半截子被遮起来了。邓启元便从作者那儿要到底稿，抄了一份送给邓力群。邓力群看后，感到虽然有些用语过分尖刻，有的提法不免欠妥，但总的说来，大字报揭露出来的问题是严重的，批评是深刻、有力的，应该向上面反映。立即写了二三百字的简要情况，连同大字报抄件一起，第二天开会时在政研室负责同志中传阅。大家都说写得好。散会后胡乔木把材料带走，即给邓小平送去。

邓小平读了一遍，很重视，很快就送给了毛泽东。毛泽东阅后作了批示，谓“此件有用，暂存你处”，将大字报抄件退给了邓小平。

《海霞》主创人员的申诉和李春光的大字报，是《创业》批示下达后最初引起的具有广泛影响的两个事件。此后，给毛泽东和邓小平写信、送材料一时成风，毛泽东对来信或材料作出批示，成为解决具体问题，推动文艺调整以及落实干部政策等工作的主要方式。1975年8、9、10这三个月中，举其要者有：

原海军司令员肖劲光8月20日写信给邓小平，揭发上海报刊发表《刁小三的逻辑》、《八路军的“样子”》，攻击军委扩大会议。

中华书局业务干部周妙中9月3日给邓小平写信，对发挥知识分子作用、社会科学研究、出版工作、图书馆工作等提出一系列建议。邓写了处理意见报毛泽东，毛圈阅。

《化石》杂志[1]编辑张锋获悉，因毛泽东阅览之需中央指示印该刊大字本，即于9月6日给毛泽东写信，反映《化石》这个科普刊物自1972年试刊以后所遇到的种种困难和科学院的一些情况。毛泽东9月16日批示："小平、文元同志：请考虑，可否将此信印发在京中央各同志。"并给来信加了标题："一封诉苦的信"。[2]

冼星海夫人钱韵玲9月27日给毛主席信，要求举办冼星海逝世30周年、聂耳逝世40周年音乐会。毛泽东10月3日批示："印发在京中央各同志。"

姚雪垠10月19日给毛泽东信，请求支持他完成长篇小说《李自成》的写作计划并解决出版问题。毛泽东11月2日作了批示："印发政治局各同志，我同意他写李自成小说二卷、三卷至五卷。"

周海婴10月28日给毛主席信，反映鲁迅书信和著作出版以及鲁迅研究等方面一些亟待解决的问题，提出建议，请求帮助解决。毛泽东11月1日批示："我赞成周海婴同志的意见，请将周信印发政治局，并讨论一次，作出决定，立即实行。"

后面三件与文艺工作直接相关，将在下一节中详细叙述。

逐步扩大文艺节目的举措

毛泽东对《创业》的批示和对《海霞》的批示，为"逐步扩大文艺节目"树立了典型，打开了闸门。此后，为使文艺活跃起来，又采取了若干重要的措施。这些措施虽然大多属于复苏性质，但在当时的历史条件下，都经过了相当艰难曲折的历程，大多因为得到了毛泽东的批准、支持才得以成功。

---

①《化石》杂志是中国科学院古脊柱研究所编辑出版的科普读物。毛泽东想要阅读该刊。中央于1975年8月27日指示将该刊印成大字本。

②《建国以来毛泽东文稿》第13册，第468页。

1．一批电影、戏剧、歌舞重上银幕、舞台

“文化大革命”开始之前，林彪、江青等人就在那个所谓《部队文艺工作座谈会纪要》中给建国以来十七年的文艺工作扣上了一顶“文艺黑线专政”的大帽子。十七年拍摄的故事影片，上演的话剧、戏曲，绝大部分都被加上了种种莫须有的罪名，作为“毒草”，打入冷宫。给作品“落实政策”、恢复名誉的工作在毛泽东对《创业》、《海霞》作了批示之后逐步进展。

1975年10月20日 星期一 第四版

解放军文艺单位在京演出歌颂红军长征节目

话剧《万水千山》、长征组歌《红军不怕远征难》等节目反映了长征的英雄业绩，宣传了长征的伟大意义，歌颂了毛主席的革命路线

新华社一九七五年十月十九日讯　为纪念中国工农红军长征胜利四十周年，人民解放军各总部、军区、军兵种文艺单位，从今日起在首都四个剧场同时为工农兵演出歌颂伟大长征的文艺节目。

这些文艺节目，包括话剧《万水千山》、长征组歌《红军不怕远征难》，舞蹈《飞夺泸定桥》、《风卷红旗过雪山》、《艰苦岁月》以及独唱、独奏、重唱、军乐合奏等，从各个不同角度反映了中国工农红军长征二万五千里的英雄业绩，宣传了长征的伟大意义，歌颂了毛主席的无产阶级革命路线。

长征组歌《红军不怕远征难》，同话剧《万水千山》一样，突出了党内两条路线斗争和各路红军的团结战斗。《红军不怕远征难》是一个激情洋溢、气势磅礴的大型组歌，十年前在首都公演时就受到广大工农兵观众的热烈欢迎。最近，歌词作者肖华同志对它又进行了加工修改，北京部队政治部歌舞团文艺工作者对它进行了精心排练，使组歌更加富有教育内容和艺术感染力。组歌是由《告别》、《突破封锁线》、《遵义会议放光辉》、《四渡赤水出奇兵》、《飞越大渡河》、《过雪山草地》、《到吴起镇》、《祝捷》、《报喜》、《大会师》十个部分组成。它以充满革命激情的朗诵和富于民族风格的音乐形象，表现了中国工农红军在王明一伙排斥毛主席对党和红军领导的困难条件下，被迫实行战略转移，在征途上“全军想念毛主席，迷雾途中盼太阳”的情景；热情地歌颂了遵义会议以后，红军在毛主席的英明领导下，英勇粉碎蒋介石数十万反动军队的围追堵截，征服千难万险，胜利向前的英雄豪迈气概；表现了各路红军在陕北胜利会师、受到边区人民热烈欢迎的动人景象。这一音乐节目生动形象地表明，长征的胜利是毛主席的革命路线战胜王明、张国焘“左”、右倾机会主义路线的胜利；不论革命道路多么曲折，只要坚决执行毛主席的革命路线，就能无往不胜，所向无敌。

在纪念红军长征胜利四十周年的日子里，全军各部队文艺工作者创作和排练了许多反映红军长征的节目，深入部队、工厂、农村演出，广泛宣传红军的光荣革命传统，鼓舞军民沿着毛主席革命路线在继续革命的征途上奋勇向前。

◎1975年10月20日《人民日报》关于话剧《万水千山》、长征组歌《红军不怕远征难》等节目在京演出的报道

邓小平抓住机遇，冲破阻力，首先下令开禁电影。他很讲策略，第一批解禁的是绝少争议的三部影片：音乐舞蹈史诗《东方红》、历史歌剧片《洪湖赤卫队》和故事片《霓虹灯下的哨兵》。接着，在邓小平支持下，话剧《万水千山》和歌舞《长征组歌》重新登上舞台。十分引人注目，产生了非常巨大的影响。此后，又分批解禁了一百多部故事影片。

◎《长征组歌》在京演出（选自《邓小平画传》）

2．举办纪念聂耳、冼星海音乐会

1975年10月25日，首都音乐界举办了一次盛况空前、激动人心的纪念人民音乐家聂耳、冼星海音乐会。形成《创业》批示以后文艺调整中的又一个高潮。

1975年10月26日　星期日　第四版

纪念人民音乐家聂耳冼星海音乐会在京举行

两位音乐家充满革命激情的作品在演出中受到观众热烈欢迎

新华社一九七五年十月二十五日讯　由文化部举办的纪念人民音乐家聂耳、冼星海音乐会今晚在首都民族宫剧场举行。

中央乐团、中国歌剧团、中国歌舞团、新影乐团、中央五·七艺术大学音乐学院、中央人民广播电台少年广播合唱团分别演唱演奏了聂耳作曲的《大路歌》、《毕业歌》、《码头工人歌》等，冼星海的《黄河大合唱》、《生产大合唱》选段，《到敌人后方去》、《在太行山上》以及器乐曲等。两位音乐家充满革命激情的作品在演出中受到了观众的热烈欢迎。

聂耳、冼星海是我国无产阶级革命音乐的先驱，他们都是中国共产党党员。聂耳，是我国国歌的作曲者，生于一九一二年，一九三五年去世。他把短暂的一生献给了革命音乐事业。他创作的三十几首歌曲，表达了中国人民反帝、反封建的心声，对当时的抗日救亡运动作出了重大贡献。冼星海，一九〇五年生，一九四五年去世。早年曾投身于抗日救亡运动的洪流，一九三八年到延安，在延安完成了许多优秀的音乐作品。著名的《黄河大合唱》、《生产大合唱》就是他在这一时期的创作。一九四五年他以极大的热情写下了最后一部作品《中国狂想曲》，倾注了他热爱祖国的感情。

聂耳、冼星海的创作产生于伟大的革命斗争中。他们的作品继承和发扬了民族音乐的传统，有着强烈的战斗性，为群众所喜闻乐见。当年，这些作品曾极大地鼓舞了广大群众的爱国热情；今天，它们仍将激励着我国人民为社会主义革命和社会主义建设、为反帝反霸而英勇战斗。

聂耳、冼星海音乐会将在北京举行五天。

图为音乐会演出时情形。

新华社记者摄

◎1975年10月26日《人民日报》关于纪念人民音乐家聂耳、冼星海音乐会的报道

“文化大革命”中，在江青一伙的控制下，以前的歌曲都不准唱，连聂耳、冼星海的歌曲都基本上不能唱了。《国歌》（《义勇军进行曲》）只能奏曲，不能唱词。冼星海的歌只有《救国军歌》和《到敌人后方去》允许唱，但也都被改了歌词。《救国军歌》的题目也改成了《抗日战歌》。毛泽东作出调整文艺政策的指示后，音乐界就想改变这种极不正常的局面。

1975年9月中旬，冼星海的夫人钱韵玲从杭州来北京。中央人民广播电台文艺部工作人员陈莲去看望钱韵玲。陈莲的父母同冼星海有旧，她正在研究冼星海。陈莲向钱韵玲请教有关冼星海生平和创作中的问题。钱韵玲在讲述冼星海的往事时感叹：冼星海已经去世整整30年了，骨灰还在莫斯科呢。陈莲即建议钱韵玲在冼星海病逝30年之际就纪念冼星海一事给毛主席写信。他们的设想得到作曲家李焕之、指挥家李德伦的支持。在商量时还说到，7月17日聂耳逝世40周年已经过去，国内没有任何活动，日本倒开了纪念会。10月30日，冼星海逝世30周年即将到来，如国内再无表示，到时苏联借此做文章，对我们不利。几个人觉得，从这点着笔，上书毛主席，提出希望在10月30日冼星海逝世30周

年时，开展纪念活动，最为有力。他们把酝酿的情况向政研室负责人于光远谈了，于光远也很支持。胡乔木从于光远那里得知这个信息后，约陈莲到家里详细询问了有关情况，也赞成上书毛主席，举行纪念音乐会。

9月27日陈莲代钱拟稿，写成致毛主席信。信中深情回忆30年前在延安时毛主席“对星海和我们全家的亲切关怀”的情形，强调“星海是在党的培养下成长的”，“星海同志逝世后，您亲自题词‘为人民的音乐家冼星海同志致哀’”，要求“继承星海同志的遗志”，继续前进。钱韵玲向毛主席反映了“文化大革命”以来对待冼星海歌曲的情况，提出在冼星海逝世30周年之际开展纪念活动的愿望。

这封信通过邮局寄往中南海。胡乔木、于光远收到后立即转交邓小平送毛泽东。毛泽东10月3日读到此信，立即批示：“印发在京中央各同志。”

毛泽东赞成纪念聂耳、冼星海，李德伦等便积极行动起来，组织纪念音乐会的排练。音乐界人士兴高采烈，中央各音乐团体争相参加，北京市专业音乐工作者和业余音乐爱好者也表现了极大的热情。国务院政研室负责人邓力群参与了音乐会和纪念活动的准备工作。

纪念聂耳、冼星海音乐会确定在10月25日举行。邓颖超直接给李德伦回电话。说总理身体不好，音乐会不能到场了，但她和总理要一起通过电视看演出实况。并说聂耳、冼星海是人民音乐家，要好好准备，把音乐会开好。

同周总理、邓大姐的态度完全相反，江青、张春桥等竭力刁难纪念音乐会，企图缩小音乐会的影响。他们作出所谓“不提纪念”、“不要请人”的指示。文化部头头于会泳、刘庆棠等给纪念音乐会设置重重障碍。演出地点原准备在人民大会堂，后被压到民族文化宫。不准请中央领导和生前友好，连钱韵玲也只有一张票，而且在很不显眼的位置。《黄河大合唱》的歌词作者张光年在演出前几小时还没有拿到票。音乐会的横标，不能写“纪念人民音乐家聂耳、冼星海音乐会”，只能写聂耳、冼星海逝世多少周年音乐会。已经印好的音乐会节目单，上面印有毛泽东1945年11月的题词手迹“为人民的音乐家冼星海同志致哀”，文化部头头竟下令全部废弃，另换一张没有毛泽东题词的节目单。

纪念人民音乐家聂耳、冼星海音乐会冲破阻力，1975年10月25日晚于北京民族文化宫隆重举行。当天晚上，民族文化宫一派节日景象，大家喜形于色，气氛特别热烈。宋任穷、王震、陈丕显、周建人等领导同志出席。国务院政研室的胡乔木、吴冷西、胡绳、于光远、熊复、李鑫、邓力群等七位负责人全部到场。在“文化大革命”中被打倒的音乐界人士几乎都来了。教育部长李琦手拿请柬步入演出厅，情不自禁地说：“我们胜利了！”。

在音乐会上，中央乐团、中央歌舞团、中国歌舞团、中央五七艺术大学音乐学院、中央人民广播电台少年广播合唱团分别演唱、演奏了聂耳的《大路歌》、《毕业歌》、《码头工人歌》等，冼星海的《黄河大合唱》、《生产大合唱》选段、《到敌人后方去》、《在太行山上》以及器乐曲等。演出大受欢迎。新华社当晚发消息说：“两位音乐家充满激情的作品在演出中受到了观众的热烈欢迎”，赞扬“他们的作品继承和发扬了民族音乐的传统，有着强烈的战斗性，为群众所喜闻乐见”，并通告：“聂耳、冼星海纪念音乐会将在北京举行五天。”

要求观看演出的人实在太多了。民族文化宫剧场容纳不下，演出场地就移到了有上万座位的首都体育馆，在那里演了三天。从10月30日起，上海也在人民广场举办了纪念音乐会，演出节目与格局同北京一样，连彩排一场在内，一共演了7场。广州、沈阳、天津也都开了纪念音乐会。

3．支持历史小说《李自成》的写作和出版

1963年，长篇历史小说《李自成》第一卷由中国青年出版

社出版，社会反响热烈。作者姚雪垠寄赠一部给毛主席。三年以后，1966年6月中旬，《李自成》进入毛泽东的视野。在8月中旬的一次中央政治局常委扩大会上，毛泽东对王任重说：你告诉武汉市委，对姚雪垠要予以保护。他写的《李自成》第一卷，分上下两册，上册已经看完，写得不错，让他继续写下去。王任重是湖北省委第一书记，第二天一早，就打电话给武汉市委书记宋侃夫，传达了毛泽东的指示。

这条最高指示，犹如赐给姚雪垠一块“免斗牌”。在“满街红绿走旌旗”的文革风暴中，姚雪垠千辛万苦积累起来的资料没有遭受损失，风暴过后得以继续这部巨著的创作。1973年，姚雪垠完成了《李自成》第二卷书稿，全稿约70万字。1974年初，送请茅盾指教。在艰苦的条件下，姚雪垠精心修改，又将书稿抄清一遍。但面临一个难以解决的问题：中国青年出版社处于停业状态，小说怎么出版？

正在姚雪垠为出版问题万般无奈的时候，《李自成》一书的责任编辑江晓天突然出现在姚雪垠的面前。江向姚畅谈7月以来文艺调整出现的各种气象，认为《李自成》的出版问题，看来只有请毛主席出面关心，才有望解决。江晓天回北京后给姚雪垠写信，郑重建议：直接上书毛主席。

通过什么渠道能够把信确实送到毛主席手里呢？经过再三考虑，姚雪垠想到了宋一平。这位20世纪20年代的老党员，建国后在武汉担任过11年市委书记，分管文教，对姚雪垠很关心。他当时在北京任哲学社会科学部临时领导小组成员。10月8日，姚雪垠给宋一平写了一封长信，“汇报稿子的进行情况以及出版问题”，请教给毛主席上书的事。姚雪垠向宋一平提出：“希望你想想办法，通过什么渠道，将我的信转到主席手中。”

宋一平接读姚信，立即找胡乔木。胡乔木明确表示支持。宋一平对转信事有了着落，很快就给姚去信，表示愿意帮他转信，并嘱咐给毛主席的信要用毛笔书写，字要写大些。个中原因，宋一平也未明说。

10月19日，姚雪垠就把给毛主席的信写好，寄给宋一平，请他设法转呈。姚雪垠在信中向毛主席汇报了自己写作的计划、进度和存在的困难，恳切地提出希望得到支持、帮助的请求。姚雪垠最后向毛主席表示：

> 为要替党的文学事业多尽点微末力量，为无产阶级专政的利益占领历史题目这一角文学阵地，填补起五四新文学运动以来长篇历史小说的空白，我将不断地努力追求，直至生命终止。即令最后完不成我的写作计划，我也不会丧失我作为一个毛泽东时代的作家的雄心壮志，任何时候都不会将意气化为寒灰。但是我相信，主席是会给我的工作以支持的。

在信的后面，姚雪垠抄呈旧作七律一首——《抒怀》（赠老友），让毛泽东更加了解他的心迹：

> 堪笑文通留恨赋，耻将意气化寒灰。
>
> 凝眸春日千潮涌，挥笔秋风万马来。

◎姚雪垠1977年写给胡乔木的信（胡乔木传记组提供）

愿共云霞争驰骋，岂容杯酒持徘徊。

鲁阳时晚戈犹奋，弃杖邓林亦壮哉。

姚雪垠相信，用书信详述情况，加上这首充满壮志豪情的七律，当能打动毛泽东的心。

宋一平把姚雪垠给毛主席的信和姚先后给他的两封信一并交给胡乔木。胡乔木即于10月23日直接呈送主席。胡乔木写了一封短简，扼要地说明此事原委，并将姚雪垠10月8日、10月19日致宋一平的两封信一并附奉。

11月2日，毛泽东作了批示："印发政治局各同志，我同意他写李自成小说二卷、三卷至五卷。"毛主席的批示写在胡乔木致毛主席信的天头。所以，印发政治局各同志的这一文件包括了胡信、姚信及姚10月8日、19日给宋一平的两封信。

由于毛泽东亲自关怀，姚雪垠于1975年冬调进北京，《李自成》第二卷得以发排。粉碎"四人帮"后的1976年12月，《李自成》第二卷终于付型。第一卷修订版也于1977年二三月出版。中国青年出版社由此复业，在当代中国文化史上，留下一本书救活一个出版社的富有特殊光彩的一页。

4. 支持鲁迅书信、著作的出版

在1975年7月以来调整党的文艺政策的大好形势下，周海婴和叔父周建人商量，应该利用这个机会，给毛主席写信，反映长期没有解决的鲁迅书信的处置和出版、鲁迅著作的注释、鲁迅研究工作的开展等问题，请求毛主席支持和帮助解决。周海婴同周建人觉得，此事请胡乔木帮忙最为妥帖。10月下旬，周海婴到胡乔木家登门求教。他把有关情况向胡乔木详细叙述一遍，又讲了想向毛主席写信的意向，请乔木同志给予指点。

周海婴叔侄有所不知，这时胡乔木的处境已经岌岌可危，但胡乔木一点也没有犹豫，当即支持海婴给主席写信，并表示愿意转交。他感到鲁迅书信、著作的出版，实在太重要了。而在当时，只有得到毛泽东的支持，才能解决问题。对于信的写法，怎样既能回击“四人帮”的阻挠、破坏，又能打动毛泽东的心，取得他的赞同、支持，胡乔木作了详细的指点。

给毛主席的信稿草拟好以后，周海婴又到胡乔木家中，请乔木同志修改、润色。最后由胡乔木把这封信经邓小平呈送毛泽东。

由于出版一部收入现存鲁迅全部书信的集子是斗争的焦点，多年来，姚文元等以所谓有的收信人后来成了坏人等为借口，百般阻挠，不让出版，所以，周海婴的信把出版新的鲁迅书信集放在最重要的位置，并有理有据地对他们设置的障碍予以批驳，还特意点出毛泽东引用过的“鲁迅痛斥变质者的一封信”，亦即1934年11月17日鲁迅致萧军、萧红斥责姚蓬子（姚文元的父亲）的信，给姚文元以有力的反击。信中写道：“我不了解鲁迅书信长期不能出版的原因，如果有人认为鲁迅书信的收信人有的后来成了坏人不能出，我想这不应成为一个障碍，因为马恩著作中，就有许多马恩给拉萨尔、伯恩斯坦、考茨基的书信，并未因此不出。敬爱的主席，您最了解鲁迅书信的革命精神，并早在1937年10月19日，您在陕北公学鲁迅逝世周年纪念会的讲演中，就引用过鲁迅痛斥变质者的一封信，给我们留下难忘的印象。我们迫切希望在您的支持下，一部收入现存全部书信，认真按照手稿校订过的新的鲁迅书信集，能够早日出版。”

周海婴还请求毛主席指示出版局组织人力“编辑出版一部比较完善的新的注释本鲁迅全集（包括书信和日记）”，对于开展鲁迅研究方面也提出了看法和建议。信末，周海婴深情地写道：

> 敬爱的主席，您在1966年无产阶级文化大革命初期写过，您和鲁迅的心是相通的。我在1971年听到传达您这句话，心情是何等激动啊！我觉得父亲也是这样想的。我听母亲和熟悉父亲的老同志告诉我，父亲在他生命的最后一年，也就是您率领红军经过长征胜利到达陕北后的那一年，心中总是深深地想念您，他曾打电报给您表示祝贺，还常常兴奋

地和参加长征见过您的同志谈起您，渴望知道关于您的一切。虽然他终未能见您一面就去世了，然而我知道他和您的心是相通的。您是无产阶级思想的伟大导师，父亲的后期也是无产阶级思想的忠诚战士。我听说他谈起您时，总是点燃着一支烟，眼中充满愉快的微笑，轻轻地说他愿意在您指挥下，做一名小兵……我想起这情形，就情不自禁地下定决心写这封信，向您提出以上的请求。当然，我的想法可能有不妥之处。我多么渴望跑到您的跟前，倾诉我心中的一切感受，倾听您对我的亲切教诲！主席啊，我衷心祝愿您健康，长寿！

周海婴的这封信，感情真挚，言辞恳切，情况与要求写得简明扼要、有理有据。毛泽东读后于11月1日批示：

我赞成周海婴同志的意见，请将周信印发政治局，并讨论一次，作出决定，立即实行。

毛泽东的批示，使“四人帮”百般阻挠鲁迅书信集出版的倒行逆施无法再继续下去，《鲁迅全集》的整理和注释也一改过去一直无人过问的状况。

落实“周扬一案，似可从宽处理”的指示

在文艺调整中，解放干部、落实政策是与扩大节目、活跃文艺同时展开的。

毛泽东7月2日在林默涵来信上写下“周扬一案，似可从宽处理”一段批示以后，主持日常工作的邓小平立即贯彻执行。

7月14日，周扬被放出来。周扬原来的寓所被当时中宣部军管组的人住着，周扬夫妇回不了家，上面安排他们在万寿路西街7号中组部招待所1号楼二层一个房间暂住。

7月16日，专案办公室向党中央、毛主席递交了关于“周扬一案”处理情况的报告。报告说，“周扬一案”中作为专案审

查对象，凡关押、监护的人员，至此已全部释放，林默涵等5人已“分配工作”，肖望东、钱俊瑞、刘白羽等26人正在“分配工作”，夏衍、阳翰笙、王昆仑、徐平羽、阿英等20人“养起来并治病”。政治结论属人民内部问题的，原工资照发并补发审查期间停发的工资，党员应恢复党的组织生活。

在专案办公室向党中央、毛主席递交的报告中，对周扬的定性是“问题性质严重”，因而采取的处理办法用了“拟分配适当工作”这样的不确定的语言，生活待遇也不是“原工资照发”，而是“工资照发”。这样一来，周扬的问题就还留着一个尾巴，并没有真正“平反”。显而易见，这是政治局内部对解放周扬有不同意见的反映，说明7月14日毛泽东对江青就这个问题反复说服教育没有完全解决问题。江青和她的帮派是靠打棍子起家的，批“四条汉子”，批“文艺黑线”，是他们的重要“业绩”，他们怎么愿意轻易解放周扬呢！7月16日的那份报告于7月27日送到毛泽东跟前审批。对周扬的定性，毛泽东说：应该是人民内部问题。他命机要秘书把原来定的“问题性质严重”圈掉，改为“人民内部问题”。7月28日，邓小平接到毛泽东对周扬定性作了重要修改的这一文件，又听了毛的机要秘书关于主席口授作修改情况的电话报告，立即批示办公厅主任把这个文件送中央政治局委员传阅。“四人帮”这才不好再在周扬定性的问题上耍弄手段。

1975年7、8、9三个月，在毛泽东支持下，邓小平主持整顿文艺，好消息频频传出。进入9月，就要准备过国庆节了。国务院政治研究室按照安定团结、落实政策的方针，向党中央、国务院开列了邀请出席1975年国庆招待会的科技教育界、文化艺术界、新闻出版界人士的名单。这个名单相当广泛，在文艺界的名单中就有周扬。信息传来，周扬夫妇非常高兴。苏灵扬赶忙找出周扬的中山装，又洗又熨，为周扬出席国庆招待会做准备。当时，在国庆招待会上公开露面，是恢复政治名誉的一个标志。可是，临近国庆，周扬却一直没有收到企盼中的那张请柬。

阻力还是来自“四人帮”。在政治局讨论文艺界出席国庆招待会的名单时，提到周扬，张、江、姚、王，都不吭声。由于他们的阻挠，使得毛泽东亲自解放出来的周扬未能在显示安定团结的国庆招待会上露面。

国庆招待会后，哲学社会科学部政工组把学部出席招待会的吕叔湘、任继愈、俞平伯、顾颉刚、冯至、何其芳、丁声树、吴世昌、贺麟、韩幽桐、傅懋勣、严中平等人的反映整理成材料，于10月9日以《政工简报》第31期印发并上报。胡乔木看到这份题为《学部老知识分子出席国庆招待会的反映》的《政工简报》第31期后，立即于10月13日报送邓小平。胡乔木写道：“小平同志：此件可以一看。请考虑要不要转送主席和政治局各同志。”邓小平于10月15日阅后即批“送主席看看”。10月16日，毛泽东在这份简报上写下批语：

> 打破“金要足赤”、“人要完人”的形而上学错误思想。可惜未请周扬、梁漱溟。

毛泽东并嘱将这个材料送政治局各同志。

这是毛泽东继7月2日、14日、27日三次直接过问周扬问题以后，第四次亲自提到周扬。显然是针对“四人帮”阻挠周扬出席国庆招待会的批评，而且把问题提到了是坚持辩证法还是搞形而上学的高度。

毛泽东这件批示的用语，同当时他在病中又一次读的一篇鲁迅杂文《关于翻译（下）》有关。鲁迅在那篇谈文艺批评的文章中，用吃烂苹果的方法做比喻，谆谆告诫人们要正确对待有缺点的人和作品。批评那种“首饰要‘足赤’，人物要‘完人’。一有缺点，有时就全部都不要了”的不好的脾气。毛泽东读到这篇文章的有关内容时，情不自禁地连声称赞说：“写得好！写得好！”可见鲁迅的这些话，正好道出了毛泽东这时的心曲。

文艺调整的历史评价

1975年的文艺调整，是在邓小平领导铁路、钢铁整顿取得成效，中央政治局内围绕所谓“反经验主义”斗争获得胜利的形势下展开的。文艺调整从7月初开始启动，进展迅速。到7月下旬，出现了以毛泽东批示电影《创业》重新上演为标志的第一个高潮。经过7、8、9三个月，到国庆节前后，无论在批判“四人帮”的文化专制主义方面，还是在开放文艺节目、解放文艺干部方面，都取得了具有突破意义的成绩。10月，继《万水千山》、《长征组歌》重新公演之后，又成功举办了纪念人民音乐家聂耳、冼星海音乐会，形成了这次文艺调整的第二个高潮。广大文艺工作者正抖擞精神，要使沉寂多年的中国社会主义文艺逐步活跃起来。广大人民群众也重新燃起了希望，希望荒芜多年的文艺园地重新呈现百花齐放的景象。但是，从1975年11月起，“反击右倾翻案风”运动突然发动起来。形势陡转，文艺调整也就此中断。真是“其兴也勃，其亡也忽”。在短短几个月里，如此大起大落，为中外文艺史所少见。

文艺调整是1975年整顿中的重要一环，是在文艺战线上对“文化大革命”进行拨乱反正的一次尝试。文艺调整不只是一场文艺斗争，而且是一场尖锐的政治斗争，是党内健康力量和文艺工作者结合起来同“四人帮”及其帮派势力进行的一场短兵相接的较量。它大胆地冲破了“文化大革命”以来在文艺上设置的禁区、划定的框框、作出的结论。它是以思想解放为前提，又大大地启发和推动了思想解放。

文艺调整的每一个回合都揭发了江青一伙的错误和罪行，推倒了他们的判断和结论。每一次胜利都长了革命文艺工作者的志气，灭了江青一伙的威风。由于文艺节目、文艺作品在广大人民群众中的广泛影响，文艺调整中的每一次较量，几乎都产生了巨大的思想影响和政治影响，推动了整顿的全面展开和深入发展。文艺调整的进展，使江青一伙进一步走上政治上失败、道义上灭亡的道路。

然而，“四人帮”是不甘心失败的。从文艺调整启动的第一天起，他们就步步为营，设置障碍，进行阻挠。同时，他们又接过口号，企图用“与走资派斗争”的作品来“活跃文艺”。他们窥测方向，伺机反扑，妄图利用评《水浒》来转移方向，篡夺最高权力。当所谓“反击右倾翻案风”的运动发动起来以后，他们就疯狂地进行反攻倒算了。他们诬蔑邓小平转呈毛泽东的信和材料是“诬告信”、“黑材料”；咒骂文艺调整是“否定文艺革命的胜利成果”，是“为十七年文艺黑线翻案”。一切在文艺调整中拥护毛泽东、邓小平调整文艺政策，对“四人帮”文化专制主义进行揭发、提出批评的人，都受到追查、围攻、迫害。人们从这一次反复中，深切地认识到，真正搞翻案复辟的，是高喊反复辟的“四人帮”。“四人帮”不倒，中国的动乱没有尽头，中国的文艺没有希望。所以，1975年的文艺调整，不仅带来了文艺的一度复苏，而且起到了动员群众、提高群众觉悟的作用，为1976年的四五运动作了一定的思想准备。它不仅在当代中国文艺史上写下了特殊的一页，而且在当代中国政治史上发挥了特殊的作用。

这次文艺调整是由毛泽东直接启动，并自始至终在毛泽东支持下开展的。文艺调整是贯彻落实毛泽东三项重要指示，进行各方面整顿的一个重要组成部分。毛泽东不仅提出了文艺调整的任务、目标、重点，而且亲自进行指导，逐一作出具体指示。他亲自抓住重点和典型，推动文艺调整的进程。在解放干部、落实政策方面，7月三次批示或谈话，解放周扬，为周扬平反；10月又写下批语，批评国庆招待会未请周扬。在开放文艺节目、逐步活跃文艺方面，从7月到11月，他写下不少批语，涉及电影、小说、音乐以及出版等各个方面。他在这几个月里就文艺问题所作的指示，不仅对当时的文艺调整产生了直接的积极的影响，而且对今后中国社会主义文艺的发展有深远的意义。

应该看到，毛泽东调整文艺的一系列指示，不单是对江青等人的批评，其中也包含着毛泽东对自身错误的反省和纠正。经过“文化大革命”八九年的内乱，毛泽东对文艺界的看法确实有了若干改变。对周扬等原文艺界的负责人不再采取20世纪60年代前期到“文化大革命”初期那种视为敌我的态度。对原来信任、依靠的江青等人却大为不满，尖锐批评。这种变化，说明毛泽东在文艺问题上确实纠正了若干指导思想上的偏差。这是1975年文艺调整的前提。与此同时，当然应该看到，毛泽东的这种纠正，大多是政策性的变更而并不彻底，只是局部的纠偏而并不全面。当整顿进入科技领域，毛泽东对“科学技术是生产力”的观点就表示不能认同，也没有在《科学工作汇报提纲》上画圈。当整顿进入教育领域，刘冰等人揭发批判迟群的信送到他的案前时，他就不可容忍，以至转而批评邓小平主持的整顿了。这也反映了毛泽东本人思想的矛盾性和对各个领域认识的不平衡性。毛泽东钟爱文艺。对中国古典文学十分熟悉，有独到见解。他对古典诗词能够纯熟驾驭，诗词创作造诣很高，对中国传统戏剧也有特殊的爱好。所有这些，不能不是毛泽东自觉、主动地启动和支持文艺调整的重要原因。平心而论，同科技、教育等领域相比而言，毛泽东纠正自身错误，在文艺领域是最为自觉和主动的。

1975年文艺调整的领导者是邓小平。他那“敢字当头，横下一条心”的革命意志，与“四人帮”针锋相对，钢铁公司对钢铁公司的斗争精神，大刀阔斧、雷厉风行的硬朗作风，抓住时机、重点突破的谋略，以及知人善任、依靠骨干的组织才能，使得文艺调整迅速发动起来，取得显著成效。

以胡乔木、邓力群、于光远、吴冷西、胡绳等为负责人的国务院政治研究室具体地组织和推动了文艺调整，出色地发挥了党中央、国务院的参谋和助手的作用。在反对“文化大革命”中文艺领域的极左错误方面，他们站到了斗争的最前列。在这场斗争中，他们集中表现了经过党在斗争中长期教育培养的宣传理论干部的勇气、胆识、智慧和才能。这一场尖锐复杂、几经反复的斗争说明，没有一支立场坚定、联系群众、精通业务、善于斗争的马克思主义宣传理论干部队伍，我们就无法进行意识形态领域（包括文艺领域）的斗争并取得胜利。

在文艺调整中，中国几代文艺工作者表现了无私无畏的革命勇气和不屈不挠的斗争精神。他们在“文化大革命”中虽然遭到了少见的压制、迫害、摧残，但是，他们的斗志没有消泯。地火在地下运行，一旦时机到来，熔岩就如火山一样奔涌而出。在文艺调整中，广大文艺工作者的历史主动性和创造精神是十分感人的。在20世纪中国革命的背景下产生的中国文艺，有五四新文学的科学和民主精神、30年代文化战线上鲁迅的硬骨头精神、延安文艺的工农兵方向、社会主义文艺的“百花齐放”，所有这些，一起构成现代中国文艺的灵魂。几十年间涌现的优秀作品，包括在“文化大革命”前后受到错误批判、在文艺调整中开禁、解放以及重新得到肯定的作品，就是这种传统和灵魂的载体。这是20世纪中国文艺的主潮。在“文化大革命”后期文艺调整中广大文艺工作者同“四人帮”进行的短兵相接的斗争，在这场斗争中展现的当代中国文艺工作者的精神，必将载入史册，成为后来人学习的榜样。

文艺调整又是在特殊条件下进行的一场特殊的斗争。实践证明，在“四人帮”虽受批评但仍居要津的情况下，在对毛泽东的个人崇拜盛行的情况下，通过转呈信件、上报材料，让毛泽东了解情况，作出批示，借助钟馗打鬼，来打击“四人帮”，整顿文艺，方法是对头的，效果是积极的。后人可能认为斗争方式过于单一，后人也可能对斗争采取近乎地下工作的秘密方式不可理解。但是，在当时的情况下，确实别无良策。一部电影的放映，一部小说的写作，一部书信集的出版，一个音乐会的举行，都要经过最高领导人毛泽东的批准。在正常状态下，是不可思议的。

然而事实却正如此。所以，在肯定毛泽东启动和支持1975年文艺调整的同时，无疑还应该指出这事实本身反映出来的弊端。文艺，是最需要个人自由思想、自由创作的领域，可是，从体制上却没有给予这一领域充分民主的保证，没有形成一种符合文艺本身性质和发展规律的、促进社会主义文艺繁荣的机制。这样，制定了“百花齐放”方针、又重申“百花齐放”方针的人，最后还不得不由他来对一个一个作品的生死作出判决。这种反常的历史现象，我们当然不愿意看到它重现。

十三　科学院整顿与《汇报提纲》

张爱萍主持国防尖端科技事业的整顿打开局面以后，1975年六七月间，邓小平即指示：科学院要整顿。邓小平指出："四个现代化，科学技术要走在前面。"我国科学技术事业落后于世界先进水平，而我国科学研究的最高机构——中国科学院，在"文化大革命"中成为重灾区，受到严重的破坏。在"文化大革命"中，原有的国家科委及由其代管的国家科协，都合并到了中国科学院。[①] 所以，科学院的整顿，不仅关系中国科学院本身，同时关系到全国的科学技术工作。要实现四个现代化的宏伟目标，整顿中国科学院，恢复正常的科研秩序，调动广大科学工作者的积极性，实在是迫在眉睫，再也不能拖延了。

胡耀邦受命主持整顿中国科学院

1975年7月，邓小平作出"整顿中国科学院，加强领导"的

---

①中国科学院是伴随着新中国的诞生而成立的。在1949年9月的中国人民政治协商会议上，就提出新中国要建立中国科学院。10月底，中央人民政府任命历史学家、考古学家、文学家郭沫若为院长。11月1日中国科学院正式成立。由政务院领导，确定其任务为"有计划地利用近代科学成就以服务于工业、农业和国防的建设，组织并指导全国的科学研究，以提高中国的科学研究水平"。中国科学院在"文化大革命"中由两科（科学院、国家科委）合并组成。原国家科委负责全国科技工作的归口管理，主要任务有五项：（1）有关科技工作方针政策的调查研究、提出建议；（2）全国科技规划、计划的制订和管理；（3）组织重大科研项目的协作；（4）管理三项费用（新产品试制、中间试验、重点科研项目补助）；（5）重大科研成果的鉴定和推广。两科合并后，科学院设有"科技办公室"，承担原国家科委的部分工作。原由国家科委代管的全国科协，合并后在对外活动中仍沿用全国科协名义。各专门学会的活动由科学院和各有关部门分别负责，科协的办公机构做些联系、组织工作。

◎邓小平和胡耀邦交谈（选自《邓小平画传》）

指示。[①]并亲自打电话给刚在第四期中央读书班学习结束的胡耀邦，告诉他中央决定派他到中国科学院。[②]同他一起接受任务的是李昌和王光伟。

副总理华国锋分管科学工作，找他们三位谈话，交代任务。华国锋说：中央决定，派你们到中国科学院去主持工作，小平同志指示，总的任务是：整顿中国科学院，加强领导。华国锋还向他们转达邓小平的要求：抓紧对科学院进行整顿，尽快把科研工作搞上去，不要拖国民经济的后腿。整顿首先是党的整顿，搞好安定团结，要坚决同派性作斗争。华国锋交代了三项具体任务：一是了解情况，经过调查研究之后，尽快向中央和国务院作出汇报；二是搞一个科学院发展规划；三是准备向中央提出科学院党的核心小组名单。[③]

中国科学院整顿的主要内容

1. 整顿院所两级领导班子

在胡耀邦、李昌、王光伟到中国科学院时，“四人帮”的帮

①转引自《中国科学院》（上），当代中国出版社1994年版，第161页。

②据韩洪洪：《胡耀邦在历史转折关头（1975－1982）》，人民出版社2009年版，第28页。

③引自罗伟：《科技战线的拨乱反正》，《拨乱反正》（中央卷上），第440页。

派势力把持着院里的领导权。当时领导班子存在两个突出问题：一是不健全。党的核心小组组长是郭沫若，文革开始后，即受到批判。1974年初批林批孔运动刚一开始，被江青在批林批孔万人大会上当众公开点名批判。郭沫若的所谓“核心小组组长”，不过徒有一个空名。副组长周荣鑫、刘西尧已在1月调出，另一位副组长武衡自1972年8月全国科学技术工作会议以后，一直是造反派批判的主要对象，且身体有病，无法参与工作。二是帮派势力很强。“四人帮”在科学院的爪牙有的进入了核心小组。但他们嫌力量不够，遂巧立名目，将未能进入核心小组的帮派势力的一些骨干安排为“列席成员”。浙江有列席常委，科学院有列席成员。“四人帮”帮派势力篡权，真是花样百出。

胡耀邦、李昌、王光伟到科学院，都担任院核心小组副组长。他们果断地取消了“列席成员”。中央又先后从国防科委系统调王屏、刘华清到中国科学院，参加核心小组，分管政治和业务工作。后来又增补了原来在科学院工作的武衡、胡克实、郁文等人，党的领导力量大大增强。1975年10月7日，中共中央任命胡耀邦为中共中科院核心小组第一副组长，李昌、王光伟、武衡为副组长，组长仍为郭沫若。科学院领导核心的问题基本得到解决。邓小平提出的整顿领导班子，加强党的领导的任务基本完成。

对研究所一级，要求配齐三套班子：管党的，管业务的，管后勤的。他主张恢复所长、研究室制，选拔一流学者当所长、研究室主任。胡耀邦说：“选所长、副所长，研究室正副主任，最好是对本专业比较精通或比较有权威的、为科学界所公认的，是第一流的——这些人一上来，实际上是一种无形的影响，他会使人感到有奔头。这是一种精神力量，鼓舞力量。”他还在座谈会上公开驳斥恢复研究室主任是复旧的说法，明确地讲：说室主任是修正主义路线，我看是形而上学。不要以名词吓唬人，把科研搞上去，谁都要服从这一条。

2. 落实知识分子政策和干部政策

胡耀邦等到科学院后，即旗帜鲜明地反对派性，抓紧落实政策。胡耀邦抓住了办好科学院、把科研搞上去的关键，强调一个重要的指导思想："研究所里研究员是中心"。在这方面，胡耀邦主要抓了两件事：一是复查"文化大革命"中对受审查者所作的结论，对大量错误的结论予以改正或平反；一是帮助科技人员解决生活上的实际困难。通过调查研究，胡耀邦了解科研人员的实际困难，主要是：住房拥挤，放不下书桌；夫妻两地分居，长期得不到解决；孩子进托儿所困难，没有人照看；工资收入低，为生活犯愁；没有煤气罐，烧饭困难。胡耀邦决心要设法解决这五个困难。他把解决问题的目标用中国传统的语言称为"五子登科"。这个口号一下子就温暖了广大知识分子的心。

3. 进行思想整顿

在科学院整顿的三个多月时间里，胡耀邦、李昌等在各单位作了50多次讲话，在科学院工作的指导思想、根本方针上拨乱反正。

首先，解决正确认识科学院的性质和端正科学院工作的方向问题。针对"四人帮"搞的"三面向"、"开门办所"等那一套错误方针，胡耀邦尖锐地指出："科学院就是科学院，不是生产院、教育院、土豆院、白菜院，科学院就是搞科学的，搞自然科学的。"他毫不留情地批驳所谓"开门办所"："什么叫开门办所？七机部开门办？高能加速器开门？还要保密呢！连参观都不让。"胡耀邦等指出，"在科研领域专业队伍是主力军"，"科研人员搞科研就是结合实际"，不一定要到工厂农村去。

第二，充分认识科研工作的重要作用，强调科研人员要把业务搞上去。胡耀邦强调：要把国民经济搞上去，科技工作必须走在前面；要充分发挥科技人员的作用，必须否定"知识私有"、"白专道路"、"科技挂帅"等提法，划清发挥科技人员作用与"专家路线"、钻研业务与"技术挂帅"的界限。胡耀邦等在科学院整顿中反复强调科研人员要搞好业务，甚至提出“搞业务的台风要刮起来”，“刮八级台风不行，得刮十二级台风”。他还说：“对科研事业着急的人，才有党性，才有爱国心。”

第三，明确科研是科学院的中心任务，用四个现代化的目标动员大家做好各方面工作，为繁荣社会主义科学技术服务。胡耀邦在听取遗传研究所党委汇报时说：“业务、政治、行政三个部门有一个共同的目标：繁荣社会主义的科学技术，保证每年都要有新成果。这个必须弄清楚。”他提出：“所有的工作为一个目标服务：把科研搞上去。”在科学院共青团纪念红军长征胜利40周年大会上，胡耀邦提出了进行“新长征”的口号。他说：长征到现在40年了，我们全国人民要“再干一件惊天动地的事情，要进行一个新长征”。这个新长征就是“要在本世纪末实现四个现代化，把我们可爱的祖国建设成为伟大的社会主义强国”。

经过思想整顿，否定了“四人帮”制造的思想混乱，弄清了政治与业务、生产斗争与科学试验、专业队伍与群众运动、自力更生与学习外国长处、理论与实际、基础研究与应用研究，党的领导与百家争鸣这六个方面的关系，明确了科学院工作前进的方向和道路，调动了广大科研人员的积极性和创造性。

4．整顿科技出版工作

对科技出版工作整顿的特别重视，是由毛泽东对《化石》编辑张锋的信的批示引起的。

1975年7月24日毛泽东做了眼科手术后，视力有所恢复。8月，他翻阅中国科学院古脊椎动物研究所编辑出版的科普刊物《化石》，很有兴味，写批语要求印大字本送他。《化石》杂志编辑张锋于9月6日写信给毛泽东，反映《化石》这个科普刊物自1972年8月试刊以来所遇到的种种困难，以及科学院和古脊椎所的一些情况。毛泽东9月16日对张锋的信作了批示：“小平、文

①据《建国以来毛泽东文稿》第13册，第468页。

元同志：请考虑，可否将此信印发在京各中央同志。”并给来信加了一个标题：“一封诉苦的信”。[1]

胡耀邦等收到毛泽东的批示以后，立即作出“改进科技出版工作”和“加强科普工作”两项决定。抓住贯彻落实毛泽东批示的机会，来推动科学院的整顿和各项工作。科学院党的核心小组组织全院学习列宁的《论战斗唯物主义》一文，号召大家以对党、对革命事业的高度责任感，同一切不符合党的路线、政策的现象，同错误的思想作风，同资产阶级派性作斗争。对胡耀邦等人提出的贯彻意见，邓小平指示“似可同意”，毛泽东也圈阅同意，这就把姚文元等人想借毛泽东的批示另做文章的企图顶了回去。[1] 胡耀邦还到中国科学院所属科学出版社听取意见，并同《中国科学》杂志编辑部座谈。胡耀邦发表了不少重要意见。他指出：“《中国科学》，要真正代表中国的科学，要与名字相符，形成中国自己的学派，各个学科又有自己的学派，没有一个好的刊物，好水平就反映不出来。”[2]

对整顿科技出版工作，经过调查研究、座谈讨论，遵照邓小平9月26日听取汇报时的指示，形成了以下比较完整的意见：“要积极加强科技出版的领导力量，研究解决出版工作中一些方针、政策性的问题，充实科技著作的写作、翻译、编辑和出版队伍，扩充印刷能力，改进印刷技术，解决纸张供应的困难问题。在认真办好现有刊物的基础上，恢复和积极创办一批新的学术刊物、科普刊物，加强科技书籍的编著、出版和外国科技书刊的翻译、影印工作，以适应我国科学实验、技术革新、技术革命运动蓬勃发展的需要。要使科技出版工作成为宣传马克思主义政治观点、哲学观点，普及、交流现代科学技术成就的重要阵地。”[3]

---

①据罗伟：《科技战线的拨乱反正》，《拨乱反正》（中央卷上），第445页。

②据罗伟：《科技战线的拨乱反正》，《拨乱反正》（中央卷上），第447－448页。

③引自《科学院工作汇报提纲》9月28日稿，第20页。

提出科技十年规划的初步设想

新中国成立后，20世纪50年代中期和60年代前期搞过两次全国性的科技长远规划。这两次规划对中国科学技术事业的发展都起了重要作用。胡耀邦、李昌、王光伟等到中国科学院主持工作，邓小平和华国锋交代的三项任务之一是搞一个科学院的发展规划。经过调查研究和计划工作务虚会科技规划小组的讨论，不到一个月的时间，胡耀邦等就形成了一个初步设想。

对长远规划的基本要求，胡耀邦等认为：这个规划应该既看到当前的迫切需要，又要高瞻远瞩，对今后一二十年我国科学技术的发展有个战略设想。既要照顾全面，又要突出重点，集中力量攻一批重点科学技术课题。要力争在一些急需的、重要的科学技术领域走在世界的前列。对具体的规划，他们初步设想提出五个方面：（1）组织钢铁和粮食两个科学技术大会战。（2）各部门、各行业都要集中力量解决本部门、本行业的关键技术问题，发展新技术、新装备、新工艺、新设计，保证国民经济计划指标的实现，并为下一步的发展打下基础。（3）配合国防科技部门研究提供两弹、卫星、飞船、核潜艇所需的各项配套新材料、新装备，并探索新技术，促进国防现代化。（4）狠抓四项新兴技术：计算机与自动化技术、激光技术、遥感技术、仿生技术。（5）加强基础科学的理论研究，向认识自然的深度和广度进军，以服务于更宏伟的建设目标。对微观世界的研究要大力加强原子核、基本粒子和层子的深入研究。抓好两个大加速器（重离子加速器和高能加速器）。加强宇宙线的研究。力争合成新元素，发现新的基本粒子。力争受控热核反应试验装置“点火”。加强生命起源（包括细胞起源）的研究，力争人工合成蛋白和人工合成核酸在世界上领先。加强对宏观世界的研究，首先把地球搞清楚，并大力发展宇宙空间的研究。对工农业生产中提出的大量的理论课题进行研究，例如研究物质结构与性能的关系，研究化学反应过程，来改进材料的质量和生产工艺，发展新材料；研究遗传学，解决育种中的问题；以及研究肿瘤、针麻原理等。[①]

在提出规划的同时，胡耀邦等把科学院的科研工作也积极抓起来。

拟定《科学院工作汇报提纲》

1．胡耀邦主持起草

经过调查研究、典型试验，形成一个具有指导性的文件，大力贯彻执行，推动全局的整顿，这是邓小平领导1975年各方面整顿的基本方法之一。按照邓小平的设计，胡耀邦他们在科学院搞出一个文件，不仅用来指导科学院的整顿，而且用来推动和指导整个文化教育科学技术领域的整顿。所以，华国锋交代胡耀邦的三项任务中，尽快起草一个科学院工作的文件，提出整顿科学院工作的意见，向国务院汇报，是最主要的一项任务。

胡耀邦不辱使命。他同李昌、王光伟在7月中旬到任后，经过20多天调查研究，参考1961年制定的《科研十四条》等文件，于8月11日写成《关于科技工作的几个问题（讨论稿）》。胡耀邦请邓小平通读了第一稿，得到肯定，提了修改意见。同时，在科学院内，胡耀邦组织了对这个稿子的座谈讨论，还把这个稿子交给计划工作务虚会科学技术规划小组讨论。广泛征求意见后作了修改，于8月15日印出“第二次讨论稿”。再次征求意见后，修改成第三稿，加上“汇报提纲”的称谓，称为《关于科技工作的几个问题（汇报提纲）》。由胡耀邦、李昌、王光伟三人于8

①以上关于科技规划的初步设想据《关于科技工作的几个问题（汇报提纲）》（1975年8月17日）第五部分《关于科技十年规划轮廓的初步设想问题》。

月17日联名上报。

《关于科技工作的几个问题》从“讨论稿”到“汇报提纲”，三个稿子的结构没有变动，都是六个部分。六个部分的标题也几乎完全一样：（1）关于肯定科技战线上的成绩问题。（2）关于科技工作的组织领导问题。（3）关于力求弄通毛主席提出的科技战线的具体路线问题。（4）关于科技战线知识分子政策问题。（5）关于科技十年规划轮廓的初步设想问题。（6）关于科学院院部和直属单位的整顿问题。

针对否定“十七年”，把建国以来十七年的科技工作说成是修正主义的黑线统治，《汇报提纲》第一部分明确提出：“二十多年来”科技战线“成绩是主要的，必须加以肯定”。

这一部分扼要地列举了20多年来科技战线的成绩，指出：“当代重要的自然科学理论研究领域，我们大都开展了工作，有的已取得了具有世界先进水平的成果（如胰岛素合成、地质力学、理论数学某些方面）。我国科学技术的发展速度是比较快的。从一穷二白的基地上迅速地赶了上来。我们与世界先进水平的差距大大缩小了。”

第三部分《关于力求弄通毛主席提出的科技战线的具体路线问题》，指出毛泽东关于**“阶级斗争、生产斗争和科学实验，是建设社会主义强大国家的三项伟大革命运动”**的这一整段论述就是科技战线的总方针。（注：黑体字是原有的，下同）在这一总方针下，《汇报提纲》初稿从政治与业务的关系，生产斗争与科学实验的关系，专业队伍与群众运动的关系，自力更生与学习外国长处的关系，理论与实际、基础与应用的关系，党的绝对领导与百家争鸣的关系六个方面鲜明地阐述了科技战线的具体路线、方针。胡耀邦等选出马、恩、列和毛主席关于科学工作的十六条语录，作为立论的依据和工作的准绳。文件紧密结合实际，富有针对性，批判的锋芒直指“四人帮”在“文化大革命”中散布的“左”倾谬论。

对“文化大革命”中“四人帮”搞的“开门办所”、取消实验室等“左”的一套，《汇报提纲》初稿鲜明地予以否定。《汇报提纲》初稿还批判了把学习外国长处说成是“崇洋”、“爬行”的谬论，阐述了对外开放的思想。在阐述“自力更生与学习外国长处的关系”这一部分中指出：“我们既要反对崇洋迷外，盲目照搬，又要反对排外主义、闭关自守。**‘外国的一切好的经验，好的科学技术，我们都要吸收过来，为我们所用。’**”又说：“要学习鲁迅所说的‘拿来主义’，把外国的一切先进科学技术统统拿来，为我所用。”对怎样实行“拿来主义”，《汇报提纲》初稿提出四点要求。

《汇报提纲》初稿中“关于科技战线知识分子政策问题”这一部分写得最为尖锐，与“四人帮”对知识分子的估计和政策针锋相对，指出：“我国现有的四百万科技人员中，绝大多数是我们自己培养起来的”，“绝大多数虽然世界观还必须继续努力改造，但是，总的说来，他们在基本政治立场上是拥护党、拥护社会主义、愿意为人民服务的，反党、反社会主义分子只是极少数。”“有一部分科技人员思想感情基本上工农化了。”“二十多年来，党的团结、教育、改造知识分子的政策取得很好的效果。当前，科技战线在贯彻毛主席三项指示时，要进一步落实党的知识分子政策。”

关于落实政策，文件提出了基本的要求和原则：“对于那些受审查而尚未作出结论的，要尽快落实政策，做出实事求是的结论。只要不是反党反社会主义分子，就应当安排使用。”

《汇报提纲》初稿还对当时流行的鄙视知识分子的一种说法——知识分子成堆的地方，作了辩证的分析，提出我们的思想政治工作，一是“要以党性来克服派性，以正气来压倒邪气，使他们脱出个人圈子，投身于宏伟事业，冲破小天地，放眼全世界”。二是“政治要统帅技术。要帮助科技人员做到又红又专”。明确划清界限：“我们的政治工作，如果不把改造科技人员的世界观放在首位，那就犯了方向错误；如果是反对钻研业务，使科技人员不敢钻研业务，同样也是犯了方向错误。”还指出：“我们还要为科技人员从事业务实践、提高科学技术水平创造必要的条件”，“科技人员搞业务工作的时间很少，骨干更少，这种状况需要改变，要‘精兵简政’。”

2．胡乔木接手修改

邓小平收到胡耀邦等8月17日上报的《汇报提纲》。看后不很满意。于8月26日找胡乔木，专门商谈修改科学院《汇报提纲》的问题。胡乔木觉得稿子全文太长，思想性不够，文字比较陈旧。邓小平说：耀邦、李昌他们的稿子涉及问题太多，不必要地太锋利，站不稳。这个文件很重要，要加强思想性，多说道理。但不要太尖锐。道理要站得住，攻不倒。邓小平要胡乔木同胡耀邦等一起议论一下，并要胡乔木亲自动手修改。提纲全文要缩短，原则都保留，棱角磨掉一些，写得平衡一些。

8月26日谈话后，胡乔木就接手主持修改《汇报提纲》。他先约胡耀邦、李昌、王光伟等商量修改方案，政研室负责人吴冷西、胡绳一起参加。胡乔木传达了邓小平的意见，谈了自己设想的修改方案，主要有三点：

（1）稿子第一部分“关于肯定科技战线上的成绩问题”要更为鲜明些。要肯定“文化大革命”前的“十七年”，在此基础上明确今后科学院和科技工作的发展方向和任务。具体的提法是肯定建国以来“二十六年”（1949—1975年）的成绩。肯定了“二十六年”，也就把“文化大革命”前的“十七年”包括在内了。

（2）讨论稿已经引用了不少毛主席关于发展科学技术工作的指示，较多的是在第三部分，还有一些散见于其他五个部分。要把毛主席关于发展科学技术的指示集中在一起，并重新编排，再补充征引若干，使之较有系统，体现以毛泽东思想作为科学院工作和整个科技工作的指导方针。

（3）把二、四、五、六部分归并作为一个部分，篇幅大加压缩，用整顿来统率。

胡乔木亲自动手，于9月2日改好，这是这个文件的第四稿。题目改为《科学院工作汇报提纲》，全文由六部分变为三部分。开头只用一百多字说明科学院系统的现状和《汇报提纲》的主题："中国科学院系统现有科研机构九十三个，职工总数五万六千人，其中科技人员二万五千人。一九七〇年同国家科委合并后，又兼负全国科学技术的归口管理工作。现在汇报我院科研工作的方向任务和贯彻执行毛主席的革命科技路线的问题，以及为此而必须进行的整顿问题。"文件的主题更加集中和突出，篇幅自然就压了下来。

《汇报提纲》第一部分为"中国科学院科研工作的方向任务"。在这一部分里，首先明确肯定"二十六年来""取得了很大成绩"。文件写道："二十六年来，在毛主席、党中央的亲切关怀下，在毛主席革命路线的指引下，社会主义的中国科学院从无到有、由小到大地发展起来，形成了一支有相当规模的、有一定政治觉悟和专业水平的队伍，在一系列重要的科学技术领域上开展了工作，取得了很大成绩，积累了发展社会主义科学事业的丰富经验，进展是比较快的。"在此基础上，文件分析当前的形势和任务，以实现四个现代化为目标，迫切陈词，说明加快发展我国的科学技术事业的紧迫性和重要性。

根据上述形势和要求，《汇报提纲》提出，作为我国自然科学研究的综合性中心，"中国科学院今后十年的基本任务可以概括为如下三个方面：协同各有关部门，积极承担国民经济和国防建设中若干综合性的重大科研任务；开辟一批新兴的科学技术领域，力争取得若干有重大作用的成果；发展基础科学，为以上两方面的工作打下坚强的理论基础和探明进一步发展的方向。"《汇报提纲》扼要地讲述了这三项基本任务的初步设想，列举了这三方面的主要课题和项目。同初稿相比，对应用研究和基础研究的项目分类上有一些调整。工农业生产中提出的理论课题研究原来列在基础科学的理论研究中，大多调到应用研究中去。对基础科学研究作了进一步的充实和强调。

第二部分，“坚决地、全面地贯彻执行毛主席的革命科技路线”。这是胡乔木接手修改改动最大的部分。这一部分概括为十个方面，每个方面引用若干有关的毛主席语录，形成较为系统的、体现毛泽东主张的科技路线。这十个方面是：（1）阐明科技工作在贯彻执行党的基本路线，在反修防修、巩固无产阶级专政中的重要作用。（2）规定我国科学技术“一定要在不远的将来，赶上和超过世界先进水平”的伟大目标。在这点里用黑体字引了**“科学技术是生产力”，“科学技术这一仗一定要打，而且必须打好。不搞科学技术，生产力无法提高”**。（3）**“为了实现这个伟大的目标，要有数量足够的、优秀的科学技术专家。”**（4）发展科技工作，必须实行**“知识分子同工农群众结合”**，实行领导干部、工农群众、科技人员**“三结合”**。（5）**“要无产阶级政治挂帅”**，坚持**“政治和技术的统一”**，坚持**“又红又专”**。（6）要坚持马克思主义的认识路线，实行**“理论和实际统一”**。……同时，必须正确处理普及和提高的关系，实行**“在普及基础上的提高”**和**“在提高指导下的普及”**。（7）要独立自主、自力更生地搞科学技术，**“打倒奴隶思想，埋葬教条主义。”“外国一切好的经验，好的科学技术，我们都要吸收过来，为我所用。拒绝向外国学习是不对的。当然，迷信外国，认为外国的东西都是好的，也是不对的。”**（8）要实行**“百花齐放，百家争鸣”**。（9）**“为了充分适应新社会的需要，为了同工人农民团结一致，知识分子必须继续改造自己，逐步地抛弃资产阶级世界观而树立无产阶级的、共产主义的世界观。世界观的转变是一个根本的转变”。“你们学自然科学的，要学会辩证法。”**（10）**“党、政、军、民、学，东、西、南、北、中，党是领导一切的。”“全党努力学习科学知识，同党外知识分子团**

结一致，为迅速赶上世界科学先进水平而奋斗。”

《汇报提纲》指出：“对毛主席的革命科技路线，必须努力进行系统的、准确的宣传，并且注意防止和克服对这一路线的任何偏离、割裂或曲解。”《汇报提纲》辩证地分析了政治与业务、群众路线与专业队伍、理论与实际、对知识分子的教育与使用、哲学与自然科学等五个方面的相互关系，说明必须系统地、准确地宣传毛主席的革命科技路线，防止和克服在处理这五个方面相互关系上存在的“左”的和“右”的两种错误倾向。

《汇报提纲》9月2日稿第三部分是“关于科学院的整顿问题”。它把毛泽东关于“文化大革命”“斗、批、改”的任务同正在进行的各方面的“整顿”统一起来，对科学院的整顿提出五项内容：（1）结合实际，认真学习，揭露矛盾，开展批评和自我批评。（2）认真落实党的知识分子政策和干部政策。（3）增强无产阶级党性，批判和消除资产阶级派性。（4）调整和健全领导班子。（5）整顿机构。改变目前机构有些重叠、臃肿的现象，努力“达到精简、统一、效能、节约和反对官僚主义五项目的”。

9月3日，邓小平同政研室七位负责人一起阅读、讨论《毛泽东选集》的选篇时，胡乔木把修改后的这一稿面交邓小平。邓小平看了比较满意，并说：这文件很重要，不单管科学，而且可以适用于文化教育各部门。这次会后，即将《汇报提纲》9月2日这一稿印发有关负责同志征求意见，准备讨论。

3．邓小平主持国务院会议讨论

9月26日下午，邓小平主持国务院会议，听取胡耀邦和李昌、王光伟汇报，讨论《汇报提纲》。政研室负责人胡乔木、吴冷西、于光远，教育部长周荣鑫，国防科委负责人方强等列席了会议。

胡耀邦首先汇报，讲了《汇报提纲》稿的修改过程和组成部分，然后按邓小平的要求对每一部分作重点说明。邓小平随时插话，有问有答，气氛活跃。听完汇报后，邓小平发表了重要讲话。①

邓小平强调，“国家嘛，科研要走在前头。”“我在大寨会上说，农业搞不好就要拖工业的后腿。如果我们的科学研究工作不走在前面，就要拖整个国家建设的后腿。”邓小平在讲话中批驳了所谓“刮理论风”，他说：毛泽东思想是理论，马列主义是理论，学习这些也叫“刮理论风”？对理论有恢复名誉的问题。

邓小平强调要爱惜人才，发挥他们的作用。他指出：“现在科技队伍大大削弱了，接不上了。搞科研要靠老人，也要靠年轻人，年轻人脑子灵活，记忆力强。大学毕业二十多岁，经过十年三十多岁，应该是出成果的年龄。这一段时间一些科研人员打派仗，不务正业，少务正业，搞科研的很少。少数人秘密搞，像犯罪的一样。陈景润就是秘密搞的。这些人还有点成绩，这究竟算红专还是白专？像这样一些世界上公认有水平的人，中国有一千人就了不得。就是‘白专’，有一点子有什么！”他针锋相对地说：“‘白专’，只要对中华人民共和国有好处，比只占茅房不拉屎的人，比闹派性、拉后腿的人好得多。现在连红专也不敢讲，实际上是不敢讲‘专’字。中央表扬了这样的人。对他们应该爱护和赞扬。”

邓小平说：你们有个搞半导体的，是个老科学家，叫黄昆。北大叫他改行教别的，他不会。周荣鑫，你查一查。半导体所请他作学术报告，反映很好。他说这是业余研究的。这种用非所学的人是大量的，应当发挥他们的作用，不然对国家是最大的浪费。他是学部委员，全国知名的人，就这么个遭遇。为什么不叫他搞本行？北大不用他，可以调到科学院半导体所当所长，给他配党委书记，配后勤人员。广大的科研人员实在是想搞研究啊！

①邓小平讲话内容以《科研工作要走在前面》为题收入《邓小平文选》第2卷。以下讲话内容主要引自该书，第32－34页。另据：《邓小平思想年谱（1975－1997）》，第19－20页。

闹派性的是少数，现在这个状况是能够改变过来的。

邓小平建议：建立科技人员档案，把那些比较好的、有培养前途的科技人员记下来。15万人有一千人也好。有成就的也许有几十个人，就了不起。帮助他们创造条件，发展条件。不管他们资格老不老。

邓小平回顾自己的见闻，具体讲了怎样为科研人员创造条件。他说：1957年我去苏联，尤金说，苏联的原子弹，就是三个三四十岁的年轻人搞出来的。他们不是大科学家，没有名气，其貌不扬。这样的人我们就没有啊？总之，要给有培养前途的科技人员创造条件，关心他们，支持他们，包括一些有怪脾气的人。首先要解决这些人的房子问题，家庭有困难也要帮助解决，孩子没有进托儿所的帮助进托儿所，夫妇两地分居要帮助解决。

关于科学院的整顿，邓小平作了具体指示。

他说：思想整顿关键是五千，不是四万五千（指科技人员），是班子。要真正执行毛主席科研路线的。组织整顿、思想整顿还不是这些人。

邓小平指出：科研工作能不能搞起来，归根到底是领导班子问题，不把领导班子弄好，谁来掌握政策？领导班子特别要注意提拔有发展前途的人。对于那些一不懂行、二不热心、三有派性的人，为什么还让他们留在领导班子里？科研人员中有水平有知识的为什么不可以当所长？现在的工作，主要是依靠40多岁的人来搞。好的可以管党务工作，管后勤工作。

邓小平说：后勤工作很重要，它要为研究工作创造条件，保护和管理好资料、材料、仪器、机器。不是忠心耿耿的人，不懂科学知识的人，是搞不起来的。这也是科研工作中的政治工作。不能叫科研人员还去搞后勤，整天东跑西跑。要让党性好的组织能力强的人搞后勤。党的、科研的、后勤的工作，三个部分，没有后勤，科研搞不起来。

邓小平从科技的整顿，又谈到与科技发展有密切关系的教育的整顿，发表了很多重要的意见。

邓小平站在世界历史发展的高度看问题，指出："我们提高工厂自动化水平，要增加科技人员，这就要靠教育。提高自动化水平，减少体力劳动，世界上发达国家不管是什么社会制度都是走这个道路。科技人员是不是劳动者？科学技术叫生产力，科技人员就是劳动者！"

邓小平要求对《汇报提纲》作一些修改：要写清队伍，把国防科技、国防工业包括进去；把哲学与自然科学的关系进一步写清楚；具体问题增补一点。他说，经过增补、修改后，先送主席，并印发政治局。主席非常关心这个问题。在整顿的全局上，邓小平对《汇报提纲》有很高的期待，他希望经党中央、毛主席批准后，用这个文件发动科技战线的群众，把我国科学技术的水平搞上去，并推动文化教育战线的整顿。

4. 会后的修改和一条语录引起的麻烦

按照这次国务院会议上邓小平的讲话和讨论时的意见，胡乔木等很快又修改一遍，于9月28日完成。这是《科学院工作汇报提纲》的第五稿。这次的主要修改是：（1）关于队伍，把全国各专业研究机构五个系统（科学院、各部委局、国防部门、各省市自治区和高等学校）都计算在内，全国科技人员共约25万人。（2）进一步明确基础科学研究与应用科学研究、开辟新兴科技领域的关系，强调基础科学理论研究的地位。（3）明确指出要选拔科研人员，特别是有水平的中年知识分子，担任正副所长等领导职务。（4）明确科技大学要从优秀高中毕业生中直接招生。（5）重视科学普及与科学出版工作。在科学院整顿的内容这一部分中增加了"整顿科技出版工作"一项。（6）对哲学与自然科学的关系一段作了修改，在写明一定要强调马克思主义哲学对自然科学研究的指导作用，应该积极组织科研人员自觉地学习和运用辩证法的同时，明确指出："不注意哲学与自然科学的区别，以为哲学可以代替自然科学，以为有了哲学就可以不要各门自然科学的基础理论，以为不需要依靠辛勤的科学实验和精确的科学论证，只依靠哲学的一般原理就能推演出具体的科学问题的科学结论，也是不对的。”

9月28日完成的第五稿立即报送毛泽东审阅。这时，正巧毛远新因参加新疆维吾尔自治区成立20周年庆祝活动从沈阳来京，和毛泽东谈了许多不满邓小平整顿的话。毛审阅《汇报提纲》时表示，其中引用的“科学技术是生产力”这句话，他不记得在哪里说过。邓小平知道后，即向胡乔木作了传达。这时是10月13日或14日。

胡乔木即组织查核这句话的确切出处以及文件中引用的其他毛主席语录的出处，并整理成材料，于10月下旬上报。

就在10月中旬毛泽东对《汇报提纲》不满的时候，邓小平把清华大学刘冰等人反映迟群问题的信转交给毛泽东。毛泽东更为恼怒，认为信的动机不纯，信中的矛头是对着他的，邓小平偏袒刘冰。整个形势由此逆转。

10月24日，毛泽东把《汇报提纲》退给邓小平。邓即找胡乔木再作修改。胡遵嘱又改出一稿。此时邓小平已经在政治局内受到批判了。这样，《汇报提纲》的最后一次修改稿（第六稿）最终压在邓小平处，没有再送上去。1976年8月“四人帮”拿到公众面前大张挞伐的，只是这个文件最初的8月11日讨论稿，而且只是六个部分中的第三部分。

粉碎“四人帮”后，邓小平刚开始恢复工作，就首先抓了科学和教育两件大事，认为我国赶上世界水平“要从科学和教育着手”。在1978年3月全国科学大会上，邓小平深刻地阐述了科学技术是生产力、脑力劳动者是劳动人民的一部分的观点，提出了建立宏大的又红又专的科技队伍的任务。这次科学大会制定的《1978年至1985年全国科学技术发展纲要（草案）》是1975年整顿中的《科学院汇报提纲》在新的历史条件下的发展，而1975年整顿中的《科学院汇报提纲》，正是科技、文化、教育领域拨乱反正的一个前奏。

十四　教育整顿

在新中国社会主义先进文化建设的曲折历程中，教育是一个斗争相当激烈的重要领域。“文化大革命”中教育领域更成为“重灾区”。1975年9月，邓小平正式提出“教育也要整顿”。在邓小平领导下，周荣鑫义无反顾地进行教育整顿，作出了巨大努力，终至牺牲了生命，在新中国教育史和先进文化建设史上，写下了悲壮的一页。

周荣鑫上任后的“三把火”

周荣鑫认为教育上的问题不在教师，而在领导，特别是教育部门的领导。根本的问题是没有全面、完整、准确地理解马列主

◎1959年春，陈云视察浙江大学，右一为时任该校校长的周荣鑫（选自画册《陈云》，中央文献出版社1995年版）

义关于教育的理论，特别是没有全面、完整、准确地理解和贯彻执行毛主席关于教育革命的指示。1971年张春桥、姚文元和迟群炮制的《全国教育工作会议纪要》所作的“两个估计”，把“文化大革命”以来已经搞得十分混乱的思想搞得更乱，许多问题混淆了是非，界限不清，因此，他认为整顿教育，首先要整顿思想。要正确理解和贯彻毛主席、周总理关于教育方面的指示，在摸清情况、全面理解的基础上，首先要分清是非，划清界限。

在9月以前，为分清是非，划清界限，周荣鑫从教育部机关到全国教育战线，主要抓了三件事。

第一件事，学习、总结。组织教育部内各司、局单位，结合总结工作，学习中央文件和毛泽东、周恩来、邓小平指示，认清当前的形势，明确政治方向和主要任务。

第二件事，座谈、讨论。有计划地在全国教育界组织各种座谈会、讨论会，进一步调查了解情况，就教育领域的重大是非问题交换意见，力求划清界限。

第三件事，办好《教育革命通讯》，用以统一认识，引导教育整顿的进行。

在抓这三件事的过程中，为分清是非，划清界限，周荣鑫着重抓住“文化大革命”以来被林彪、“四人帮”搞乱了的四个主要问题，对“左”倾理论和做法鲜明地予以否定。

第一，否定“两个估计”。对张春桥、姚文元和迟群搞出来的“两个估计”，毫不留情地进行批判，予以否定，是周荣鑫这一时期谈话的主题。

第二，肯定以学为主，正确看待学习文化科学知识。

第三，主张加强基础理论和理科教育。周荣鑫主持编印了《周总理有关基础科学研究和理科教育革命的部分指示》。主要内容是1972年整顿期间关于加强基础理论研究和理科教育的谈话和批示（共14次）。以后又编印了《毛主席关于自然科学的部分论述》，供内部学习。周荣鑫用毛泽东、周恩来的指示做根据，反复说明加强基础科学理论研究的重要性。

第四，正确认识“社来社去”与大学的培养目标。

周荣鑫主持起草《教育工作汇报提纲》

1975年9月15日，邓小平在全国农业学大寨会议上提出“教育也要整顿”。整顿的核心是重新确立教育在国家经济建设和实现四个现代化中的基础地位。9月26日，邓小平在听取科学院工作汇报时提出了教育整顿的任务。周荣鑫决定学习科学院的办法，起草一个关于教育工作的汇报提纲，报请中央批准后，以此来统一思想，指导教育整顿。

周荣鑫在教育部内成立了一个起草小组，明确由编辑《教育革命通讯》的方玄初执笔。周荣鑫要求起草小组成员学习、领会邓小平指示精神，把邓小平的指示贯穿在汇报提纲之中。

起草小组处于半秘密状态。经过几次讨论，确定要把毛泽东1957年关于“十年树人”的一段指示作为立论的基点。毛泽东在1957年曾经提出：“我们要在十年内培养自己的无产阶级的庞大的技术队伍，百年树人，应该改为十年树人。没有这一条，社会主义建设不成。无产阶级没有庞大的技术队伍、理论队伍、专家队伍（有马克思主义思想的专家队伍）不行。”《教育工作汇报提纲》要把毛主席的论述作为旗帜，联系实际明确提出：要是教育上不去，就会拖后腿，影响无产阶级专政的巩固和四个现代化的全部进程。①

《教育工作汇报提纲》在周荣鑫直接指导下前后写了三稿。

10月8日，在第一次研究《汇报提纲》时，周荣鑫对如何写好《汇报提纲》讲了意见。他说，汇报提纲要写存在问题，把对

---

①据方玄初：《〈教育工作汇报提纲〉出台的前前后后》，《中共党史资料》第70辑，第49页。

立面的典型言论拿出来，让人家一看就懂。他还说，通知要写明“不许整老师”、“不能矛头向下”。周荣鑫看过第一稿后，要求在修改时针对偏差，正面讲清涉及面大、有普遍性的几个关系。[①]

10月23日，第二次研究《汇报提纲》时，周荣鑫要求，主要从正面阐述几个关系问题：政治和业务、理论和实际、以学为主和兼学别样、分数挂帅和必要的考试、智育第一和智育、基础理论和应用科学、普及和提高、师道尊严和必要的组织纪律的关系等。一方面既全面讲清楚这几个关系，另一方面又联系实际明确提出要纠正排斥业务和不搞业务的倾向。《汇报提纲》还要专门谈“落实党的知识分子政策，加强教师队伍建设”的问题和整顿领导班子。[②]

第二稿写好后，因为形势有了变化，没有立即送上去。11月12日，《汇报提纲》执笔人方玄初把稿子送给周荣鑫，同时写了一封短简。信中特别提到两个问题：一是关于教育战线形而上学错误的实质，一是要全面看问题，不能搞折中主义。这也正是周荣鑫多次提醒大家注意的、教育整顿要解决的重点问题。

《汇报提纲》共六个部分：（1）教育革命取得了很大成绩。（2）新的形势重新把“十年树人”的历史任务提到我们的面前。（3）坚持党的基本路线，进一步搞好教育革命。（4）落实党的知识分子政策，加强教师队伍的建设。（5）坚持两条腿走路，充分发挥两个积极性。（6）整顿领导班子。[③]

《汇报提纲》第二部分中引用了毛泽东1957年的指示，从毛泽东提出的“十年树人”的任务出发，指出：“我们面对着一个严峻的问题：要是教育上不去，就会拖后腿，影响无产阶级专

---

①据张化：《1975年教育界的斗争》，《中共党史资料》第70辑，第155页。

②据方玄初：《〈教育工作汇报提纲〉出台的前前后后》。

③《教育工作汇报提纲》（11月10日稿），存教育部档案处。本文叙述此件内容均据此稿。

政的巩固和四个现代化的全部进程。”并作了具体的分析，郑重地提出，应当清醒地看到：（1）我们的教育改革还处在试验阶段，改革还不彻底，改革的成果还不巩固。（2）各类教育事业在培养人材的数量和质量方面，和四个现代化的要求相距很远。（3）教育革命是一场深刻的社会革命，不可避免地出现一些新矛盾、新问题，我们教育部门和学校领导对此缺乏认真研究，执行党的路线、方针和政策存在不少片面性。所以，“形势的发展迫切要求我们把教育整顿好”。

《汇报提纲》第三部分“坚持党的基本路线，进一步搞好教育革命”，着重分析了当前教育改革试验中要着重正确处理政治与业务的关系，“以学为主”和“兼学别样”的关系，理论与实际的关系，普及和提高的关系。此外，还要正确处理教员和学生的关系，划清“师道尊严”和正确教育和管理学生的界限，“管、卡、压”同执行正确的规章制度的界限。鼓励教员忠诚党的教育事业，为培养无产阶级革命事业接班人贡献自己的力量。

《汇报提纲》第四部分是“落实党的知识分子政策，加强教师队伍建设”。指出教师的积极性没有充分调动起来，主要原因是党的知识分子政策没有很好贯彻落实。一些教育部门和学校的领导，不加区别地把广大教员一律称做资产阶级知识分子，还动不动就斥责教员是资产阶级知识分子统治学校。要全面贯彻落实知识分子政策，善于团结教育他们，领导他们前进。建议明年召开一次全国先进教员大会。

教育整顿的厄运和周荣鑫的牺牲

教育整顿是同“四人帮”的一场尖锐、激烈的斗争。周荣鑫以邓小平提倡的横下一条心，不怕被打倒的精神领导教育整顿。自1975年5月以来周荣鑫发表的许多谈话，在教育界、在社会上传播开去，受到广大教育工作者的热烈欢迎。同时，也引起“四人帮”及其帮派势力的强烈不满。他们用歪曲、编造的手法，瞎传他的讲话，来中伤、损毁周荣鑫。周荣鑫在8月30日上午四省市城市中小学教育座谈会结束会上的讲话中，无所畏惧地揭露这种现象，予以回击。周荣鑫在讲正题之前，首先动情地讲了这样一番话：

> 教育部还没有成立领导小组，现在还是“一长制”（这不是怪话）。所以今天谈的问题没有经过集体讨论，只是讲讲个人意见，供大家参考。最近我陆续讲了些问题，但传得很厉害。北京市流传说，我讲了教育战线就是林彪路线的干扰，林彪的干扰是最大、最大、最大。这样讲法不是跟林彪一样了吗？也是最、最、最！传这些话的人，一种是无聊！还有一种也可能是想打倒你，他来干。要不，瞎传这种话干嘛？我的有些话可能刺痛了那些好搞形而上学的人，他们有些不满。我的话也不是百分之百的正确，错误难免，不可能是百分之百的布尔什维克。要坚持真理，修正错误。要打倒，我也不怕。要做小平同志讲的那样不怕被打倒的人。毛主席讲得最彻底，就是五不怕：不怕撤职，不怕开除党籍，不怕老婆离婚，不怕坐班房，不怕杀头。这就是看破红尘，无所谓了。有的好像认为教育部长是肥缺似的，打倒你我来干，争权夺利。我的话刺痛了一些人，我也不怕，有错就改。

10月20日，周荣鑫听取七所铁路高等学校接交及教育革命情况汇报，发表长篇讲话。这时，“四人帮”及其帮派势力已经造开了反对整顿的舆论，周荣鑫已经感受到巨大的压力。他一开始就不无感慨地说：“讲话不讲了。一讲就要消毒。有人说我讲的话只有老干部和知识分子赞成，这就有问题，是右倾机会主义了。好像对老干部和知识分子都不要作阶级分析了。我在北京钢院座谈会上讲了话，人家就派××去消毒了。文教战线有些地方是针插不进，水泼不进，北京文教组就是这样，说听毛主席的，别的谁讲话都不听。”周荣鑫指出，中央9号文件以后形势大好，但不要忘记形势逼人。离开了当前形势谈教育就谈不清楚。总的讲来，我国社会主义革命和社会主义建设正处在一个重要的历史发展时期，在20世纪内要实现四个现代化。不搞现代化就不能使我国走在世界的前列。要搞四个现代化，这就要求教育部门培养能为巩固无产阶级专政，适应四个现代化需要的人材。他从方法论上批评“四人帮”说：当前形势，就是要把培养无产阶级革命事业接班人的任务和适应四个现代化需要统一起来，不能割裂开。我们现在有人把政治和经济、业务、技术总是割裂开。毛主席一再教导，是对立的统一。割裂开的思想不对，要讲对立统一，而现在有人就是搞形而上学。

周荣鑫就知识分子问题、以学为主问题、社来社去问题展开了相当深入的论述。在结束讲话时，他颇为激动地说：“我讲话有人攻啊！说是右倾机会主义。但我还要讲。没有别的，现在就是有一股干扰毛主席革命路线的歪风，就是要扭转干扰毛主席革命路线的这股风。不怕，最多不过撤职，刚才讲的要能官能民嘛！”他的这番话，今天读来，仍能感受到1975年教育整顿斗争尖锐复杂的气氛。周荣鑫认识到征途的艰险，他从最坏处打算，做好了被撤职的准备，但他没有料到，最后的结果是敌对的一方把他置于死地，他为教育整顿献出了生命。

当周荣鑫主持起草的《教育工作汇报提纲》（11月10日稿）印出铅字稿的时候，一场以所谓“反击右倾翻案风”为特征的“教育革命大辩论”已经在清华大学掀起了。11月8日，张春桥已经找周荣鑫谈话，责令其检查。紧接着，周荣鑫得到通知，要他于11月14日到政治局扩大会议上接受批评。11月18日，清华大学、北京大学相继贴出大字报，周荣鑫被公开点名批判。11月30日，张春桥得意扬扬地向来访的阿尔巴尼亚教育代表团介绍中国“教育革命大辩论”的情况，说“现在争论的头一个问题是对文化大革命以前十七年教育怎样估计”。还说：“我们的教育部长也有问题。”12月20日，中共中央转发了载有张春桥谈话的《外交通报》。周荣鑫被“四人帮”推上了祭坛。教育整顿就此中断，指导教育整顿全面展开的《教育工作汇报提纲》还没有来得及上报，就被扼杀了。唯其如此，在“反击右倾翻案风”中，也没有很快被发现。张春桥等后来得知，看到这个《提纲》，恨恨地说：发现迟了，要不然，这就是第四株大毒草。此话说明，在张春桥的眼里，《教育工作汇报提纲》同《论总纲》、《工业二十条》、《科学院汇报提纲》一样，都是击中“四人帮”要害的文件。

《教育工作汇报提纲》因没有暴露而一时避过了“反击”的锋头，但周荣鑫从1975年12月起即一直受到追查、批判，终至冠心病严重发作而住院。迟群一伙惨无人道，从1976年1月起，强令重病未愈的周荣鑫出院，接受追查、批斗，达50余次。1976年4月12日上午，迟群一伙又开会批斗周荣鑫，直到周荣鑫当场昏厥。13日凌晨，周荣鑫不幸去世，年仅59岁。真是“出师未捷身先死，常使英雄泪满襟”。

周荣鑫领导的1975年教育整顿为后来教育界的拨乱反正，为新时期社会主义先进文化的建设，起了先导作用。而为教育整顿而牺牲的周荣鑫部长，将永远受到人们的怀念和尊敬。

十五　围绕评《水浒》展开的斗争

毛泽东发表关于《水浒》评论的经过

毛泽东一生酷爱读书，尤其熟悉和喜欢中国古典文学作品。“文化大革命”后期，毛泽东对古典小说《红楼梦》、《水浒》有所评论，还指示重新印行《红楼梦》、《水浒》。在他的提倡下，1973年秋冬，全国上下掀起了一个“评红”的热潮。

1975年4月中旬，毛泽东从杭州回到北京。这时，他双眼白内障十分严重，连大字本都不能看了。从5月29日起，北京大学古典文学教员芦荻到他那里，为他读一些文史作品。在读书过程中，毛泽东发表一些对作家作品和历史问题的见解，也解答芦荻提出的一些问题。

8月13日，芦荻就中国几部古典小说的评价问题向毛泽东请教。毛泽东先谈论了《三国演义》、《红楼梦》，然后谈到《水浒》。关于《水浒》的评论，芦荻听到过传闻：毛泽东说《水浒》是只反贪官，不反皇帝的。后来，又传毛曾在一次讲话中提到《水浒》。只反贪官、不反皇帝的评论可能就是毛在这次讲话中说的。这天，芦荻趁毛主席谈到《水浒》的机会，当面请教这件事。

毛泽东回答说：那两句话是在一次政治局扩大会议上讲的。毛泽东所说的中央政治局扩大会议，是指1973年12月21日他接见参加中央军委会议同志的会议。在那次谈话中，他特别提倡读《红楼梦》，同时说到：《水浒》不反皇帝，专门反对贪官。后来接受了招安。

接着，芦狄又请教毛主席：既然如此，那么，《水浒》这部书的好处在哪里？应当怎样读它？于是，毛泽东对《水浒》作了一番评论：

《水浒》这部书，好就好在投降。做反面教材，使人民都知道投降派。

《水浒》只反贪官，不反皇帝。屏晁盖于一百零八人之外。宋江投降，搞修正主义，把晁的聚义厅改为忠义堂，让人招安了。宋江同高俅的斗争，是地主阶级内部这一派反对那一派的斗争。宋江投降了，就去打方腊。

这支农民起义队伍的领袖不好，投降。李逵、吴用、阮小二、阮小五、阮小七是好的，不愿意投降。

毛泽东还说，鲁迅评《水浒》评得好，要好好学习鲁迅的思想观点。他称道鲁迅在《流氓的变迁》一文中对《水浒》的评论，赞赏鲁迅对金圣叹腰斩《水浒》的批评，并对在《水浒》评论中长期没有贯彻鲁迅评论的精神，表示不满。毛指示《水浒》主要的三种版本都要出，把鲁迅的话印在前面。[①]

谈话后，芦荻即将记录作了整理。8月14日，经毛泽东本人审定。此件被称为“关于评论《水浒》的批示”。

毛泽东评论《水浒》的初衷

从上述毛泽东和芦荻谈话的经过和内容来看，毛泽东这番评论是就《水浒》这部小说的人物形象和认识意义而言的。他指出了这部小说主要的政治倾向和社会价值，进行的是文艺评论。和谈话的另一个重要内容——做好《水浒》出版工作联系起来看，

①毛泽东：《关于〈水浒〉的评论》，《建国以来毛泽东文稿》第13册，第457页。

这番评论的主要目的是解决《水浒》评论中存在的问题，指导人们阅读这部小说。

当然，这并不是说，文艺评论和现实生活、政治斗争没有联系。作为伟大的无产阶级革命家，毛泽东评论文艺作品，特别注重从历史的、社会的角度，来发掘作品和人物的社会意义和认识价值，特别善于联系现实，古为今用，发表一些独具慧眼的见解。这是他的文艺评论的特点。这在毛泽东历次关于《水浒》的评论中，包括1975年8月这次关于《水浒》的评论中，表现得非常突出。

不过，毛泽东1975年8月对《水浒》的评论，和他以前对《水浒》的评论确有很大的不同。毛泽东历来把《水浒》列入“民主文学”的范畴，他多次把自己带队伍上井冈山比作是“没有法子，被逼上梁山”。[①] 他在不少文章中，引用《水浒》故事来说明问题。在《中国革命战争的战略问题》中，引用林冲踢翻洪教头的故事，说明战略退却的作用和意义；在《矛盾论》中，引用三打祝家庄的故事，分析矛盾的特殊性，就是著名的例子。1944年1月9日看了依据《水浒》“林十回”故事编演的平剧（即京剧）《逼上梁山》以后，毛泽东深夜给作者写信，祝贺他们写出了“历史是人民创造的”这个主题，“恢复了历史的面目”，使“旧剧开了新生面”。[②] 他还跟人讲过，《水浒》要当做一部政治书看。它描写的是北宋末年的社会情况，中央政府腐败，群众就一定会起来革命。这支队伍，来自各个山头，但是统帅得好。[③] 由此，他引申出我们革命也要认识山头，承认山头，照顾

①1939年7月9日在陕北公演所作题为《三件法宝》的演讲、1964年同安娜·路易斯·斯特朗的谈话等。

②毛泽东：《致杨绍萱、齐燕铭》（1944年1月9日），《毛泽东书信选集》，人民出版社1983年版，第222页。

③据薄一波的回忆。转引自费振刚、董学文主编：《毛泽东批注圈阅史传诗文集成》（下卷），吉林人民出版社1997年版，第1156页。

山头，到消灭山头，克服山头主义。如此等等。

如果说，毛泽东先前对《水浒》的评论，着重在赞扬它写的反抗，那么，在“文化大革命”后期，在1975年8月对《水浒》的评论，主要就着眼于它所写的投降了。那么，在1975年8月，毛泽东谈论《水浒》，为什么把重点放在批评宋江的投降上面呢？这同毛泽东当时的心境，同他当时对国家前途的忧虑有着密切的联系，要从了解和分析他当时的心理状况入手，才能说得清楚。

当年为毛泽东做左眼手术的两位大夫唐由之、张淑芳，分别向笔者讲述过这样一件事——

1975年7月23日夜，他们用金针拨障术成功地为毛泽东左眼做了白内障手术。手术后的一天，毛主席读一首宋词，忽然大哭起来，涕泗滂沱，不能自抑。医生劝慰后询问原因，方知毛读的是陈亮的《念奴娇·登多景楼》。[1] 从这首词，毛联想到，如果

◎1975年，毛泽东左眼复明后和眼科医生唐由之（前左一）等合影（选自画册《红墙聚焦——中南海摄影师眼中的伟人世界》，中国文联出版公司1999年版）

①这首词的全文是：危楼还望，叹此意、今古几人曾会？鬼设神施，浑认作、天限南疆北界。一水横陈，连岗三面，做出争雄势。六朝何事，只成门户私计？因笑王谢诸人，登高怀远，也学英雄涕。凭却江山，管不到、河洛腥膻无际。正好长驱，不须反顾，寻取中流誓。小儿破贼，势成宁问强对！

北方的邻国入侵我国，中国北部的大片领土沦入敌手，那么，今日的中国也将出现南宋那样的情景。北方已是“河洛腥膻无际”，而南方的妥协投降派却只想划江自守，偏安一隅，表面上还装出一副英雄模样。这是一种多么可怕的情景。毛泽东时已年老力衰，纵有如陈亮在这首词里表现的那种不畏强敌、长驱破贼的英雄气概，也是力不从心了。这又是多么的悲凉。这就是毛泽东泪如泉涌的缘由。这不是毛泽东一时的激动，而是长期为我国国家安全忧虑的心境使然。在长达1700多公里的中苏边境线上，苏联陈兵百万，导弹发射架瞄准着我国的核基地，时时威胁着国家的安全、民族的独立、领土的完整。在这样的形势下，毛泽东当然要为国家的安危、民族的前途忧虑。他当时选读了不少和陈亮这首《念奴娇》主题和情绪相仿的宋词，[①] 他在做眼科手术时，还让播放岳飞的《满江红》（怒发冲冠）。从这一个侧面，可以体察到毛泽东当时的心境。所以，在当时的形势和心境下，毛泽东评论《水浒》，古为今用，要人们看清宋江投降的本质，使人民都知道投降派，是完全可以理解的。

由此可见，这篇批示确是有感而发，但并无具体所指。毛泽东着眼于发掘《水浒》中固有的思想内涵，引导人们提高警惕，增强鉴别能力。他的评论是泛论，而不是实指。芦荻在给医疗组同志讲怎样理解毛泽东评《水浒》时，特意说明：现在有人说党内有投降派，要抓现代投降派，毛主席完全没有这个意思。

---

①毛泽东这时选读的宋词有：张元干的《石州慢》（寒水依痕）、《贺新郎》（曳杖危楼去）、《贺新郎》（梦绕神州路），张孝祥的《六州歌头》（长淮望断），辛弃疾的《水龙吟》（楚天千里清秋）、《水调歌头》（落日塞尘起）、《摸鱼儿》（更能消几番风雨）、《破阵子》（醉里挑灯看剑）、《永遇乐》（千古江山），等等。据刘修明：《从印刷“大字本”古籍看毛泽东晚年的思想和心态》，《当代中国史研究》1994年第2期。

姚文元把对《水浒》的评论引入异途

8月14日，芦荻把整理成文的关于《水浒》的谈话交毛泽东审阅定稿。毛泽东审定以后，机要秘书张玉凤即按通常的做法，把内容属文艺的这个批示发给了宣传口。当时分管宣传口的是姚文元。于是毛泽东的批示最先到了姚文元的手里。

从批评反经验主义到启动文艺调整，“四人帮”处于越来越被动的地位。他们处心积虑进行抵制，总想反守为攻。在“四人帮”看来，毛泽东发表的关于《水浒》的评论，可以加以利用，进行反扑。姚文元8月14日当天接读批示不到三个小时，便给毛泽东写信，引申、发挥以至篡改毛泽东的谈话，提出贯彻办法。[①]

姚文元竭力夸大毛泽东关于《水浒》的评论的重要性，还偷梁换柱，故意歪曲，提出一个“宋江排斥晁盖是为了投降的需要”的命题。他又竭力将事情扩大，把毛泽东关于一部小说的谈话，引导到进行全国范围的学习讨论以至政治斗争。他提出，把毛泽东的批示和自己的这一封信“印发政治局在京同志，增发出版局、《人民日报》、《红旗》、《光明日报》，以及北京大批判组谢静宜同志和上海市委写作组”，由《红旗》杂志发表鲁迅论《水浒》的段落，并组织或转载评论文章，要《人民日报》和《光明日报》就此事订一个规划。

毛对姚信批示“同意”。关于《水浒》的批示和姚信一起，先发给了政治局内江青等七人，随后即在政治局内分发。

8月18日，姚文元又给毛泽东送上《人民日报》、《光明日报》讨论情况及初步规划各一份，说“拟同意他们这样办”。毛

①见毛泽东《对姚文元关于开展对〈水浒〉评论的报告等的批语》注［1］，《建国以来毛泽东文稿》第13册，第459－460页。

泽东又批示"同意"。[1]

这样，姚文元完成了把对一部古典小说《水浒》的评论引导到开展一场政治运动的"合法手续"。

按照"四人帮"的部署，北京两报一刊接连发表评《水浒》批投降主义的文章。[2] 就这样，毛泽东关于《水浒》的谈话，经过"四人帮"的引申、拔高、扭曲、变性，经过他们组织、策划，就由泛论变成了实指，由文艺评论变成了政治斗争。于是，一场评《水浒》、批宋江、抓"现代投降派"的运动紧锣密鼓地发动起来了。

江青竭力鼓吹《水浒》的要害是"宋江架空晁盖"

八、九月间报刊上关于"架空"的鼓噪，同江青的兴风作浪是分不开的。

江青从反"经验主义"阴谋失败，遭到毛泽东和中央政治局批评以来，只得暂时韬光养晦。毛泽东评《水浒》谈话发表后，江青以为有了可乘之机，又开始活跃起来。8月下旬，她召集文化部的亲信开会，肆意歪曲毛泽东的批示，强调"批示有现实意义"，提出"《水浒》的要害是架空晁盖，现在政治局有些人要架空主席"。

从8月下旬到9月上旬，北京、上海两地报纸连续发表文章。此后，江青又乘召开全国农业学大寨会议之机，于9月12日、17

①据《建国以来毛泽东文稿》第13册，第459－460页。

②1975年8月23日，《光明日报》发表《〈水浒〉是一部宣扬投降主义的反面教材》；8月28日，《红旗》杂志登出短评《重视对〈水浒〉的评论》；接着，8月30日，《光明日报》发表梁效的《鲁迅评〈水浒〉评得好》；8月31日，《人民日报》转载《红旗》短评，并发表竺方明的《评〈水浒〉》；9月4日，《人民日报》发表社论《开展对〈水浒〉的评论》；9月5日，发表北大、清华两校大批判组文章《投降主义路线的赞歌》。

日在大寨接连发表讲话，对毛泽东的《水浒》批示进行歪曲和篡改，鼓吹评《水浒》是对当代有意义的大事，要害是“宋江架空晁盖”，批《水浒》就是要大家知道党内有投降派，妄图把周恩来、邓小平、叶剑英等打成“现代投降派”，为他们篡夺党和国家的最高领导权扫清障碍。

邓小平同“四人帮”针锋相对的斗争

8月21日，邓小平与国务院政治研究室负责人开会。胡乔木就评《水浒》请教邓小平：毛主席的指示是针对什么的？是不是有特别所指？邓小平明确回答：就是文艺评论，没有别的意思。

九、十月间，邓小平在部分省委书记座谈会上说：“评论《水浒》是怎么一回事？主席把七十一回本读了三个月，读了以

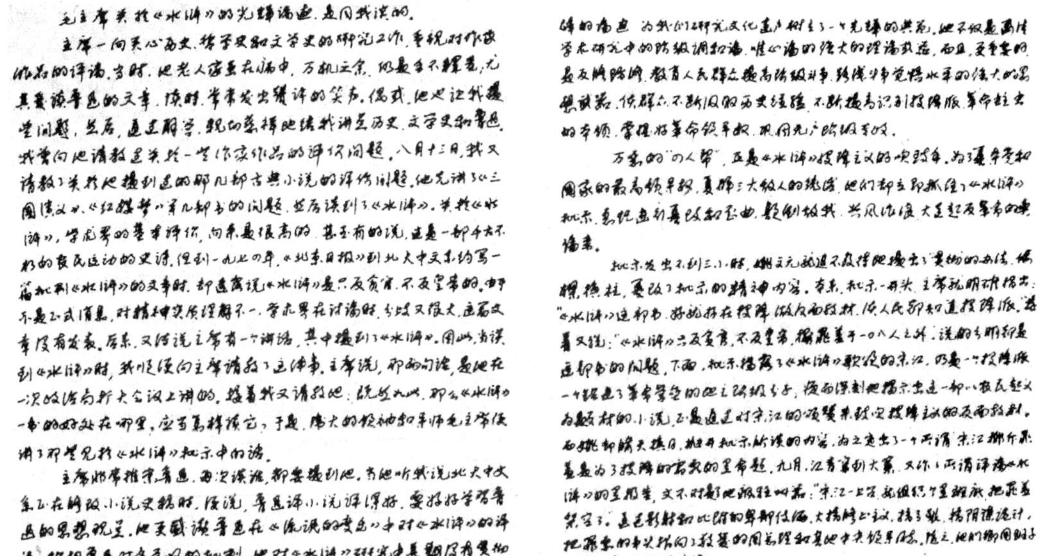

◎芦荻揭发“四人帮”假毛泽东关于《水浒》的谈话贩卖自己的私货（1976年10月28日，选自《邓小平在一九七五》插图，中国青年出版社2004年版）

后，主席发了这一通言论。有人借这做文章，想搞阴谋。”[①] 邓小平发出了跟“四人帮”不同的声音。与会的省委书记一听便知，想搞阴谋的是谁。

9月12日，江青在大寨讲了《水浒》的要害是架空晁盖等话后，在大寨的新华社记者立即把江青讲话要点发回北京。新华社负责人穆青收到后，立即向吴冷西报告。吴马上驱车前往新华社，取回江青讲话要点。与胡乔木稍作商议后，立即向邓小平汇报。他们还带去9月5日《人民日报》和11日《文汇报》关于“宋江架空晁盖”的剪报。

邓小平一看便知，江青的讲话和报上文章说“宋江架空晁盖”显然是对他的影射。便说：这个讲话要立即送给主席看。要想办法用别的途径尽快送上去。邓小平还说：现在高喊反复辟的人就是真正复辟资本主义的人。

吴冷西同胡乔木商量决定，新华社记者发回来的这份江青讲话，请另一位新华社的记者李琴（杨立三夫人）交给唐闻生，由唐在毛泽东接见外宾时面交。就这样，这份材料很快送到了毛泽东的面前，让毛及时了解了江青在大寨讲话公开鼓吹“架空”说的情况。

9月24日，邓小平陪同毛泽东会见越南劳动党第一书记黎笋。在会见结束送走客人以后，邓小平把江青9月中旬在大寨所作的关于《水浒》的要害是“架空晁盖”等讲话向毛泽东作了汇报。毛泽东气愤地说：放屁！文不对题！接着又说：那是学农业，她搞评《水浒》。这个人不懂事，没有多少人信她的，上边（指政治局）没有多少人信她的。[②]

江青要求在全国农业学大寨会议上放她的讲话录音，印发她的讲话稿。华国锋请示毛泽东，毛指示：稿子不要发，录音不要

①转引自《我的父亲邓小平：“文革”岁月》，第406页。

②据《建国以来毛泽东文稿》第13册，第399页。

放，讲话不要印。[①]

邓小平等及时的汇报，使毛泽东了解了江青等人借评《水浒》进行的活动。毛泽东同意把评《水浒》作为学习理论、反修防修的组成部分，但无意借此来搞一场新的政治运动。他不赞成“架空”说，不同意在党内批所谓“现代投降派”，把矛头指向周恩来、邓小平等老同志。这就使得“四人帮”利用评《水浒》搞宗派、搞分裂、夺取最高权力的阴谋破产。

①据《建国以来毛泽东文稿》第13册，第397页。

十六 农业学大寨和农业整顿

邓小平谈农业学大寨和农业整顿

邓小平在全国农业学大寨会议开幕式上的报告中，总结了建国25年来农业的成就，着重强调了农业的基础地位和实现农业现代化的艰巨性。

邓小平指出：实现四个现代化，照我个人的看法，关键是农业现代化。四个现代化，比较起来，更加费劲的是农业现代化。毛主席向来讲我们的国家建设要按农、轻、重的次序安排。

◎邓小平在大寨虎头山上（选自《邓小平画传》）

为什么要把农字放在第一位？农业是基础。我们今后25年时间达到四个现代化目标，必须认真注意这个问题。不管工业发展得怎样快，不管我们科学技术的水平提高到怎么样，要有农业这个基础的发展，才能够推动另外三个现代化的前进。如果农业搞得不好，很可能农业拉了我们国家建设的后腿。

邓小平在报告中分析了全国农业学大寨的现状，对学大寨提出新的要求：现在的问题是，要求逐步地有更多大寨式的县。不要只提公社，不要只提大队，要提高一步，搞大寨县。普及大寨县，这次全国农业学大寨会议的这个主题，就是根据邓小平这一要求确定的。

对于怎样学大寨，邓小平提出“学大寨要真学”。“希望三千多代表都要真学。就是这三百个先进县的代表，也要采取这种态度。”他指出：大寨、昔阳一个很大的特点是不满足自己。毛主席说要继续革命，不断革命。要以继续革命、不断革命的精神来学大寨。他又指出：真学，就表现在学到了，回去就老老实实地干。二是不要只从表面上学，要研究一下，为什么大寨能够这样？昔阳能够这样？不要只看到粮食产量，要研究大寨、昔阳的一些具体政策。要学路线、学方针、学政策、学方法。

邓小平在报告中扼要地阐述了农业整顿的必要性和具体内容。他指出：一要巩固和发展集体经济；二要调整现有若干方面的政策；三是关键在领导。领导第一是省委，然后是地委、县委，特别要注意县委。县委相当于军队的团，又是领导机关，又是执行机关。有一个好的县委领导班子，就可以带动公社、带动大队，就可以很好地选择公社、大队的领导干部。领导干部要稳定，不稳定，农业发展不起来。要把那些思想好，联系群众，能够带头干，能够艰苦奋斗的人提起来，不管过去是这一派那一派，不管过去犯了点什么错误，要用，用这种党性强的人。选好了人就有希望。没有好的带路人能带好路吗？不解决这个问题，空喊口号，天天喊学大寨，也没有希望。

农村政策的调整

在全国农业学大寨会议之前，中共中央、国务院已经就有关农村政策作出某些调整，就有些政策问题进行了调查研究。在全国农业学大寨会议后期，从9月23日起，中共中央在北京召开了农村工作座谈会。座谈会由纪登奎、吴德主持，中央主管农业的负责人和南方12个省、市、自治区党委第一书记共17人参加，专门讨论农村政策问题。这个座谈会开了一个月，到10月21日结束。

总的看来，在1975年的整顿中，农村政策的调整包含“放宽”和“稳定”两种情况，属于放宽政策的，有发展养猪业、支持社队企业等；属于稳定政策的，有农村人民公社的所有制问题、粮食收购价格问题等。农村政策的放宽和稳定，是这时农业调整的主要内容，带来了农业的增产，农村的发展，农民和全国人民生活的改善。

1. 大力发展养猪业

由于片面强调集体养猪，限制农民家庭养猪等政策的偏差，在相当长的一段时间里造成生猪生产下降，猪肉供应紧张。1974年全国只收购肉猪9843.4万头，比1973年减少352.5万头。城市采取定量供应的办法，许多城市人均肉食定量只有每月1斤。干部群众吃不到肉，营养不足，颇多怨言。如东北三省，想尽了办法，在一段时间里，每人每月只发肉票三两。于是民间戏称领导人为“×三两”。四川素称“天府之国”，吃肉也成了问题。

邓小平敏锐地看到，问题出在指导思想和政策上面。1975年7月，邓小平同四川省委第一书记刘兴元谈话，要四川省委研究农业政策，包括养猪政策。政策不能随便改，改了群众就不信任，四川要在几年内把农业搞上去。[1] 1975年8月20日至9月7日，国务

①转引自《当代四川简史》，当代中国出版社1997年版，第210页。

院召开生猪生产座谈会。讨论修改了《国务院关于大力发展养猪业的通知（草稿）》，指出："积极发展集体养猪，继续鼓励社员养猪"的方针，是毛主席批准的现阶段发展养猪业的正确方针，不能改变。社员饲养公猪、母猪，应当允许。只能用积极发展集体养猪的办法提高集体养猪的比例，决不能用限制社员养猪的办法来提高这个比例。不能把社员正当的家庭副业当做资本主义倾向去批判。鼓励社员养猪的政策和奖励办法不要随意变动。

《通知》于9月16日下达，产生了积极作用，社员养猪得到一定的发展。1975年底生猪存栏上升到2.8亿头，比1974年底的2.6亿头增加了2000万头，增长7.7%。四川省1975年生猪年底存栏数也比1974年增长了2.4%。

2. 支持社队企业的发展

在中央召开农村工作座谈会期间，毛泽东于9月27日对支持发展社队企业的三份材料给邓小平写了批语："请考虑，此三件（两封信及一篇报道）可否印发在京各中央同志。"[①]

毛泽东批给邓小平的三件材料是：1975年9月5日，浙江省永康县银行干部周长庚要求支持发展社队企业给毛泽东、中共中央的信和随信附上的1974年12月28日《华国锋同志给湖南省委的一封信》，以及《河南日报》1974年12月15日以《光明灿烂的希望》为题发表的《河南省巩县回郭镇公社围绕农业办工业、办好工业促农业》的调查报告。[②]

邓小平按照毛泽东的批示，将两封信和一篇报道一起，作为中共中央农村工作座谈会的文件印发。参加座谈会的部门和地方负责人都支持发展社队工业。

在座谈会期间，10月11日，《人民日报》头版通栏转载了

---

①引自《建国以来毛泽东文稿》第13册，第470页。

②据吴增地：《周长庚致信毛泽东主席的前因后果》，《当代农业史研究》1997年第3期。

人民日报

毛主席语录

以农业为基础工业为主导

农业的根本出路在于机械化

1975年10月11日

伟大的光明灿烂的希望

——河南巩县回郭镇公社围绕农业办工业、办好工业促农业的调查

公社要办工业

满腔热情地办好社队工业

◎1975年10月11日的《人民日报》

《光明灿烂的希望》一文，转载时在原标题上加了“伟大的”三字。同时发表评论《满腔热情地办好社队企业》。

10月16日，《人民日报》又以《希望就在这里——全国农业学大寨会议讨论发展社队企业、壮大集体经济的问题》为题发表“记者述评”。肯定社队企业“这一具有强大生命力的社会主义新事物，为我国农村的社会主义革命和社会主义建设开辟了广阔的道路”。指出：“哪里的社队企业发展得快、办得好，哪里就有力量扶助穷队发展生产，就能加快穷队逐步赶上富队的进程，使富队继续前进，从而使整个集体经济欣欣向荣，走上共同富裕的道路。”社队企业代表着“伟大的希望和前途，要满腔热情地支持它，办好它”。社队企业的发展展现了中国社会主义新农村的远大前景，“伟大的、光明灿烂的希望就在这里”。10月出版的《红旗》杂志第10期也发表了《大有希望的新生事物——江苏省无锡县发展社队工业的调查报告》，用典型事实说明社队工业“对于发展农业、建设社会主义新农村、改造小生产的习惯势力有着很大的作用”。此文发表以后，当月，就有21个省市、中央四个部门，共243个单位、6000多人前往江苏省无锡县参观、学习。[1]

①据《无锡县志》，上海社会科学出版社1994年版，第287页。

社队企业（即后来的"乡镇企业"），这个中国农民在实践中创造的富有中国特色的新形式，1975年九、十月间，在毛泽东、邓小平的明确肯定和积极支持下，得到蓬勃发展。[①] 它为20世纪80年代实行改革开放后乡镇企业的大发展奠定了坚实的基础。

3．稳定以生产队为基本核算单位的政策

1975年8月24日，陈永贵（原大寨大队党支部书记，时任中共中央政治局委员、国务院副总理，主管农业）在学习毛泽东关于理论问题指示后，向党中央和毛主席报送了对农村工作的五点建议。其中关系最为重大的一点是把人民公社的基本核算单位由生产队提升为大队。陈永贵认为，农业要大干快上，要缩小队与队之间的差别，实行大队核算势在必行。[②] 9月3日，毛泽东对陈永贵的建议写了批语："小平同志：此件请阅。请考虑一下，此件是否可以印发政治局同志，并在政治局讨论一次。"[③]

9月23日至10月21日，中共中央在北京召开农村工作座谈会，讨论的主要问题就是陈永贵8月14日提出的建议。会上，只有个别人赞成陈永贵的意见，主张从现在开始就分期分批地把核算单位从生产小队过渡到生产大队。大多数与会同志不同意这样做。有的同志指出，三级所有，队为基础，毛主席讲过至少30年不变，已经深入人心。如果向大队核算过渡这件事一股风吹下去，对群众生产、分配会产生不利影响。有的同志认为，现在最好不要一下大量地改变核算单位，这样容易引起波动，也巩固不下来。说是要分期分批，但实际上人们会怕被说成右倾，一哄而起，不可能分期分批。即使分期分批，搞上几年，没有实行大队核算的生产队也会观望，积累也不会搞了，农田基本建设也不搞了，吃光

①到1976年，全国社队企业发展到111.5万个，社队工业总产值达到243.5亿元。据《中华人民共和国史百科全书》，中国大百科全书出版社1999年版，第391页。

②转引自《建国以来毛泽东文稿》第13册，第464－465页。

③《建国以来毛泽东文稿》第13册，第464页。

分光。此事只能搞试点，宁可把准备时间拖长一些。[1] 座谈会于10月8日写出《关于目前农村工作中若干问题的讨论意见（送审稿）》，上报毛泽东。关于所有制问题，毛泽东保持了比较清醒的头脑，他考虑了不同意见，没有批发这个文件。这就稳定了农村经济政策，避免了“左”的干扰可能带来的对农业生产和农村经济的破坏。

4．稳定粮食收购价格

在学习理论的过程中，中国人民解放军第三十八军政治部一位干部于1975年5月22日给毛泽东写信，建议：国家目前实行的同一征购价格，能否加以变更，即实行按自然条件好与差的情况和劳动生产率高低程度，采取不同种类的征购价格，条件好的适当低些，条件差的适当高些。调整价格后，一方面可以促进农业

◎1975年夏初，王震在河北省宣化县姚家坊公社视察小麦生长情况（选自画册《王震》，中央文献出版社1993年版）

①此处及以下所述讨论情况和报告内容，均据席宣、金春明著《“文化大革命”简史》，中共党史出版社1996年版，第304－305页。

生产的全面发展，另一方面也有利于缩小农村社、队之间的差别和工农、城乡之间的差别，加速集体所有制向全民所有制过渡的步伐。同时，还可以从经济上限制小生产者的产生和发展。[①]

毛泽东在5月25日批示印发中央各同志研究，说此事办起来甚复杂，应在几个公社试点。看看结果如何再说。请李先念主持办理。[②]

李先念即组织国务院调查组到山西、河北等地调查。9月份又听取调查组的汇报，并召开几次座谈会讨论研究。国务院调查组向毛泽东并中共中央写出报告。认为区别穷队与富队实行两种收购价格的建议，实际上不可行。因为富队拼命生产但价格低，穷队生产未搞好反而价格高，会挫伤农民的积极性，政治上造成农民之间的对立。而且形成穷队与富队的原因，不完全是由于自然条件不同，与人们的主观努力也有很大关系。生产条件是可以改变的，如果对不同生产队生产的农产品实行两种价格，实际上是“鞭打快牛”，在具体工作上也难以操作，因为商品可以在队与队之间流动，国家的收购站是难以区别对待的。[③]

1975年整顿中采取的放宽和稳定农业的政策，对农业生产和农村经济的发展，起到了推动和促进的作用。1975年夏季，河南、安徽、湖北、辽宁等省部分地区遭特大洪水，但农业还是取得了丰收。全国农业总产值比上年增长4.6%；粮食产量达到28452万吨，比上年增长3.4%，创历史最高水平。粮食亩产上《纲要》的省市达到9个（上海、北京、浙江、广东、天津、江苏、湖南、辽宁、山东），历史上多灾低产的山西、陕西、甘肃、宁夏、青海、西藏等省区及工业比较集中的辽宁，继河北、山东、河南之后，也实现了粮食基本自给。这些巨大成绩的取得，同1975年放宽和稳定农业政策是密切相关的。

①引自《建国以来毛泽东文稿》第13册，第436－437页。

②《建国以来毛泽东文稿》第13册，第436页。

③调查组报告内容概述据《建国以来毛泽东文稿》第13册，第437页。

十七　全面整顿的部署与《论总纲》

抓住整党这个中心环节，部署全面整顿

1975年9月15日上午，邓小平在全国农业学大寨会议开幕式上的报告中，向全国提出了“各方面要整顿”的任务。邓小平说：“现在全国存在各方面要整顿的问题。毛主席讲过，军队要整顿，地方要整顿。地方整顿又有好多方面，工业要整顿，农业要整顿，商业也要整顿，文化教育也要整顿，科学技术队伍也要整顿。文艺，毛主席叫调整，实际上调整也就是整顿。”

邓小平从昔阳回到北京以后，9月19日与胡乔木谈话，在重申各方面都要整顿的同时，又第一次明确地把“整党”列为整顿的重要内容，并作出了部署。邓小平说：今冬明春要整党。军队要整顿，地方也要整顿，工业、农业、文教、文艺等都要整顿。在这次谈话中，邓小平还表示赞成胡乔木提出的写一篇全面宣传毛主席三项指示的文章，认为文章很重要，要抓紧写出来。邓小平赞成写全面宣传三项指示的文章，是同“今冬明春要整党”的部署相一致、为全面整顿的展开和深入所需要的。由此可以看到，邓小平领导1975年整顿，是由点到面，由经济部门到意识形态部门，由各个方面的具体工作到执政党的党风和组织建设，这样逐步铺开、逐步深入的。

同胡乔木谈话后一个星期，邓小平出席农村工作座谈会。9月27日，邓小平在会上插话，再一次谈整顿问题，明确指出：“整顿的核心是党的整顿。只要抓住整党这个中心环节，各方

面的整顿就不难。这次座谈会要议议整党这个题目，这是毛泽东同志同意的。整党怎么搞？办法肯定应当不同于过去。请各省根据自己的特点，搞出个规划来。整党主要放在整顿各级领导班子上，农村包括公社、大队一级的，工厂包括车间一级的，科研机构包括研究室一级的，这样解决问题比较快。领导班子整顿好了，党员的问题就容易解决了。[①]

从1975年整顿的过程来看，邓小平关于“党也要整顿”的思想和决策是由互相关联的两个主要因素促成的：一是整顿取得成功的经验，一是整顿揭露出来的突出问题。

领导班子的问题就是党的领导核心问题，是作为执政党的中国共产党建设的根本问题。从军队整顿的准备、铁路整顿的突破开始，邓小平领导1975年的整顿取得成功的一条重要经验，是着重解决领导班子软、懒、散的问题，建立坚强的党的领导。所以，到9月27日，邓小平提出整顿党的任务时，很自然地要特别强调一点：“整党主要放在整顿领导班子上”。同时指示：“要在整党的基础上挑选干部。”[②]

整顿中揭露出来的“双突”等突出问题，也是促使邓小平下决心在进行各方面整顿中提出“党也要整顿”的重要原因。邓小平在1983年9月20日同几位领导同志谈怎样使整党不致“走过场”的问题时，曾对1975年整顿中提出“党也要整顿”的缘由作过回顾。他说，文化大革命中，从1966年到1976年，发展了1610多万。其中最突出的是1974年，搞了一个“双突”：突击提干、突击入党。1975年我主持工作，那时有同志到河南、浙江跑了一趟，回来讲这两个省突击提干、突击入党数量相当大。看来问题很严重，于是引起注意。当时提出各方面要整顿，就加上党也要

①《邓小平文选》第2卷，第35－36页。
②《邓小平文选》第2卷，第35、36页。

整顿。

指导全面整顿的纲领性文件
——《论全党全国各项工作的总纲》

1.《论总纲》的写作经过

要写一篇全面宣传三项重要指示的文章，以指导即将进行的全面整顿，这个重要命题是胡乔木首先提出的。1975年9月18日，胡乔木把这个任务交给了邓力群。邓力群找了几个人研究、讨论、写作，到10月7日，拿出了初稿，这就是后来被“四人帮”定为大毒草的《论全党全国各项工作的总纲》（简称《论总纲》）。写这篇文章完全是胡乔木的主意，邓小平并没有授意。但引起胡乔木写作动机的，确实是邓小平三项指示不可分割的思想和全面整顿的部署。

9月18日，胡乔木把写这篇文章的任务布置给邓力群负责时，讲了文章的题旨和布局。胡乔木要求从理论与实际的结合上讲清每项指示的意义，讲清三项指示之间的相互关系，最后落实

◎邓力群（左一）、周扬（左二）、于光远（左三）、陈翰笙出席全国哲学社会科学规划会议预备会（1978年9月11日 选自画册《中国社会科学院纪念建院30周年》，中国社会科学出版社2007年版）

到全面贯彻三项指示，集中精力进行全面整顿，促进安定团结，把国民经济搞上去。对文章的布局，胡乔木也提了初步意见：开头总的讲，由于贯彻执行了毛主席的三项指示，我们的工作有了进步。但是，由于没有全面执行，有的只执行了一项，有的只执行了两项，所以各地方的工作发展不平衡。接着分三段分别讲每项指示的意义和三项指示之间的相互关系，最后落实到全面贯彻三项指示，进行各方面的整顿。胡乔木又嘱咐邓力群：把小平同志这方面的几次讲话记录找来认真研究，把小平讲的意见组织到文章里去。邓力群对当时报刊宣传的片面性，对安定团结和把国民经济搞上去宣传得太少，也很不满。他和胡乔木都想改变报刊宣传三项指示不够的状况，所以他很乐意接受这项任务。

第二天，9月19日，胡乔木向邓小平汇报了拟写这样一篇文章的打算。邓小平听了很赞成，说，文章很重要，要抓紧写出来。他还表示，如果文章写得好，可以约几位副总理研究一下，送毛主席审阅。主席同意了，就可以作为《人民日报》社论发表。9月20日，胡乔木把邓小平赞成写这样一篇文章的意见向邓力群和政研室其他负责人作了传达。

邓力群接受任务以后，即找了四位同志，组成一个写作班子，帮助他写这篇文章。这四位同志是：胡绩伟、余宗彦、苏沛、滕文生。

邓力群首先向写作班子提出写这篇文章所要依据的材料，一是邓小平的讲话。包括：邓小平在铁路会议（3月5日）、钢铁会议（5月29日）、接见中央读书班（7月4日）、军委扩大会议（7月14日）、国防工业会议（8月3日）、讨论《工业二十条》会议（8月18日）、农业学大寨会议（9月15日）等会议上的讲话、插话。后来还有讨论科学院《汇报提纲》的国务院会议（9月26日）上的讲话、插话。二是中共中央文件。包括：《批转一九七五年国民经济计划的通知》（4号，2月10日）、《关于学习毛主席关于理论问题指示的通知》（5号，2月18日）、《关于铁路工作的决定》（9号，3月5日）、《批转江苏省委关于解决徐海地区问题情况的报告》（12号，6月2日）、《关于努力完成今年钢铁生产计划的批示》（13号，6月4日）、《批转国防科委关于解决七机部问题的报告》（14号，6月30日）、《批转浙江省委关于正确处理"双突"问题的请示报告》（16号，7月17日）、《转发国务院关于今年上半年工业生产情况的报告》（17号，7月17日）、《批转中央军委关于精简整编的报告和邓小平、叶剑英在军委扩大会议上的讲话》（18号，7月19日）。此外，还有：国防工业会议上几位负责同志的讲话，纪登奎关于处理浙江问题的讲话；《工业二十条》9月2日稿；20个企业党委书记讨论《工业二十条》的会议简报；1974年中共中央关于处理内蒙古问题的文件等。

邓力群让他们把这些讲话、文件、材料找来，在他主持下学习、研究、讨论。同时还学习讨论了毛泽东关于理论问题的指示和其他有关指示，马、恩、列有关无产阶级专政的语录。与此同时，还召开了两次座谈会，请有关单位五位同志谈实际工作中三项重要指示的执行情况，并对这篇文章该怎样写提出意见。

经过三四天学习、研究、讨论、座谈，邓力群和四位同志一起，商定了文章的内容和结构。拟就提纲后，四个人分工各写一部分。胡绩伟先写出第一部分。邓力群看了不满意，决计重写。时间很紧，邓力群即亲自口授，让滕文生、苏沛记录整理。邓力群讲一段，滕和苏记录整理一段，印出一段。全文整理完毕，由邓力群统稿改定。10月7日文章完稿，题目由邓力群确定：《论全党全国各项工作的总纲》（简称《论总纲》）。

《论总纲》虽然不是邓小平直接授意写的，但文章的主要论点，如前所述，确实是依据邓小平在几次会议上的讲话、1975年中央的一系列正式文件以及中央和国务院其他领导同志的讲话中的观点形成的。所以，《论总纲》这篇文稿确实集中地阐发了邓小平关于三项指示不可分割的思想和以"三项指示为纲"进行全面整顿的部署。

2. 《论总纲》的主要内容

《论总纲》这篇文稿以实现四个现代化为出发点和归宿，全面论述了毛泽东的三项指示的内涵和相互关系，阐述了进行全面整顿，促进安定团结，把国民经济搞上去等方面的问题，同时又尖锐地揭露了“四人帮”的本质和反革命策略，既有深刻的说服力和强烈的号召力，又有尖锐的批判性和战斗性。这篇文稿的主要内容是：

（1）明确提出毛主席的三项重要指示是全党、全军和全国各项工作的总纲。

文章从四个现代化的宏伟目标入笔，高屋建瓴地提出“三项指示为纲”。文章指出：

> 党的十届二中全会和四届人大，遵照毛主席的建议，提出了我国今后二十五年国民经济发展的宏伟任务。第一步，在1980年以前，建成一个独立的比较完整的工业体系和国民经济体系；第二步，在本世纪内，全面实现农业、工业、国防和科学技术的现代化，使我国国民经济走在世界的前列。
>
> 与此同时，毛主席提出了学习无产阶级专政理论的指示、促进安定团结的指示、把国民经济搞上去的指示。毛主席的这三项重要指示，不仅是当前全党、全军和全国各项工作的总纲，而且也是实现今后二十五年宏伟目标的整个奋斗过程中的工作总纲。执行毛主席的这三项重要指示，就是执行党的基本路线，执行党的团结胜利路线，执行党的社会主义建设总路线。

文章强调指出：

> 只要我们以毛主席的三项重要指示为纲，做好各方面的整顿工作，继续坚持独立自主、自力更生的方针，我们就一定能够实现在本世纪内把我国建设成为一个社会主义强国的

宏伟目标。

（2）明确提出以“三项指示为纲”进行全面整顿的任务。

《论总纲》指出：“毛主席的三项重要指示，是互相联系的不能割裂的统一整体，不能丢掉任何一项，也不能孤立地只抓其中任何一项。我们必须以这三项指示为纲，总结无产阶级文化大革命以来的丰富经验，制定各项工作的具体政策，用这个工作总纲和各项政策来指导各方面的工作，整顿各方面的工作。工业要整顿，农业要整顿，交通运输要整顿，财政贸易要整顿，科学技术要整顿，文化教育卫生要整顿，文学艺术要整顿，军队要整顿，党也要整顿。”

关于党的整顿，《论总纲》提出有两个重点。一是整顿领导班子。文章指出：“要落实毛主席的三项重要指示和各项具体政策，关键在于加强各级党委的领导，加强各级党委的领导班子。”“对于某些程度不同地存在着‘软、懒、散’的领导班子，应当在上级党委的领导下进行适当的调整。长期闹资产阶级派性、屡教不改的，要坚决调离，甚至给予党纪处分；混进来的个别坏人，要坚决清除。”二是整顿党的作风。文章指出：要批判唯心主义的先验论，坚持唯物主义的反映论，要实事求是，反对报喜不报忧，提倡说真话，不要说假话，深入一点，取得经验，推动全盘，真正做到胸中有全局，手中有典型；要批判脱离群众、脱离劳动、当官做老爷、搞特殊化的坏作风，发扬艰苦奋斗的作风、同群众共甘苦的作风；要批判自高自大、自以为是、骄横跋扈、动辄训人的坏毛病，坚持谦虚谨慎、戒骄戒躁的优良作风；还要勇于坚持真理，勇于修正错误，犯了错误，自己进行认真的而不是敷衍的自我批评，诚恳地而不是虚伪地接受人家的批评。

（3）论述三项重要指示的内涵及其相互关系。

第一，文章指出“学习无产阶级专政理论，反修防修，在三项指示中占首要地位”。提出检验学习理论成绩好坏、大小的

“唯一标志”，是三个有利于：“就看我们在应用中，是否有利于把无产阶级专政的任务落实到基层，是否有利于促进安定团结的政治局面，是否有利于国民经济更快地发展。”

《论总纲》尖锐地指出：学习理论要“增强识别真假马克思主义的能力”，“识破假马克思主义的政治骗子”。文章总结当时斗争的特点是：反马克思主义的阶级敌人，假马克思主义的政治骗子，“他们打着反修正主义的旗号搞修正主义，打着反复辟的旗号搞复辟，把党的好干部和先进模范人物打下台，篡夺一些地方和一些单位的领导权，在这些地方和单位实行资产阶级专政。”文章尖锐地指出：“绝不能只看他们的宣言，而要看他们的实际行动”，“鲁迅说过：‘战斗正未有穷期，老谱将不断的袭用。’林彪垮台了，现在有些地方、有些单位中，假马克思主义政治骗子又在袭用林彪的老谱。”文章还尖锐地提出，“在阶级社会里，对一切社会现象都要进行马克思主义的阶级分析”。文章对“造反”、“反潮流”等作了分析，对顽固地搞资产阶级派性的头头，尖锐地进行了揭露：“值得我们注意的是，在一些地方、一些单位中，那些顽固地搞资产阶级派性的头头，把无产阶级同资产阶级之间你死我活的斗争撇在一边。他们对向社会主义猖狂进攻的阶级敌人没有仇恨，对社会主义生产建设受到损失毫不痛心，对社会主义遭到破坏无动于衷。他们热衷于拉山头，打派仗，长期纠缠于所谓这一派和那一派的斗争，所谓造反派和保守派的斗争，所谓新干部和老干部的斗争，所谓‘儒家’和‘法家’的斗争。有的为了达到资产阶级极端个人主义的目的，不惜同那些反马克思主义的阶级敌人同流合污，串通一气。”所有这些，显然都是对“四人帮”的极左路线、极左面貌、极左口号、极左手法的揭露和批判。

第二，文章指出：“我们学理论，抓路线，就是要促进安定团结。”人民内部的各种各样的矛盾，只有通过团结—批评—团结的公式去解决。

文章提出“假马克思主义的政治骗子”这个名称，用以揭露破坏安定团结的“四人帮”及其亲信、爪牙。指出识破假马克思主义的政治骗子，落实对敌斗争政策是实现安定团结的关键。文章揭露假马克思主义的政治骗子“最恶毒的一手，就是混淆两类矛盾，颠倒敌我”。为了实现安定团结，必须坚决落实对敌斗争的政策，要彻底揭露和打击六种人：反党反社会主义的新老资产阶级分子，贪污盗窃分子，投机倒把分子，腐化堕落分子，违法乱纪分子，刑事犯罪分子。

文章对实现安定团结最主要的障碍资产阶级派性进行了具体的、深刻的揭露和批判。指出落实政策是促进安定团结的必要条件和举措。要促进安定团结，“必须进一步落实党的各项政策，包括干部政策、知识分子政策、科学技术人员政策、民族政策、经济政策，以及有关解决工人阶级内部矛盾的政策。”

第三，文章用上层建筑与经济基础关系的基本原理来阐明三项指示的相互关系，用马克思主义和毛泽东思想来论述把国民经济搞上去的任务，并针对当前实际提出落实把国民经济搞上去的措施。

关于三项重要指示的关系。文章写道：“学习无产阶级专政的理论，把无产阶级专政的任务落实到基层；正确区别和处理两类不同性质的矛盾，促进全国的安定团结，是属于调整上层建筑的任务。把国民经济搞上去，是属于加强社会主义经济基础的任务。它们之间的相互关系，就是革命和生产的关系，就是政治和经济的关系，就是上层建筑和经济基础的关系。”

关于政治与经济的关系。文章指出：要“辩证地理解政治和经济的对立统一关系，既要认识政治的统帅作用，又要认识政治工作是完成经济工作的保证，是为经济基础服务的”。文章批判了林彪一类骗子，同时又批判了“四人帮”的极左观点和做法。文章引用毛泽东在革命战争年代批评那种“认为革命战争的环境不应该进行经济建设的意见是极端错误的”论述，结合当前实际阐明革命与生产的关系，批评流行的糊涂观念。文章写道："革命就是解放生产力，革命就是促进生产力的发展。我们中国共产党人，要对革命负责，也要对生产负责。要从自己的头脑中清除那些'抓革命保险，抓生产危险'、'革命非常重要，生产无关紧要'、'抓革命吃得开，抓生产活倒霉'的糊涂观念。"文章还进一步引用列宁和毛泽东的论述，提出了区别真假、衡量好坏的生产力标准，并对"四人帮"宣扬的一套作了辛辣的批评。文章说：

列宁说过："政治教育的成果，只有用经济状况的改善来衡量。"毛主席也说过："中国一切政党的政策及其实践在中国人民中所表现的作用的好坏、大小，归根到底，看它对于中国人民的生产力是否有帮助及其帮助之大小，看它是束缚生产力的，还是解放生产力的。"区别真马克思主义和假马克思主义，区别正确路线和错误路线，区别真干革命和假干革命，区别真干社会主义和假干社会主义，区别干部所做工作的成绩是坏是好，是大是小，归根结底，只能也只应按照列宁和毛主席所提出的这个标准来衡量。

一个地方、一个单位的生产搞得很坏，而硬说革命搞得很好，那是骗人的鬼话。那种认为抓好革命，生产自然会上去，用不着花力气去抓生产的看法，只有沉醉在点石成金一类童话中的人才会相信。

关于怎样把国民经济搞上去。《论总纲》总结我国社会主义建设的经验教训和1975年整顿的新鲜经验，针对当时存在的实际问题，提出必须抓住四个要点：

——要把国民经济搞上去，我们的干部既要学会搞阶级斗争，也要学会搞生产斗争和科学实验，做到又懂政治，又懂业务，以身作则，带领广大群众和科学技术人员走又红又专的道路。

——要把国民经济搞上去，就必须用心研究我国社会主义建设的客观规律，按照农、轻、重的次序，把农业放在第一位，安排好各个经济部门的比例关系，进行综合平衡，做出统一的国家计划，付之执行。并在执行过程中不断进行调整，解决出现的新矛盾，求得新的平衡。

——要把国民经济搞上去，各行业、各部门、各单位都要建立和健全必要的严格的规章制度。生产斗争和科学实验所需要的规章制度，是劳动人民和科学技术人员多年的实践经验凝结成的，其中有许多是付出血的代价才取得的。决不能把它看成可有可无的东西，更不能不加分析地把一切规章制度看成是“管、卡、压”。遵守生产斗争日益发展所需要的规章制度，才能使人们在生产斗争中取得越来越多的自由，违反这种规章制度必然会在生产斗争中碰得头破血流。责任制是企业规章制度的核心。要把建立责任制，作为整顿企业管理的重要一环。

——要把国民经济搞上去，各级领导要做到生产、生活同时抓。不仅要关心群众的政治生活，也要关心群众的物质生活，要在发展生产的基础上逐步改善群众的生活。要把群众生活上的问题，提到重要的议事日程上来，凡是能够解决的，都要发动群众，自己动手，积极去解决。

《论总纲》以实现四个现代化为出发点和归宿，论述了以“三项指示为纲”从经济基础到上层建筑进行“全面整顿”的任务、方针、政策，探索了在进行了九年“文化大革命”的中国，摆脱动乱局面，实现安定团结，把国民经济搞上去的办法，称得上是邓小平领导全面整顿的政治纲领。文稿在论述以三项指示为纲进行全面整顿的同时，又相当尖锐地揭露了“四人帮”的极左路线、策略及其本质，具有强烈的批判精神和战斗力量，同时也是一篇揭发批判“四人帮”的檄文。

《论总纲》和《工业二十条》、《科学院汇报提纲》构成1975年整顿中的三个著名文件，从理论到具体方针政策为全面整顿的展开作了准备。这三个文件既是对由点到面、由经济部门到意识形态部门已经进行的初步整顿的理论概括，又是对即将全面铺开、逐步深入的全国各方面的整顿的全面部署和具体指导。

《论总纲》是邓小平领导全面整顿的政治纲领，《工业二十条》和《汇报提纲》则分别抓住工业和科技这两个实现四个现代化宏伟目标的关键，针对这两个领域存在的问题，提出了加快发展的具体目标、任务、方针、政策和办法，作出了相应的、必要的规定，是进行各方面整顿的具体纲领。

3. 《论总纲》的历史命运

（1）《论总纲》的讨论、修改。

10月7日，《论总纲》的初稿印发给国务院政研室负责人胡乔木、吴冷西、胡绳、熊复、于光远、李鑫等同志审阅，请他们提意见。

胡乔木读后对文章的写法不满意。在10月9日讨论时，胡乔木说，这篇稿子不能用。文章用批判和论争的语调写不好。他认为，这篇文章应该正面讲道理。熊复意见相反，认为批“四人帮”还不够尖锐。其他几位都没有发言。胡乔木让吴冷西、胡绳、于光远同邓力群等五人一起讨论怎样修改。经讨论，共同的意见是要围绕无产阶级专政来写三项指示。邓力群等于10月20日左右写出第二个稿子，题目改为《为加强无产阶级专政而奋斗》，印出再送政研室各负责同志审阅。胡乔木看了仍不满意，认为批判的语调没有完全改掉，标题也不好，文章中选用的有些材料不妥当。胡乔木要邓力群等再作修改，并另外找吴冷西起草。邓力群又主持改出一稿，题为《沿着社会主义道路大踏步前进》，准备在1976年元旦《思想战线》创刊号上发表。吴冷西也在11月初写出一稿，题为《坚决执行毛主席的三项重要指示》。这时，风向已经变了，胡乔木已经成为批判对象，所以，邓力群的第三稿没有来得及送给胡乔木看，吴冷西的稿子根本就没有拿出来。

（2）“四人帮”对《论总纲》的诬陷。

如上所述，《论总纲》只是一个初稿，因胡乔木认为还要修改，根本没有送给邓小平看。可是，在“反击右倾翻案风”运动中，“四人帮”抓住这个初稿，扣上种种帽子，妄图作为打倒邓小平和其他支持邓小平进行整顿的中央负责同志的口实。1976年2月，姚文元对《论总纲》下了47处批语，把《论总纲》断为“一篇复辟资本主义的总纲”，并把它同林彪的反革命政变纲领《五七一工程纪要》类比，说《论总纲》“同571工程纪要何其相似”！对《论总纲》以实现四个现代化开头和结尾也大张挞伐。对开头，批曰：“前提：经济领域社会主义革命，阶级斗争为纲被排除”；对结尾“只要我们以毛主席的三项重要指示为纲，做好各方面的整顿工作，继续坚持独立自主、自力更生方针，我们就一定能够实现在本世纪内把我国建设成为一个社会主义强国的宏伟目标，就一定能够解放台湾，完成祖国统一的大业”这段话，竟批道：“一定能复辟吗？痴心梦想！”“四人帮”仇恨、害怕和诬蔑“四个现代化”真是到了丧心病狂的地步！

（3）邓力群独自承担责任。

姚文元作出“批示”以后，对《论总纲》的写作经过和政治责任进行了清查、追究。一时之间，形成巨大的政治高压。邓力群在政研室的会议上主动表示：《论总纲》这篇文章是我负责并口授写成的。起草过程中再没有就文章的内容同胡乔木交换过意见。三次稿子中的每个观点、每个提法和每句话，都由我一个人负全部责任。参加写这篇文章的同志对此不负任何政治责任。

◎王震和邓力群（选自画册《王震》）

1976年2月29日，邓力群写信给华国锋，承担全部责任。邓力群写道：“从开始研究材料到写成初稿，胡乔木同志没有向

我提任何意见，我也没有向他汇报文章的内容。所以，这个初稿的每个论点、每个提法、每句话，都由我负全部责任。”[①]

在批判的高潮中，整人的人又向邓力群施加压力，要他“老实交代”。邓力群毫不含糊地说：这篇文章的每个观点、每个提法、每句话到每个标点，都由我负全部责任。并拿起笔来，当众在《论全党全国各项工作的总纲》这个大标题上画一个圈，一条直线画下来，签上名字：“邓力群”。真是铁肩担道义，威武不能屈。

胡乔木也承担责任，负责地说明：写作此文并非邓小平所布置，完全出于我自己的主动，是我布置邓力群他们写这篇文章。在布置写作此文之前，并未向邓小平谈过，只是布置后向他作了汇报。文章正在写作过程之中，当然也没有送给邓小平看过。

（4）“四人帮”的“围剿”和《论总纲》的大得人心。

从1976年4月起，“四人帮”通过他们控制的舆论工具把《论总纲》和《工业二十条》、《汇报提纲》这三个文件诬蔑为“三株大毒草”进行公开批判。由于邓力群、胡乔木都把责任承担起来，“四人帮”无法把此文同邓小平直接挂钩，在公开批判所谓“三株大毒草”时，在《论全党全国各项工作的总纲》题目之下，署上的名字即为邓力群。他们给《论总纲》安上“邓小平复辟资本主义的政治宣言”、“赫鲁晓夫秘密报告式的大毒草”等罪名。还说什么《论总纲》是“文拳头”，丙辰清明“天安门事件”是“武拳头”；《论总纲》是“主体”，《工业二十条》和《汇报提纲》是“两翼”。他们不仅在报刊上连篇累牍地竭力诋毁，而且还编了三本小册子，由张春桥、姚文元改定“前言”，于1975年8月印了几千万册，向全国发行。他们称这是“不用中央名义的中央文件”，图谋在全国范围内组织发动对“三株大毒草”的“围剿”，为他们篡夺党和国家的最高权力制

①引自邓力群致华国锋信手稿复印件。

造舆论。

然而，历史却同“四人帮”的倒行逆施开了一个大玩笑。本来还没有来得及同广大党员、干部和群众见面的《论总纲》等三个文件，却通过这种特殊方式走到了人民中间。如果说，人们从1975年整顿的实践中已经感觉到、体会到邓小平的正确，那么，恰恰是在“批邓”的高潮中，人们又从《论总纲》和《工业二十条》、《汇报提纲》这所谓“三株大毒草”，把原来的感性认识提高到理性阶段，理解并认定邓小平提出的思想、理论和方针、政策真正反映了人民的意志和愿望，真正代表科学社会主义，而发动“反击”和“围剿”的“四人帮”是站在中国人民和社会主义的敌对方面的一小撮。如果说，1976年4月的“四五运动”为10月粉碎“四人帮”奠定了伟大的群众基础，那么对“三株大毒草”的“大批判”则同发动者的愿望完全相反，反而从思想上、理论上加强和巩固了这个基础，加快了“四人帮”的灭亡。

（5）邓小平对《论总纲》的评论。

如上所述，《论总纲》实际上还是一个正在修改中的未定稿，当时并没有送给邓小平看。直到粉碎“四人帮”以后，邓小平才看到。1977年5月24日，邓小平同王震、邓力群谈话，对《论总纲》作了评论。邓小平说：

> “三株大毒草”中的《论总纲》我确实是最近才看到的。文章写得好，针锋相对，很尖锐，是香花，不是毒草。《汇报提纲》，当时想争取通过，但没有能做到，有些问题现在要进一步写。《工业二十条》，看过第二稿。以后的稿子没有看过。这些文章也有缺点，没有缺点的香花我看是没有的。[1]

---

①《邓小平思想年谱》，第29页。

十八　1975年整顿的显著成效及其原因

1975年整顿取得的显著成效

1975年整顿虽然到年终因“批邓、反击右倾翻案风”而突然中断，但“把国民经济搞上去”的努力还是取得了显著的成效，其突出表现是1975年年度计划和第四个五年计划的完成。

由于各方面进行了整顿，1975年经济工作一个月比一个月好。虽然有“四人帮”搞反经验主义、评《水浒》等干扰，虽然8月份河南、安徽等省部分地区遭特大洪水，但1975年国民经济计划执行情况较好。工农业总产值达到4467亿元，超过了年度计划高限，比上年增长11.9%。[①] 农业战胜了严重自然灾害，取得丰收。农业总产值增长4.6%。粮食产量达到5690亿斤，比上年增长3.3%，创历史最高水平。只是棉花比上年减少3.3%，为4762万担。工业总产值比1974年增长15.1%，特别是燃料动力工业成绩显著。原煤4.82亿吨，增长16.7%；原油7706万吨，增长18.8%；发电量1958亿度，增长16%。钢产量和铁路货运量虽然未能完成计划，但比1974年也有较大增长，钢2390万吨，增长13.1%；铁路货运量8.9亿吨，增长12.9%。支农产品和轻工产品增长较多，

---

①此处及以下引用的数据，主要依据：国家统计局1984年公布的统计数字；1976年1月23日李先念在全国计划会议结束时的讲话（全国计划会议简报第20期）；国家计委1976年《经济简报》第一期；柳随年、吴敢群：《“文化大革命”时期的国民经济》，黑龙江人民出版社出版，第90－91页。

棉纱1162万件，增长16.9%。国家预算内基本建设投资完成318亿元，加上地方自投，总规模达392亿元。实际施工的大中型项目1539个，其中当年新建项目90个，全部建成投产167个，部分投产的310个，新增固定资产250亿元。社会商品零售额1271亿元，增长92%。进出口贸易额147.5亿美元，超过以往任何一年的水平。财政收入815.6亿元。这一年尽管存在着基本建设战线过长，积累率过高，财政收支出现赤字（5.3亿元），职工人数增加过快等问题，但总的看来，1975年这一年是十年内乱中经济发展状况最好的一年。事实说明，1975年整顿使我国国民经济摆脱了因批林批孔运动而造成的停滞倒退局面，又走向恢复和发展。邓小平也因领导整顿给动乱的中国带来安定、生机和希望而赢得了全国各族人民的信仰。

1975年是第四个五年计划（1971—1975）结束的一年。对照调整后的“四五”计划纲要（修正草案）检查，农业总产值、工业总产值和大多数产品产量指标已经完成。工农业总产值完成计划的101.7%，其中农业总产值“四五”计划规定1975年达到1230亿元，实际达到1260亿元，完成104.5%，比1970年增长19.1%，平均每年增长3.6%。四种主要农产品中粮食超过指标，完成103.5%，平均每年增长160亿斤；生猪、水产品达到指标，棉花产量计划规定为5000万担，1973年曾经达到5124万担，提前实现“四五”指标，1975年因灾减产，完成95.2%。工业总产值完成100.6%，比规定指标3200亿元略微超过，同1970年比较，五年增长了53.9%，平均每年增长9%。列入计划的41种主要工业产品，20种完成和超额完成计划，7种接近完成计划，14种没有完成计划。其中原煤完成109.5%，原油完成110.1%，发电量完成103.1%，棉纱完成96.8%。钢产量计划规定为3000万吨，只完成了79.7%。铁路货运量完成98.7%。预算内基本建设投资完成下限的101.6%。财政收入完成98%。“四五”期间施工的大中型项目共有2579个，全部建成投产的有700多个。其中包括：全长902

公里的湘黔铁路，全长800公里的焦枝铁路，我国第一条电气化铁路宝成铁路电气化工程，大港油田，刘家峡水电站等。大大增加了生产能力，进一步改变了生产布局。“四五”期间，地方中小工业也有了蓬勃发展；富有生机和活力的社队企业在一些地区开始兴起。“四五”期间，航天事业取得进展，成功地发射了科学实验卫星“实践一号”和返回式人造卫星，成为继美国、苏联之后第三个能回收卫星的国家，洲际火箭首次试飞基本成功。农业科学上育成了强优势的籼型杂交水稻，并在南方13个省、市、自治区试种。确定从国外引进成套设备和单机的“四三”方案开始实施，金山石油化工总厂、武钢一米七轧机等一批重点工程开始施工建设。

“四五”计划能够基本完成，经济建设能够取得这样的成就是很不容易的。“四五”计划开头，由于计划指标过高，加上林彪一伙破坏，造成国民经济严重失调。经过周恩来主持工作进行调整，才把“三个突破”和“一个窟窿”造成的严重后果弥补起来；正当国民经济发展开始重新步入正常轨道时，“四人帮”操纵的批林批孔运动又引起社会动荡，经济秩序又被破坏，造成了国民经济的倒退。经过1975年整顿，“四五”计划才得以基本完成。没有周恩来主持1972—1973年的整顿，没有邓小平主持1975年的整顿，没有全国人民在中国共产党领导下的团结奋斗，我国的国民经济真不知要落到何等严重的地步！

1975年整顿取得显著成效的原因

邓小平领导1975年整顿，只用了短短八九个月时间，就把中国从持续9年的动乱中初步解脱出来，逐渐恢复正常，并开始改革开放，准备加快发展，在中华人民共和国的历史上，写下了令人赞叹不绝的篇章。1975年整顿何以能够在短期内取得显著成效呢？

首先，邓小平高举毛泽东思想的旗帜，遵照毛泽东的指示，取得毛泽东的支持，来领导整顿。这是1975年整顿能够顺利发展的关键。1975年整顿，是以贯彻落实毛泽东的指示为动因而进行和展开的。总体上说，整顿就是要贯彻落实毛泽东学习理论，安定团结，把国民经济搞上去三项重要指示。邓小平把它概括、提升，创造性地提出以“三项指示为纲”来领导1975年整顿。各个方面的整顿，有些是邓小平审时度势，主动提出，报告毛泽东，得到同意、批准后进行的，如铁路整顿、钢铁整顿、国防科技整顿、党的整顿等；有些是毛泽东亲自提出，如军队整顿、文艺调整，由邓小平组织调查研究，积极贯彻落实的。在整顿进行过程中，围绕反经验主义和评《水浒》，邓小平同江青一伙展开了斗争，毛泽东在这两场斗争中都支持了邓小平，有力地推动了整顿的发展。邓小平纯熟地运用毛泽东思想指导整顿。在论述反对派性、增强党性时，邓小平从毛泽东领导延安整风时的“整顿三风”，讲到毛泽东在中共“七大”政治报告中阐述的“三大作风”，联系当前实际，学习和贯彻毛泽东最近提出的“三要三不要”原则。他反复强调要全面学习、宣传、贯彻毛泽东思想，反对对毛泽东思想的庸俗化和割裂。在“文化大革命”9年后的1975年，以贯彻落实毛泽东的指示、学习运用毛泽东思想来领导整顿，既是动员干部、群众，排除“四人帮”的干扰、阻挠的有力武器，也是取得毛泽东的支持和信任使整顿能够顺利进行的必要条件。

第二，1975年整顿反映了人民群众的迫切愿望和强烈要求，同时又是广泛深入发动群众、依靠群众来进行的。经历了9年“文化大革命”动乱以及长期低水平生活的困顿以后，全国上下，久乱思治，久贫思富。毛泽东作出的安定团结、把国民经济搞上去的指示，周恩来重申的建设四个现代化社会主义强国的目标，符合全国各族人民的心愿。邓小平领导1975年整顿，强调“全党讲大局，把国民经济搞上去”，号召全党全国都要为实现到本世纪末把我国建成四个现代化社会主义强国这个目标而奋斗，得到全党全国的拥护和响应。而从铁路整顿开始，整顿的展开，采取了直接诉诸群众的办法。中央文件一竿子到底，直接传达到群众，做到家喻户晓，人人明白。用中央文件来教育群众、发动群众、组织群众。无论是批判资产阶级派性，调整领导班子，转变领导作风，落实党的政策，加强企业管理，恢复、建立、健全规章制度，完成生产任务，都发动群众、依靠群众来进行。许多老大难问题的解决，以至整个1975年整顿的胜利，都是中央和地方、领导与群众结合的结果，都是群众路线的胜利。

第三，抓住主要矛盾，从实际出发解决问题，这是邓小平领导整顿迅速见效的重要经验。一是抓住要害，集中解决资产阶级派性和领导班子“软、懒、散”的问题。在纷乱复杂的局面中，邓小平对存在的主要矛盾看得很准。批林批孔运动再度引起社会动乱，其要害是资产阶级派性，而资产阶级派性之所以能够兴风作浪，是由于少数坏头头篡夺了领导权，而党委领导班子怕字当头，“软、懒、散”。邓小平领导1975年整顿，着重抓了批派性和调班子这两个相互关联的要害问题，广泛发动群众对资产阶级派性作斗争，把思想教育、政治攻势和行政措施、法律手段结合起来。对闹资产阶级派性的人，该调的调，该批的批，该斗的斗，限期改正，过时不改，不发工资，有的下放劳动；对个别坚持搞资产阶级派性的坏头头，予以逮捕，集中打击。与此同时，调配领导干部，解决“软、懒、散”的问题，建立起坚强的领导班子。二是突出重点。采用重点突破，以点带面的工作方法。在工交系统中选择铁路作为整顿的突破口，在铁路整顿中又确定以徐州为重点。重点突破取得经验后，即在面上推广。不仅运用徐州铁路整顿的经验指导铁路系统整顿，而且指导整个工交系统的整顿，又运用徐海地区整顿的经验指导全国各地方的整顿。钢铁整顿首先抓八大钢的整顿，在八大钢整顿的过程中，及时发现太钢的经验，在整个钢铁系统推广。集中力量解决老大难问题，又用解决老大难问题的经验来指导全局，使整顿很快在面上推开，取得成效。三是掌握矛盾的特殊性，具体问题具体分析，采取不同的方法解决不同的问题。对地方和各部门、各行业，提出解决软、懒、散的问题；对军队，则提出要解决五个字：肿、散、骄、奢、惰。铁路整顿，强调铁路与地方要脱钩；钢铁整顿，则强调企业和地方要结合。

第四，不仅有总的路线、任务、方针，还有具体的目标、任务和方针、政策、措施。从中央到地方、部门，到地区、企业，具体的目标、任务和方针、政策、措施有三个层次。一是用《工业二十条》和《科学院汇报提纲》来分别指导经济部门和教科文领域的整顿；二是用中央作出批示、转发文件的方式来提出某一方面整顿的目标、任务和方针、政策、措施，以统一思想，指导整顿；三是地区、企业或基层单位作出整顿的具体计划，大中型钢铁企业由企业、所在省市、冶金部三方联合签署“保证书”。中央文件，通过召开专门会议，采取中央与地方、部门相结合的方法形成，从部门、地方以至企业的实际情况出发，由中央作出批示、转发请示报告，提出整顿的具体目标、任务，规定具体的方针、政策、措施。所提目标、任务和方针、政策、措施，既体现了总体要求、吸收了既有经验，又适合各自的实际情况和特点。

第五，大刀阔斧，雷厉风行，坚决果断，敢于碰硬。邓小平的这种工作作风和战斗风格，也是1975年整顿迅速见效的重要原因。铁路整顿，钢铁整顿，国防科技整顿，都是说干就干，规定任务，限时完成；令行禁止，来不得半点含糊。邓小平提倡不怕被打倒的精神，提倡敢摸老虎屁股的精神，这种义无反顾、敢于碰硬的大无畏精神，是整顿制胜的法宝。在整顿过程中，邓小平自己也正是这样身体力行的。在1975年整顿中，邓小平同“四人帮”在许多问题上通过各种方式展开了多种多样的斗争，他和江青、张春桥、王洪文，都面对面进行过针锋相对的斗争。没有这种无私无畏的斗争精神，1975年整顿的顺利发展是不可能的。

第六，善于用人。邓小平在后来谈论发现和使用人才时，曾回顾1975年整顿的经验："一个人才可以顶很大的事，没有人才什么事情也搞不好。1975年我抓整顿，用了几个人才，就把几个方面的工作整顿得很有成效，局面就大不一样。"[①] 在1975年整顿中，邓小平对万里、张爱萍、周荣鑫、胡耀邦、胡乔木等委以重任，放手让他们领导一个方面的整顿，取得了显著的成效。知人善任，这是邓小平的一个突出长处，也是1975年整顿成功的重要因素。

①《总结经验，使用人才》（1991年8月20日），《邓小平文选》第3卷，第369页。

十九 “反击右倾翻案风”的发动与1975年整顿的中断

毛泽东对刘冰等人来信的批评

在邓小平对全面整顿作出部署，各方面的整顿将更加深入和广泛地展开的关键时刻，清华大学刘冰（党委常务副书记、革委会副主任）、惠宪钧（党委副书记）、柳一安（党委副书记、工宣队负责人之一）、吕方正（党委常委、政治部主任）四人于10月7日联名写了一封信，抬头是：“邓副主席并呈毛主席”。信中揭露迟群、谢静宜[①] 在清华大学的严重问题，特别是揭发迟群在中共“十大”和四届全国人大后，由于没有当上中央委员和部长而发泄对毛主席、周总理的不满，以至公开攻击党中央和中央领导同志，在干部、群众中造成恶劣影响等事实。这封信经教育部副部长李琦交给胡乔木，胡乔木于10月13日夜间送到邓小平处。当时邓小平不在家，由秘书王瑞林收下。两个月前，邓小平曾把刘冰等四人8月13日写给“小平同志转呈主席”反映迟群政治思想、工作和生活作风方面问题的信转呈毛泽东。这次当然也照转不误。当时，教育领域的整顿正要全面展开，邓小平希望

①迟群，当时任清华大学党委书记、革委会主任。1978年被北京市公安机关逮捕，1983年以积极参加反革命集团罪、反革命宣传煽动罪、诬告陷害罪被判处有期徒刑18年，剥夺政治权利4年。谢静宜，即后文所说“小谢”，当时任中共中央委员、北京市委书记、清华大学党委副书记。1976年10月后，被免去党内外一切职务。1977年8月被北京市公安机关逮捕，因坦白认罪较好，免予起诉。

此信有助于解决清华大学的问题，并推动教育整顿。

刘冰等四位负责同志给毛主席写信，完全符合党的组织原则。请主持中央工作的邓小平转呈，也是正常的事。没有想到，邓小平转呈刘冰等人的信，引起毛泽东极大的不快。

◎清华大学联名写信的刘冰（前排左一）、惠宪钧（后排右一）、柳一安（前排右一）、吕方正（后排左一）在1978年平反之后的合影（选自《风雨岁月——清华大学“文化大革命”忆实》插图，清华大学出版社1998年版）

10月19日晚上，毛泽东在会见马里共和国国家元首特拉奥雷的夫人等客人后，同陪同会见的李先念谈话。对邓小平转呈刘冰等人的信进行严厉批评。毛泽东说：“清华大学刘冰等人来信告迟群和小谢。我看信的动机不纯，想打倒迟群和小谢。他们信中的矛头是对着我的。我在北京，写信为什么不直接写给我，还要经过小平转。小平偏袒刘冰。”①

毛泽东把刘冰等人的来信，清华大学所涉及的问题，同对自己的态度联系起来，问题的严重性非同一般。政治的天平此时完全倾向迟群、小谢那一边。

冰冻三尺，非一日之寒。毛泽东对邓小平的不满，当然不单由转信这一件事引起。事实上，当邓小平主持的1975年整顿涉及批评、否定“文化大革命”以来的一些方针、政策和思想理论，特别是涉及批评、否定“文化大革命”以来文化、教育、科技等意识形态领域里的一系列变革，毛泽东内心已有不满。这回，他是用批评刘冰等人来信这种方式，把对邓小平主持整顿、否定文

①这段谈话经整理后在内部公布时，在这句话后面加上了一句：“清华所涉及的问题不是孤立的，是当前两条路线斗争的反映。”在这句话前面删掉了一句：“你们告小平注意，不要上当。”

革的不满，表而出之。

同时，也不能排除引发重大事件的一些偶然因素。在刘冰等四人的信到达毛泽东案头之前，至少有两件事对毛泽东的心态和判断力产生了较大的影响。

其一，9月27日，毛泽东的侄儿毛远新同他谈了一些对邓小平主持整顿不满的话。

1975年9月30日是新疆维吾尔自治区成立20周年。中共中央、国务院派出以陈锡联为团长的中央代表团，于28日前往乌鲁木齐参加庆祝活动。毛远新为中央代表团副团长之一。当时他担任中共辽宁省委书记、沈阳军区政委、辽宁省革委会副主任三个要职。他于9月27日到北京，即去看望伯父毛泽东。毛远新谈了辽宁省的情况，谈了自己对形势的看法，说了一些对邓小平主持工作、进行整顿不满的话。毛远新把肯定还是否定“文化大革命”的问题尖锐地提了出来，说自己感到社会上有股风，就是对“文化大革命”怎么看，是肯定还是否定，成绩是七个指头还是错误是七个指头，有分歧。毛远新的这些极富挑拨性的话，使毛泽东对邓小平的信任产生了影响。

其二，毛泽东对《科学院汇报提纲》不满。

《科学院汇报提纲》把毛泽东有关科学技术的论述集中在一起，其中引用了“科学技术是生产力”这句话。大约在10月13日左右，毛泽东同邓小平谈看过《汇报提纲》后的意见，讲他不记得讲过“科学技术是生产力”这句话；对《科学院汇报提纲》也有一些不赞成的意见。邓说：请主席把稿子退给我们修改吧。但没有很快退回来。①

刘冰等人的来信于10月14日转达毛泽东的案头之时，正好是

---

①毛泽东于10月24日把《科学院汇报提纲》退回，邓小平即找胡乔木，要他照主席的意见再作修改。胡乔木于10月27日改好，是为《汇报提纲》的第六稿。这时邓小平已受到错误批判，他没有再把这份稿子送给毛泽东。

在毛泽东听过毛远新的谈论、对文革态度问题特别敏感、又刚看过《科学院汇报提纲》颇为不满之际，在这种精神状态下，对刘冰等人的信、对邓小平转信的行动，作出这种不切实际的、过于严厉的批评，自有其逻辑的必然。对于1975年整顿，当然是极大的不幸。

不过，这时毛泽东对邓小平还是“一批二保”，立足于帮。

毛泽东在10月19日同李先念谈及刘冰等人来信时，还特别关照：你们告小平注意，不要上当。

10月下旬和11月1日，毛泽东还两次亲自找邓小平谈话，批评、劝勉。

这时，邓小平一面坚持工作，一面传达、贯彻毛泽东的批评。10月23日，邓小平根据毛泽东19日的意见，主持召集六人会议。[①] 参加者为李先念、汪东兴、吴德、谢静宜、迟群。邓小平和李先念、汪东兴传达了毛泽东对清华大学刘冰等来信和邓小平转信的批评。经初步讨论，会议一致认为毛泽东的指示非常重要，并就如何贯彻提出两个方案：第一，召集清华大学党委扩大会议，传达毛泽东的指示，其中毛泽东对邓小平、江青批评的内容不传达。毛泽东指示传达后展开辩论。第二，以刘冰等的两封信为主要内容，放手发动群众在全校开展大辩论。先是党委常委扩大会，然后再逐步扩大到全体工军宣传队、各系革委会主任，之后再扩大到全校干部和全校师生员工。由吴德到清华大学说明情况，迟群主持会议。10月底或11月初召开第一次会议。会议还建议向中央政治局原原本本地传达毛泽东的指示。27日，邓小平和李先念、吴德、汪东兴联名向毛泽东书面报告六人会议情况。毛泽东表示同意第二方案，在第一方案“其中主席对邓小平、江青批评的内容不传达”下面划线批示“对”。

①据《邓小平年谱（1975－1997）》（上），第121－122页。

10月31日，邓小平给毛泽东写了一张便笺，提出："我有事需要向主席当面谈谈并取得主席的指示和教诲。明（1）日下午或晚上都可以。如蒙许可，请随时通知。"11月1日晚上，毛泽东召见邓小平。毛当面批评了邓为刘冰转信的事。邓问毛：我主持这一段工作的方针政策怎样？毛说：对。[①]

邓小平仍然主持中央工作，10月25日晚讨论《关于十年规划几个问题的汇报要点》的中央政治局会议，乃至11月上、中旬讨论对"文化大革命"评价、批评邓小平本人的中央政治局会议，都还是邓小平主持的。

从整顿到反击的转折

形势的进一步逆转，是在毛远新11月2日向毛泽东再进谗言以后。

毛远新参加新疆维吾尔自治区成立20周年庆祝活动后回到北京。11月2日上午，又在毛泽东面前大谈对形势的看法，歪曲事实，攻击邓小平。

毛远新继续向他的伯父鼓吹他在9月27日谈话时已经说过的对整个形势的看法。

毛远新再一次尖锐地提出肯定还是否定"文化大革命"的问题。他说：今年以来，在省里工作，感觉到有一股风，主要是对文化大革命。第一，文化大革命怎么看？主流，支流，三七开还是倒三七，肯定还是否定，成绩是七个指头还是错误是七个指头，有分歧。第二，批林批孔运动怎么看，主流，支流。似乎迟群、小谢讲了批走后门的错话，干扰，就不讲批林批孔的成绩了。口头上也说两句，但阴暗面讲得一大堆。第三，刘少奇、林

①《我的父亲邓小平："文革"岁月》，第413－414页。

彪的路线还需不需要继续批，刘少奇的路线似乎也不大提了。毛远新总括他的看法：“对文化大革命，有一股风。似乎比七二年批极左还凶些。”

毛远新又谈论对1975年工作的看法，不仅否定各方面经过初步整顿取得的成绩，而且认为1975年整顿路线有问题。他说：工业现代化主要强调加强企业管理，规章制度，但工交战线主要矛盾是什么？农业、财贸战线也有类似问题。教育革命主流、成绩是什么？文艺革命主流、支流怎么看？等等。毛远新把问题归结到路线，说：“总之，文化大革命中批判了刘少奇、林彪的路线，批判了十七年中各条战线的修正主义路线，还应该不应该坚持下去。”

毛远新还就落实干部政策谈了看法，说：当前一方面要进一步落实主席的干部政策，另一方面也应该对干部教育，有正确的态度，应该感谢革命群众对自己的帮助教育。

在对整个形势非议之后，毛远新直接谈他对邓小平的看法，进行恶意诽谤。毛远新说：我很注意小平同志的讲话，我感到有一个问题，他很少讲文化大革命的成绩，很少提批刘少奇的修正主义路线。今年以来，没有听他讲过怎样学习理论，怎样批《水浒》，怎样批修正主义。还说：“三项指示为纲”，其实只剩下一项指示，即生产上去。毛远新把问题提到十分严重的程度：“外面担心中央，怕出反复。”

毛泽东同意毛远新的这些看法，并由此谈到对文化大革命的态度问题。

毛泽东说：有两种态度：一是对文化大革命不满意；二是要算账，算文化大革命的账。

毛泽东让毛远新看清华大学刘冰等人8月和10月先后写的两封信，并把关于刘冰来信谈话的记录稿念给毛远新听。两人边读边议。经过情况，毛远新作了如下记录：

主席让我看清华两封信和影印件。

主席："刘冰是副校长，走资本主义道路的当权派。"

主席念："他们信中的矛头是对着我的。"

我说："这是要害。"

主席点头："是。"

主席念："我在北京，写信为什么不直接写给我，还要经小平转。你们告小平注意，不要上当，小平偏袒刘冰。"并重复"小平偏袒刘冰"。

我说："这也是要害？"

主席点头："对。"

毛泽东要求毛远新：你找小平、锡联、东兴谈一下，把你的意见全讲，开门见山，不要吞吞吐吐。你要帮助他（指小平同志）提高。

就这样，毛泽东作出一个重要决定，在政治局内的一个小范围里开会批评邓小平，毛远新参加并唱主角。

11月2日上午毛泽东同毛远新的谈话，是毛泽东从支持邓小平主持中央工作进行全面整顿，改变为批评邓小平以至发动"反击右倾翻案风"运动的一个转折点。从这次谈话之后，毛远新成了毛泽东和中央政治局之间的联络员。江青当时已被毛泽东明令"不要打电话"，"不要来看我"[①]，立即利用亲属关系，把毛远新拉到自己一边，企图通过他竭力对毛泽东施加影响，并操纵政治局。

"批邓"的开端

11月2日晚，毛远新找邓小平、陈锡联、汪东兴开会。这次

---

①毛泽东：《关于江青不要下去"蹲点"等问题的批语》（1975年10月27日），《建国以来毛泽东文稿》第13册，第480页。

中央政治局内的四人小会，可以看做在中央内部“批邓、反击右倾翻案风”的开端。

在这次会上，毛远新有恃无恐，对邓小平1975年主持工作期间的形势进行攻击和诬蔑，否定整顿取得的成绩。

邓小平立即针锋相对进行答辩，理直气壮地讲了自己的意见。

邓小平说：这个问题还可以想一想，你的描述，中央整个是执行了修正主义路线，而且是在所有领域里都没有执行主席的路线，说毛主席为首的党中央搞了个修正主义路线，这个话不好说。

邓小平对自己这一段的主要工作和讲话作了简要回顾，说：我是从今年3月中央9号文件后开始抓工作，主持中央工作是7月。9号文件以后是什么路线，我主持中央工作三个多月是什么路线，可以考虑嘛，上我的账要从9号文件开始算起。从9号文件以后全国的形势是好一点，还是坏一点，这可以想想嘛。对9号文件以后的评价，远新同志的看法是不同的。是好是坏，实践可以证明。邓小平列举了从3月份以来做了哪些工作和讲了哪些话。并说，昨天（1号）晚上，我问了主席，这一段工作的方针政策怎样，主席说：对。

毛泽东在11月1日同邓小平谈话时明确肯定邓主持中央日常工作这一段的方针、政策是对的，可是，对于11月2日晚上邓小平同毛远新的这一场争论，却又站到了毛远新的一边。在听取毛远新关于会议情况汇报时说：你没有精神准备，但他也没有料到，顶了起来。你有理，顺着不好，顶了他，这就叫帮助。可见，毛泽东从肯定还是否定“文化大革命”这个根本点上着眼，对邓小平系统地纠正“文化大革命”的错误是不能容忍的。

政治局内“批邓”的升级

1．毛泽东对“文化大革命”作出总评价

11月3日，毛泽东听取了毛远新关于2日晚四人会上与邓小平

争论的情况汇报。在赞扬毛远新“顶了他”、“有理”的同时，也认为小平同志开始转弯了，态度很好。

参加会议的四人在给毛主席的报告中说：“一致认为，主席的指示非常重要。所涉及的问题绝不是孤立的，反映了当前两条路线的斗争。”毛泽东指示继续开会，就讨论这个问题，当前两条路线的斗争。并说：讨论限于“文化大革命”问题，做个决议。他指示：扩大一点人，李先念、纪登奎、华国锋、张春桥也参加，八个人先讨论，吵也不要紧，然后政治局再讨论。

在这次谈话中，毛泽东对“文化大革命”作出总的评价。他说：

> 对文化大革命，总的看法：基本正确，有所不足。现在要研究的是有所不足方面。三、七开，七分成绩，三分错误。
>
> 文化大革命犯了两个错误，一、打倒一切，二、全面内战。打倒一切，其中一部分打对了，如刘、林集团。一部分打错了，如许多老同志，这些人也有错误，批一下也可以。

毛泽东要求八人会议抓住当前两条路线斗争，集中讨论“文化大革命”问题，以他的这个结论为基础，对“文化大革命”做个决议。毛泽东说：你们八个人先讨论，一次开不好，两次、三次，不要着急。

2．两次政治局八人会议及批评对象的扩大

11月4日开了第一次八人会议。当天晚上，毛远新向毛泽东汇报了会议情况。

谈到对“全面内战”的理解，毛泽东说：无战争经验已经十多年了，抢了枪，大多数是发的，打一下，也是个锻炼。但是把人往死里打，不救护伤员，这不好。

毛远新汇报说，有的同志讲，主席一个时期批评这些人，一

个时期批评那些人，为的是在路线上一致起来，不要一批评就要打倒似的。毛泽东点头说：对，不是打倒，而是改正错误，团结起来，搞好工作。我批评江青也是这样。又说：开会就是帮助他（指小平同志）及大家，互相帮助，搞好团结，搞好工作。

毛泽东还指出：安定团结不是不要阶级斗争。阶级斗争是纲，其余都是目。并由此谈到理论问题。说：斯大林在这个问题上了犯了大错误。列宁则不然，他说小生产每日每时都产生资本主义。列宁说，建设没有资本家的资产阶级国家，为了保障资产阶级法权。我们自己就是建设了这样一个国家，跟旧社会差不多，分等级，有八级工资，按劳分配，等价交换。要拿钱买米、买煤、买油、买菜。八级工资，不管你人少人多。

毛泽东最后叮嘱毛远新：这个不要告诉江青，什么也不讲。还指示：会议还要逐步扩大几个人。

11月7日政治局第二次八人会议后，得到毛泽东同意，指名批评的对象扩大到在宣传理论和教育、科技、文艺等领域积极支持邓小平整顿的几位领导同志：胡乔木、胡耀邦、李昌、周荣鑫。会议的范围也扩大到17人，包括全体健康状况能够参加会议的政治局成员。

11月8日，张春桥找周荣鑫谈话，指责周荣鑫对教育工作提出的一系列正确主张，责令周荣鑫作检查。周荣鑫提出：当前学生不读书等问题亟待解决。张春桥却说：“社会上有否定文化大革命、否定教育革命的风。”“一个是培养有资产阶级觉悟的、有文化的剥削者、精神贵族，一个是培养有觉悟的没有文化的劳动者，你说要什么人？我宁要一个没有文化的劳动者，而不要一个有文化的剥削者、精神贵族。”张春桥还说：迟群1968年带领军宣队、工宣队到清华、北大，路线是正确的。

11月14日，胡乔木也接到通知，要他准备到政治局会议上做检讨。其他几位也先后接到通知。

从“教育革命大辩论”到“反击右倾翻案风”

1. 在清华大学发动“教育革命大辩论”

在指导政治局内讨论对“文化大革命”的评价并对邓小平进行批评的同时，清华大学在传达毛泽东对刘冰等人来信的批评，发动群众，开展教育革命大辩论。

11月3日下午，中共中央政治局委员、北京市委书记吴德到清华大学党委常委扩大会议上传达毛泽东10月下旬关于刘冰等人来信谈话的记录整理稿（后来习称为批示）。吴德还传达：根据毛主席指示的精神，在清华大学展开大辩论，辩论刘冰等人两封信的实质。

从11月3日当天起，迟群连续主持召开不断扩大的常委扩大会议，对刘冰等人进行有组织的围攻。北京大学党委常委和各系党总支书记也参加。清华大学的所谓“教育革命大辩论”在迟

◎1975年11月18日，清华大学召开全校师生大会，公布了毛泽东指责刘冰等人来信的谈话、批示（选自《风雨岁月——清华大学“文化大革命”忆实》插图）

◎1975年12月清华大学的大字报区（选自《风雨岁月——清华大学“文化大革命”忆实》插图）

群、谢静宜操纵下很快就变成激烈的政治运动。到11月12日，校党委常委会竟扩大到1700多人。

11月18日，清华大学召开全校师生大会，公布了毛泽东指责刘冰等人来信的谈话、批示（但对其中批评邓小平的话没有公布）。迟、谢采取威胁利诱等手段，让15人[①]上台作证，对刘冰等揭发的问题作了完全颠倒黑白的所谓“澄清”，把两封揭发信打成“诬告信”，并竭力攻击周荣鑫、刘冰等“否定教育革命”，“翻文化大革命的案”，还叫嚷要“揪后台”。

会后，清华大学开辟大字报区，一天之内贴出两千多张大字报。北京大学紧跟其后。大字报公开点名批判周荣鑫、刘冰等人。北京和一些省、市奉命组织干部、群众到清华大学看大字报。两校大字报的内容迅速在各地传播，各地一些学校也开展了“教育革命大辩论”。与此同时，迟群等一方面打着“大辩论”的旗号，对刘冰等人进行全校性的批斗，把他们打成“正在走的走资派”、“投降派”、“右倾翻案风急先锋”。另一方面借题发挥，把矛头指向周总理和邓小平，在全国掀起所谓“反击右倾

①出场作证的15个证人，有的是追随迟群干坏事的人，有的是政治品质恶劣的人，也有的是上当受骗或被逼上台作证的。1977年5月，清华大学改组后，组织专门调查小组进行调查。这15个人都推翻了自己当时的证词，有些证人还揭发了迟群一伙采取威胁、利诱等手段指使他们出场作证的劣迹。（据新华社记者报道《刘冰等给毛主席写信符合党章内容属实清华大学党委公开纠正这一错案》，载《人民日报》1978年11月23日。）

翻案风”的逆流。

2．通过“打招呼会议”进一步发动

这时，虽然政治局内“批邓”的范围逐步扩大，在清华大学进行的所谓“教育革命大辩论”正在演变为一场激烈的政治运动，但是，毛泽东对邓小平仍然立足于帮，并不想把邓小平打倒。

王洪文在5、6月间召开的政治局会议上受到批评，写了书面检讨。6月下旬离开北京前往上海、浙江，11月中旬回到北京。照说，在当时形势下，利用邓小平挨批的机会，就势要邓下王上，顺理成章。可是，毛并没有这样做。邓小平在王洪文回到北京以后，即于11月15日给毛泽东写了一个报告。说：“洪文同志已回，按例，从即日起，中央日常工作仍请洪文同志主持。”[①]毛泽东当夜写了批语：“暂时仍由小平同志主持，过一会再说。”[②]可见，毛泽东当时对邓小平还有所期待，希望经过“批评、帮助”，邓小平能够同他一致起来。

同一天，毛泽东批示将7月14日关于文艺等问题的谈话印发政治局讨论。毛泽东写道：“印发政治局各同志。请讨论一次。我讲得不完全，至少应该提到鲁迅提倡削烂苹果一篇，请文元同志找出此文印发，以供讨论之用。”[③]从这里也可以看出，毛泽东批评邓小平，是希望他改变观点，纠正“错误”，以便团结一

---

①毛泽东：《关于暂时仍由邓小平主持中央日常工作的批语》，《建国以来毛泽东文稿》第13册，第497页。当时中共中央办公厅将这个批语和邓小平的信一起以1975年第270号文件（中央内部文件）印发。

②引自《关于暂时仍由邓小平主持中央日常工作的批语》注释（1），《建国以来毛泽东文稿》第13册，第497页。

③引自毛泽东：《关于文艺工作的谈话和批语》，《建国以来毛泽东文稿》第13册，第447页。关于鲁迅提倡削烂苹果一篇，请参阅本书第十二章《落实“周扬一案，似可从宽处理”的指示》一节，见本书第202页。

致，共同工作。

按照毛泽东的部署，11月20日，中央政治局开十七人会议，批评邓小平，讨论对“文化大革命”的评价问题和向一些同志打招呼的问题。会议仍由邓小平主持。

关于“文化大革命”的评价问题。毛泽东在11月3日同毛远新谈话时就作出了一个三七开的总评（即：“基本正确，有所不足”，“七分成绩，三分错误”），要求通过讨论，统一认识，做个决议。这时，毛又提出，希望这个决议由邓主持来作。

邓小平不同意毛泽东对“文化大革命”的这种评价。① 他不愿在毛泽东这个三七开的指导思想下为“文化大革命”作决议，又不能直截了当地表述自己的不同意见。邓小平就说：“由我主持写这个决议不适宜。我是桃花源中人，不知有汉，何论魏晋。”“不知有汉，何论魏晋”这句话，出自晋朝陶渊明的《桃花源记》，是毛泽东在前几天的批语中刚用过的典故。邓小平用这种方式把自己在“文化大革命”评价问题上丝毫也不妥协的态度表达了出来。毛泽东得知，大失所望。

关于“打招呼”问题。11月13日，毛泽东写了一段批语，指示向一些同志打个招呼，以免这些同志犯新的错误。毛泽东写道：“过去只有河南同80%的县委书记打了招呼，所以没有受冲击。在多数人身上复杂一点。桃花源中人，不知有汉，何论魏晋。要估计这种情况。一些老同志打个招呼，如周荣鑫、李昌、

①若干年后，邓小平作过这样的批评：“毛泽东同志到了晚年，确实是思想不那么一贯了，有些话是互相矛盾的。比如评价‘文化大革命’，说三分错误、七分成绩，三分错误就是打倒一切、全面内战。这八个字和七分成绩怎么能联系起来呢？”（1980年10月25日同中央负责同志的谈话，见《邓小平文选》第2卷，第301页。）邓小平还说：“毛主席去世前一两年讲过，‘文化大革命’有两个错误，一个是‘打倒一切’，一个是‘全面内战’。只就这两点讲，就已经不能说‘文化大革命’是正确的。”（1980年8月21日、23日答意大利记者奥琳埃娜·法拉奇问，见《邓小平文选》第2卷，第346页。）

胡耀邦、胡、刘冰、李井泉等几十个人也要打招呼。”[1]

11月20日政治局会议讨论了打招呼的问题。会后，邓小平于21日给毛泽东写了报告。请示关于召开打招呼会的有关问题。报告说：

> 遵照主席指示，向一些同志打个招呼，免犯错误。现拟了一个一百三十六人的名单，并拟了一个打招呼的谈话要点，都是由政治局会议讨论修改了的，现送上，请审阅批示。
>
> 打招呼的方法是，把大家召集到一块谈，政治局同志都出席。
>
> 政治局商量，把谈话要点发给各大军区司令员和政委以及省市委第一书记，也给他们打个招呼，此点也请主席批准。

随报告附送的打招呼谈话要点讲到，中央认为，毛主席对刘冰等人来信的指示非常重要。“清华大学出现的问题绝不是孤立的，是当前两个阶级、两条道路、两条路线斗争的反映。这是一股右倾翻案风。”“清华大学的这场大辩论必然影响全国。毛主席指出，要向一些同志打个招呼，以免这些同志犯新的错误。”

毛泽东于11月22日在邓小平的报告上写了批语[2]，提出“打招呼”会议“不仅只是老同志，要有中年、青年各一人同听同议”，“否则，青年人也会犯错误。”“请政治局再议一次，或者分两次开，或者先分后合。”过了一天，毛泽东改变想法，又给邓小平写信，说：“还是你们议的好，先给老同志打招呼。青年问题暂缓。因有的还未结合，有的在打派仗（如七机部），有的貌合神离（如清华），召集不起来。”[3]

“打招呼”会议于11月24日下午在北京召开。参加会议的

---

①毛泽东：《关于打招呼的批语》（1975年11月13日），《建国以来毛泽东文稿》第13册，第495页。文中“胡耀邦”后面的“胡”，指胡乔木。

②毛泽东：《关于打招呼会议的两个批语》，《建国以来毛泽东文稿》第13册，第504页。

③毛泽东：《关于打招呼会议的两个批语》，《建国以来毛泽东文稿》第13册，第504页。

有全体在京政治局委员、党政军机关一些负责的老同志，共130多人。会议仍由邓小平主持。邓小平宣读了经毛泽东审阅批准的《打招呼的讲话要点》——

> 一、清华大学党委副书记刘冰等人，于1975年8月、10月两次写信给毛主席，他们用造谣诬蔑、颠倒黑白的手段，诬告于1968年7月带领工人宣传队进驻清华、现任清华大学党委书记迟群、副书记谢静宜两同志，他们的矛头实际上是对着毛主席的。根据毛主席指示，清华大学党委自11月3日起召开常委扩大会议，就刘冰等同志的信展开了大辩论。这个会议逐步扩大，现在已经在全校师生中进行辩论。
>
> 二、毛主席指出：“清华大学刘冰等人来信告迟群和小谢。我看信的动机不纯，想打倒迟群和小谢。他们信中的矛头是对着我（指毛主席）的。”中央认为，毛主席的指示非常重要。清华大学出现的问题绝不是孤立的，是当前两个阶级、两条道路、两条路线斗争的反映。这是一股右倾翻案风。尽管党的九大、十大对无产阶级文化大革命已经作了总结，有些人总是对这次文化大革命不满意，总是要算文化大革命的账，总是要翻案。根据惩前毖后、治病救人的方针，通过辩论，弄清思想，团结同志，是完全必要的。
>
> 三、清华大学的这场大辩论必然影响全国。毛主席指示，要向一些同志打个招呼，以免这些同志犯新的错误。中央希望大家认真学习无产阶级专政理论，正确对待无产阶级文化大革命，正确对待群众，正确对待自己，同广大干部、广大群众团结在一起，以阶级斗争为纲，把各项工作做好。

宣读之后，邓小平作了几点说明。主要是：（1）“三个正确对待”的问题，也就是毛主席所说的要正确对待文化大革命、正确对待群众、正确对待自己。（2）毛主席说要以阶级斗争为纲，这是党的基本路线，有一种提法，说以毛主席“三项指示为纲”，这是不正确的。阶级斗争是纲，其他两项是目。（3）要正确对待新生事物，应该支持和肯定，不要指手划脚，教育界和各行各业都要注意这个问题。（4）老中青三结合，特别是对青年干部，采取一棍子打死的态度不对。最后，清华这场大辩论很快要扩大到全国，至少扩大到教育、文化领域。[①]

11月26日，中共中央发出《关于转发〈打招呼的讲话要点〉的通知》。《打招呼的讲话要点》的传达和讨论，在党政军的高层领导中进行了“批邓、反击右倾翻案风”的动员。从此，全国开始了“批邓、反击右倾翻案风”运动，持续了9个月的整顿为之中断。

3．政治局会议的“批邓”和邓小平的“检讨”[②]

在全国党政军高层领导中传达讨论《打招呼的讲话要点》的同时，12月份中央政治局连续开会，批判邓小平。会议场景十分奇特。主持者就是被批判者。邓小平到场宣布“开会”以后，就像一尊铜像一般，稳稳地坐在那里，不言，不动，一任“四人帮”一伙大张挞伐，诬蔑攻击。时间到了，说声“散会”，若无其事，离席而去。

邓小平这时仍然牵挂着重病中的总理，关心总理的病情，不断听取医疗组的汇报，安排治疗事宜。重病中的总理，也为处在批判狂潮中的老战友担心。他特意把小平找来，关切而郑重地问道：“态度会不会变？”邓小平回答总理：“永远不会！”总理听了，说：“那我就放心了！”

12月20日晚上，邓小平在政治局会议上作“检讨”。他没有预先写好稿子，要说的话早已久久萦绕心中。邓小平说——

九号文件以前一段时间，看到相当部分工业生产上不去，事故比较多，不少地方派性比较严重，确实很着急。

①《我的父亲邓小平：“文革”岁月》，第428－429页。

②本节史实转引《我的父亲邓小平：“文革”岁月》，第430－432页。

二三月间铁路运输问题很多，影响到各方面的生产，所以我提出首先从铁路着手解决问题。在这个问题上，除了在管理体制上提出强调集中统一以外，特别强调了放手发动群众，批判资产阶级派性，强调了抢时间，企图迅速解决问题。因此，在方法上强调对少数坚持打派仗头头，采取坚决调离的方法。徐州问题的解决，铁路上的面貌很快地改观。我当时觉得，用这种方法的结果，打击面极小，教育面极大，见效也最快。同时我还觉得江苏运用铁路的经验解决了全省其他问题，也得到较快较显著的效果，所以我认为这个方法可以用之于其他方面。紧接着，把这样的方法用之于钢铁，用之于七机部，用之于某些地区、某些省，用之于整顿科学院的工作。在这次会议之前，我还自认为这些方法是对头的，所以，当时有同志对这些方针和方法提出批评的时候，我还有些突然，有些抵触情绪。

邓小平在“检讨”中谈到了对派性，对工业生产，对文教系统，对老、中、青三结合，对新生事物，特别是对“文化大革命”的态度等问题。

邓小平“检查”原因，坦诚地说——

最主要、最根本的，是对文化大革命的态度问题。“桃花源中人”，八年未工作，不是主要原因。主要原因是思想认识问题。

会后，邓小平连夜给毛泽东写信——

主席：在今（20日）晚的会议上，我对自己的错误作了一个检讨性的发言，现将这个发言送呈主席审阅。当然，这是一个初步的检讨。我希望能够取得主席的当面教诲。当然应该在主席认为必要的时候。

显而易见，邓小平的这篇发言，是一篇富有政治智慧、坚持原则的“检讨”。他用谈思想状态的方式对1975年整顿作了回顾和肯定；通过检查原因，委婉地表明了对毛泽东批评的异议，说明了在“文化大革命”评价问题上存在的原则分歧。

在毛泽东那里，邓小平的这篇“检讨”当然无法通过。毛泽东没有批示。从此，邓小平也再没有“取得主席的当面教诲”。但毛泽东还是肯定邓小平的态度，说他愿意作自我批评，并对邓小平的工作作出安排。这从20日会后第二天毛泽东听取毛远新汇报时的谈话中可以清楚地看到。

1月21日上午，毛远新向毛泽东汇报了20日会上邓小平作检讨发言的情况。毛泽东同毛远新谈了话。毛泽东说：还是人民内部问题，引导得好，可以不走到对抗方面去。邓愿意作自我批评。毛远新提到邓小平的工作问题，毛泽东说：小平工作问题以后再议。我意可以减少工作，但不脱离工作，即不应一棍子打死。认为采取惩前毖后、治病救人的方针是对的。在谈到请主席确定国务院一个主要负责同志牵头的问题时，毛泽东说：就请华国锋带个头，他自认为是政治水平不高的人，小平专管外事。

可见，当时毛泽东一方面要批邓、反击右倾翻案风，另一方面并不想把邓小平一棍子打死，还是要继续用邓小平，让他做工作。

4．“反击右倾翻案风”运动的公开发动和展开

毛泽东就刘冰来信作出错误判断、批评邓小平和刘冰等人以后，“四人帮”立即加以利用，力图搞成一场整垮邓小平的政治运动。在打招呼会议前后，“四人帮”一伙处心积虑进行各种准备。

在北京，谢静宜、迟群秉承江青的旨意，将周荣鑫的一些讲话汇编成《周荣鑫修正主义教育观点》、《周荣鑫右倾翻案言行》等8种材料，印刷20000册公开散发，供批判。

同时，“四人帮”指使他们的亲信给毛主席写信诬告，制造到处都在刮“右倾翻案风”的印象。10月1日，原七机部党的核心小组成员舒龙山写信给党中央和毛主席，诬告张爱萍推行“今

◎“批邓、反击右倾翻案风”运动起来后北京评剧团贴出的大字报（选自画册《中华人民共和国五十年图集》）

不如昔”的“右倾机会主义错误路线”①；10月20日，教育部林××给毛主席写信，诬告周荣鑫“搞宗派”，“千方百计地要否定科教组几年来的工作”，想把迟群“从政治上搞臭，组织上搞倒”等②；12月8日，原中国科学院党的核心小组成员柳忠阳给毛泽东写信，诬告胡耀邦等到中国科学院后刮起了所谓“右倾翻案风”③。迟群还指使他安插在教育部的亲信通宵达旦地偷抄国家机密，收集中央领导同志的讲话。④

①毛泽东11月2日批示：“印发政治局各同志，请总政酌处。此人是‘9.16’左派。”同时口头指示：“对张爱萍要帮。”

②林××原是海军的一名基层干部，后调教育部工作。毛泽东11月4日对此信批示：“印发政治局各同志（加发教育部党的核心小组），先作调查，然后讨论一次。”

③毛泽东12月8日对此信批示：“科学院柳忠阳同志的信，印发政治局（给科学院党的领导小组一份），予以调查研究。”

④据教育部大批判组：《一株反党乱校的大毒草——批判北京大学、清华大学大批判组的〈教育革命的方向不容篡改〉》，1977年10月21日《人民日报》。

◎“批邓、反击右倾翻案风”运动起来后清华大学的大字报专栏（选自画册《中国共产党70年图集》，上海人民出版社1991年版）

在这场政治斗争中起了极坏作用的毛远新，在11月6日主动把毛泽东自9月以来的几次谈话集中整理，[①] 以后他又陆续多次整理毛泽东的谈话，经毛审阅，下发全党。[②] 这就使得“四人帮”能够打着毛泽东指示的旗帜肆无忌惮地打击邓小平等力图纠正

①这份材料包括毛远新9月27日、11月2日汇报辽宁省情况和对形势看法后的谈话，11月3日汇报政治局四人开会情况后的谈话，11月4日晚汇报政治局八人第一次讨论情况时的谈话。

②随着“反击右倾翻案风”运动的展开，12月18日毛远新给毛泽东写报告说：“上次请示是否可以把主席近一时期有关指示整理一下，开会时印发大家学习，主席同意可以试试。”“我试着综合了一下。为便于大家学习理解，没有按时间顺序，而是根据内容整理的。”“主要三个方面：1. 阶级斗争为纲；2. 文化大革命（包括教育革命）；3. 当前运动的方针、政策。”“这样编排是否妥当，送上草稿，请主席批评指正。”毛泽东阅后批示：“可以。”12月21日，毛远新将他整理的毛泽东指示稿送中共中央政治局委员、中央办公厅主任汪东兴，并“建议先印发政治局及参加会议的同志”。1976年2月2日，毛远新再次给毛泽东写报告说：“根据大家的要求，我对去年12月21日整理的主席有关指示作了一些补充，现将补充过的段落都重抄一份，请主席审阅。”当日，毛泽东在这个报告上批示：“可以。”1976年3月3日，中共中央发出通知说：“中央根据毛主席1975年10月至1976年1月的多次重要讲话，整理了《毛主席重要指示》，并经毛主席审阅批准。现将《毛主席重要指示》印发给你们，请你们组织县团以上干部认真学习，深刻领会，坚决贯彻执行。”

“文化大革命”错误的老革命家。

在外地，他们把两校（北大、清华）与辽宁、上海的死党、亲信连成一线，昼夜不停地搜集、编印为他们进行所谓进行“反击”的、矛头指向周恩来、邓小平、叶剑英和其他中央领导同志的材料。[1]

号称“四人帮”的“金棍子”的姚文元，忙着指使他们在《红旗》杂志的一个亲信，授意两校大批判组，炮制公开发动“反击右倾翻案风”的重头文章《教育革命的方向不容篡改》。同时，姚文元遵从王洪文的旨意，让《人民日报》和新华社派出大批记者到全国各地去“调查”“反击右倾翻案风”的情况，搜集邓小平和老干部的黑材料，准备发起新一轮攻击的炮弹。[2]

11月30日，张春桥向阿尔巴尼亚教育代表团介绍中国“教育革命大辩论”的情况，把国内刚刚发动起来的运动情况向国外扩散。12月20日，中共中央转发了载有张春桥谈话的《外交通报》，作为省军级以上党政军机关和驻外使馆等外事单位对外宾谈话的依据。

12月1日，《教育革命的方向不容篡改》在《红旗》杂志第12期发表。12月4日，《人民日报》等报纸都予转载。此文把“当前争论的焦点”归结为：“是坚持教育要革命的方向，把无产阶级教育革命进行到底，还是为修正主义教育路线翻案，复辟资产阶级知识分子统治我们学校的旧教育制度？”认为“教育战线上的这场争论，是当前社会上两个阶级、两条道路、两条路线斗争的组成部分”，“现在，教育界的奇谈怪论就是企图为修正主义教育路线翻案，进而否定文化大革命，改变毛主席的革命路

①据《一株反党乱校的大毒草——批判北京大学、清华大学大批判组的〈教育革命的方向不容篡改〉》，1977年10月21日《人民日报》。

②据范硕：《叶剑英在1976》，中共中央党校出版社1995年版，第7页。

线。修正主义仍然是当前的主要危险。”“四人帮”通过此文向全国发出“反击右倾翻案风”的“信号”。

5. “反击右倾翻案风”形成运动，整顿中断

《教育革命的方向不容篡改》一文发出信号，“初澜”、“苗雨”等“四人帮”控制的写作班子紧紧跟上。在“四人帮”指挥下，报刊上连续不断发表“反击”的文章。12月14日，中共中央转发了《清华大学关于教育革命大辩论的情况报告》（以下简称《报告》）。中共中央在转发《报告》的批语中说，这个《报告》很好，提供了在党委领导下开展教育革命大辩论的经验，要求将《报告》下发到大、中、小学校的党支部。“四人帮”利用毛泽东的指示在他们控制的报刊上大造舆论，又把所谓清华大学的典型经验通过中央文件下发，就这样，由刘冰等人来信引发、以教育革命大辩论为突破口的一场“反击右倾翻案风”的政治运动发动了起来。

邓小平在政治局内进一步受到批判，连续检讨，不能过关。“四人帮”处心竭虑，搜集材料，罗织罪名，为公开批判，直至把他再一次打倒而磨刀霍霍。

“把几个方面的工作整顿得很有成效”、受到邓小平重用的那“几个人才”，① 这时都受到追查、批判。“四人帮”对他们“残酷斗争，无情打击”，并想从他们那里打开缺口，逼出打倒邓小平的材料。

张爱萍在新疆马兰基地组织第二次地下平洞核试验，于10月27日取得成功，刚回到北京，就被责令检查。江青在政治局会议上定调子：“张爱萍不是好人，是个通台湾的特务，要把他

①此处引用邓小平的话，见《邓小平文选》第3卷，第369页。这句话的全文是：“一九七五年我抓整顿，用了几个人才，就把几个方面的工作整顿得很有成效，局面就大不一样。”

彻底打倒。”王洪文亲自参加七机部的“批邓联张”反击右倾翻案风的大会，给他的造反起家的派头头朋友撑腰鼓气。11月下旬返回式卫星发射成功，在“四人帮”那里竟也成了张爱萍的“罪名”，张春桥的判词是：“卫星上天是幌子，红旗落地才是真意。”[①]“四人帮”以“批邓联张”为说辞，指使把张爱萍整顿七机部时的即席讲话记录稿汇编成册，要求打一场“人民战争”。1976年1月18日，在北京先农坛体育馆召开了七八千人的批判大会，因病住院的张爱萍带着氧气袋参加大会。张爱萍在会上宣读一份72个字的稿子，表示在领导整顿中所作讲话、决定“由我个人承担全部责任。与其他同志没有任何关系”![②]

“批邓联万”，1975年整顿中的“开路先锋”万里，被诬蔑为邓小平搞“右倾翻案风的急先锋”，“不肯改悔的走资派”，遭到激烈批判。郑州、兰州铁路局得到地方党政军主要负责人支持，翻案得逞。重点整顿过的一些单位一片混乱。铁路下属单位一些人纷纷赴京上访，冲击铁道部机关，连沙发上都刻上了“打倒万里”的口号。万里被赶下台，“检查交代问题”。

国务院政治研究室也是“四人帮”重点打击的目标，围剿的重点。他们一面亲自出马，罗织罪名，诬蔑攻击，指责政研室“是一个相当大的谣言店”（江青）、“继旧中宣部后又一个阎王殿”（姚文元），通过报刊攻击政研室负责同志是“邓小平的谋臣”、“邓记班子中的‘理论家’”；一面扶植自愿充当“钉子”的人从内部发难，插手政研室的运动，一连制造了七次大的所谓揭批高潮，企图整垮政研室的负责同志，并由此打开一个搜集攻击邓小平等领导同志黑材料的缺口。胡乔木首当其冲，成为追逼交代和打击的重点；邓力群、于光远也是着重攻击的对象。

---

①上述材料据《张爱萍传》（下卷），第938页；《中华人民共和国实录》第三卷（下），吉林人民出版社1994年版，第1275页。

②据《张爱萍传》（下卷），第943页。

他们面临强横的里应外合、内外夹击的政治高压，经受住了考验，没有被压垮，没有让“四人帮”的阴谋得逞。“四人帮”以百倍的疯狂集中力量打击尚未定稿的《论总纲》和正在讨论修改中的《汇报提纲》和《工业二十条》，把它们打成所谓邓小平授意炮制的“三株大毒草”。不仅在报刊上连篇累牍地反复批判，竭力诋毁，而且还编了批判“三株大毒草”的三本小册子，于1976年8月向全国广泛发行，印数高达几千万册。他们自以为可以在思想上杀灭对手。然而广大党员、干部、群众却因了这种特殊的机遇进一步认识邓小平的路线、方针、政策真正反映了人民群众的意志和愿望，而发动“反击右倾翻案风”的“四人帮”，完全是站在中国人民和社会主义的敌对方面的一小撮。历史编排的这种喜剧，真令一切后来有机会翻看这段历史的人哑然失笑。

主持科学院整顿的胡耀邦，传为邓小平手下的“四大金刚”[①]之一，当然也是追查和批判的重点。胡耀邦被称为“科学院的那个走资派”公开批判。他们把《科学院汇报提纲》同“文化大革命”即将开始时的《二月提纲》相提并论，说十年前的那个提纲是为了阻挠“文化大革命”的开展，今天搞的这个提纲则是为了砍掉“文化大革命”的胜利果实。

在“反击右倾翻案风”中受迫害最为深重的是周荣鑫和刘冰等人。前已说到，教育部长周荣鑫重病在身，被残酷批斗50余次。至1976年4月12日，在连续批斗五天的情况下，心脏病突发，昏厥在批斗会上，13日凌晨离开了人世。刘冰等四位同志，在短短几个月内，被批斗220多次，撤销了他们的党内外一切职务，停止了他们的组织生活，并且把他们送到清华大学农场等地监督劳动。

1975年的冬天是一个严寒的冬天。“反击”的旋风把整个中

①当时社会传言，或为“四人帮”或其亲信故意为之。其他三人为：周荣鑫、万里、张爱萍。

国搅得周天寒彻。邓小平部署的全面整顿被迫中断。整顿带来的各个领域、各个方面的复苏、好转和秩序又一次遭到破坏。人们刚刚升腾起来的希望，被困惑、迷惘所取代。“四人帮”妖雾重来，邓小平再次挨批，周总理又病重垂危，中国将怎么办？1976年元旦，尽管广播喇叭中响彻着“到处莺歌燕舞”的豪迈诗句，却无法驱散全国人民心头的惨雾愁云。

1976年1月，新年伊始，“四人帮”控制的舆论工具全部开动起来。全国报刊充斥着“反击右倾翻案风”的文章，其气势不亚于“文化大革命”初期“横扫一切牛鬼蛇神”的时候。从《不许为修正主义教育路线翻案》，扩展到《回击科技界的右倾翻案风》、《坚持文艺革命，反击右倾翻案风》以至《反击卫生战线的右倾翻案风》；[①] 从《评“三项指示为纲”》[②]，到剖析《论全党全国各项工作的总纲》，批判《科学院汇报提纲》和《工业

◎1976年清明节爆发的四五运动中，首都各界群众把斗争的矛头直指“四人帮”，拥护邓小平为代表的党的正确领导（选自《邓小平画传》）

①以上各篇分别载《红旗》杂志第2、3、4期。

②载1976年2月29日《人民日报》。

二十条》；[3] 从《孔丘之忧》、《再论孔丘其人》的影射攻击，到《从资产阶级民主派到走资派》等的论证“规律”，所有这些文章，都颠倒黑白，把邓小平主持的各方面的整顿诬蔑为“右倾翻案风”，把邓小平主持制定的文件、条例诬蔑为“复辟纲领”，还从“批邓”概括出所谓“从民主派到走资派”的公式，为“层层揪”走资派、从上到下打倒老干部制造理论根据，而“至今不肯改悔的走资派”公开地成了邓小平的代名词。江青、张春桥还布置文艺作品要写“与走资派斗争”的主题，要拍20多部这类电影。于是影片《反击》、《盛大的节日》、《欢腾的小凉河》等阴谋文艺的代表作不断地炮制出来。

但是，不论上面怎样一再“打招呼”、发文件，不论“四人帮”怎样拼命鼓噪，除了帮派势力、反潮流战士之外，应者寥寥。相反，人民不满和愤怒的情绪，通过各种方式宣泄出来，汇成反对“四人帮”的浪潮。随着“四人帮”对周恩来、邓小平诬蔑攻击的加剧，对人民压迫、钳制的严酷，反对的浪潮汇聚成声讨“四人帮”的汪洋大海，终于在丙辰清明节爆发了“四五运动”，鲜明地表达了中国人民缅怀周总理、支持邓小平、反对“四人帮”的坚决态度，实现四个现代化和社会主义民主的强烈愿望，为1976年粉碎“四人帮”的伟大胜利奠定了坚实的群众基础。

---

③以上三篇分别载《红旗》第4期，《学习与批判》第4期，1976年5月31日《人民日报》等。

二十　1975年整顿中断的历史必然性

1975年整顿中断的命运是不可避免的。因为在肯定还是否定“文化大革命”的问题上，在以阶级斗争为纲还是以经济建设为中心这个政治路线问题上，在什么是社会主义、怎样建设社会主义的基本理论上，邓小平和毛泽东确有矛盾和分歧。

其一，在实践层面上，是肯定还是否定“文化大革命”。

邓小平主持的1975年整顿，确实是在总体保持“文化大革命”外壳的情况下，从工交、文艺、科技、军队等方面，局部地对“文化大革命”进行拨乱反正，发展下去，势必要系统地纠正“文化大革命”的错误，并导致对“文化大革命”的否定。这是毛泽东所不能容忍的。毛泽东提出对“文化大革命”的评价是三七开，七分成绩，三分错误。到11月中旬在政治局内批评邓小平时，毛泽东还希望邓小平主持对“文化大革命”做个决议。但邓小平在原则问题上毫不妥协，推辞说：由我主持写这个决议不适宜。我是桃花源中人，“不知有汉，何论魏晋”。由此，矛盾不可调和。

其二，在路线层面上，是“以阶级斗争为纲”还是“以经济建设为中心”。

邓小平提出“三项指示为纲”，既强调三项指示是一个“整体”，又指出“把国民经济搞上去”是“大局”，从而突出了经济建设这个中心。毛泽东批评邓小平：“什么‘三项指示为纲’，安定团结不是不要阶级斗争，阶级斗争是纲，其余都是目。”[①] 据此，“四人帮”批判邓小平的“三项指示为纲”是“故意把安定团结和发展国民经济这些属于‘目’的东西，摆进‘纲’里，就是为了以目乱纲，以目代纲”。[②] 其实，邓小平并没有否定阶级斗争，他在主持1975年整顿中，突出地抓了反对资产阶级派性，打击各种经济犯罪和破坏活动，促使安定团结的实现和把生产搞上去。毛泽东也没有否定经济建设，他提出把国民经济搞上去的要求，支持为此而作出的整顿措施，进行的种种努力。问题的焦点在于社会主义制度在我国基本上建立起来以后，国内主要矛盾是否仍然是工人阶级和资产阶级的矛盾。毛泽东把社会主义社会中一定范围内存在的阶级斗争扩大化和绝对化。“以阶级斗争为纲”背离了八大路线，导致“文化大革命”这样的全局性的错误。邓小平后来批评毛泽东说：“毛泽东同志是伟大的领袖，中国革命是在他的领导下取得成功的。然而他有一个重大的缺点，就是忽视发展社会生产力。不是说他不想发展生产力，但方法不都是对头的”；“社会主义改造基本完成了，还是‘以阶级斗争为纲’，忽视发展生产力。文化大革命更走到了极端”。[③]

其三，在理论层面上，对什么是社会主义的认识有差异。

毛泽东过于强调社会主义的纯和公，而不大注重社会主义的富，忽视社会主义社会可以或容许存在的私。对社会主义制度下的商品生产、货币交换不是致力于促进其得到应有的发展，而是强调进行限制。对按劳分配也不是促使其充分实现并臻于完善，而是着眼于限制。“四人帮”则把它推到极端，在上层建筑领域鼓吹“全面专政”论，在经济领域把商品经济、按劳分配视为产

---

①《建国以来毛泽东文稿》第13册，第486页。

②梁效、任明：《评“三项指示为纲”》，《人民日报》1976年2月29日。

③《邓小平文选》第3卷，第116、141页。

生资本主义的土壤加以反对，把发展生产力视为“唯生产力论”加以批判。邓小平则指出，限制资产阶级法权要有丰富的物质基础，社会主义时期的主要任务是发展生产力。物质极大丰富，才能实现各尽所能、按需分配的共产主义原则。后来，他更进一步指明，贫穷不是社会主义，发展太慢也不是社会主义，搞平均主义也不行。一个公有制占主体，一个共同富裕，是社会主义的根本原则。邓小平没有把本来属于社会主义的东西，或社会主义社会容许发展或存在的东西，当做资本主义来反对或限制；也没有把共产主义高级阶段才能做到的东西，当做现实的社会主义必须做到的来要求。

在个人迷信盛行、权力高度集中的时代，邓小平领导1975年整顿虽然反映了“历史的必然要求”，但同时也注定了“这个要求的实际上不可能实现”。[①] 这对于毛泽东和邓小平，对于中国共产党和中国人民，都是一个不愿其发生而又无力避免的悲剧。

①借用恩格斯致斐·拉萨尔的信（1859年5月18日）中的话，见《马克思恩格斯选集》第4卷，人民出版社1995年版，第560页。

二十一　1975年整顿的历史评价

在1975年冬天开始发动的“批邓，反击右倾翻案风”运动中，在中国，对邓小平领导的1975年整顿有两种截然不同的评价。“四人帮”攻击1975年整顿是“右倾翻案风”，“三项指示为纲”是复辟资本主义的修正主义纲领，《论总纲》、《工业二十条》、《科学院汇报提纲》是三株大毒草，诬蔑邓小平是“至今不肯改悔的最大的走资派”。这些诬蔑、攻击充斥报纸、杂志，一时操纵了中国的舆论。可是，广大人民群众、干部党员拥护邓小平领导的1975年整顿，反对“四人帮”的倒行逆施。这种代表历史主潮的评价，从对“批邓”的抵制中表现出来，从广为传播的所谓“政治谣言”中反映出来，在“四五运动”中爆发出来。在中华人民共和国历史发展的航程中，1975年整顿的成就与挫折，为“四五运动”和粉碎“四人帮”作了十分重要的精神准备与物质准备。

中共十一届三中全会以后，1975年整顿所开始而中辍的事业，在新的历史条件下，在根本否定“文化大革命”的指导思想下，得到继续和发展。被“四人帮”颠倒了的对1975年整顿的历史评价自然也就颠倒过来：

第一，1975年整顿是对“文化大革命”拨乱反正的开始。邓小平说得好，十一届三中全会“总结了历史经验，决定了一系列拨乱反正的政策。其实，拨乱反正在1975年就开始了。那时我主持中央党政工作，提出了一系列整顿措施，每整顿一项就见效，非常见效。这些整顿实际上是同‘文化大革命’唱反调”。[①]

第二，1975年整顿是改革的实验。社会主义要摆脱贫穷，就要通过改革，找出一条适合自己国情、比较快的发展道路。邓小平说：“说到改革，其实在1974年到1975年我们已经试验过一段。”“那时的改革，用的名称是整顿，强调把国民经济搞上去，首先是恢复生产秩序。凡是这样做的地方都见效。”还说：1976年的四五运动“证明，1974年到1975年的改革是很得人心的，反映了人民的愿望”[②]。江泽民指出：“这次整顿实质上是后来改革的实验，反映了广大干部和群众的愿望，代表了党的正确领导，在短时间内就取得显著成效”。整顿的成就和遭遇的挫折，为1976年的四五运动和粉碎“四人帮”作了十分重要的精神准备和物质准备；整顿所作的探索，也为新时期的拨乱反正和改革开放做了直接的准备。邓小平领导的“整顿的业绩和在整顿中表现出来的风骨，赢得了党心、军心、民心，为粉碎‘四人帮’准备了广泛的群众基础”。[③]

第三，1975年整顿中邓小平提出的“三项指示为纲”和在邓小平指导与影响下形成的三个著名文件，以及邓小平的一系列讲话和中共中央发出的指导整顿的一系列文件，是对建设有中国特色社会主义道路的探索，是邓小平理论的酝酿和起点。胡乔木曾这样分析“三项指示为纲”同十一届三中全会后的党的基本路线的联系：“这里已经提到一个中心，一个基本点，另一个基本点改革开放当时还不可能提出来，只能叫整顿，实际上不但包含了改革，也包含了开放。”他还指明，邓小平“把侧重点放在安定团结和把国民经济搞上去上面”，“这两个口号的实质一直到十一届三中全会，一直到十三大和十三大以后，都还起着指路标

---

①《邓小平文选》第3卷，第81页。

②《邓小平文选》第3卷，第255页。

③《江泽民同志在邓小平同志追悼大会上致词》（1997年2月25日），《人民日报》1997年2月26日。

的作用”。[①]

总之，邓小平领导的1975年整顿，贯彻落实并发展了“文化大革命”后期毛泽东三项重要指示所体现的正确思想和决策。它上承中共八大路线和“文化大革命”之前10年的正确发展趋向，是20世纪60年代前期调整、1972年周恩来主持的整顿的继续和发展；它下启十一届三中全会以后改革开放新时期，给当代中国的历史进程起了开辟航道的作用。1975年整顿是连接“文化大革命”之前10年和新时期的一个重要环节。在中国社会主义道路的探索中，正确的和比较正确的趋向在“文化大革命”十年中并没有完全中断。邓小平领导1975年整顿的理论与实践，正是在文革发展到1975年的特殊条件下，对“文化大革命”之前10年发展与积累起来的正确的和比较正确的理论、方针、政策的运用和发展。较之“文化大革命”之前10年的探索，应该说，1975年整顿所作的探索，为新时期的拨乱反正和改革开放作了更为直接的准备。

作为1975年整顿历史主角的邓小平，他领导整顿取得的成功，“批邓，反右倾翻案风”中遭受的打击，四五运动中受到的拥戴，再度复出后创造的辉煌，构成了他那富有传奇色彩的人生的最为跌宕起伏、波澜壮阔的篇章。而由于历史的特殊安排，邓小平用以指导整顿的“三项指示为纲”，他指导或影响下产生的三个著名文件，他领导制定的一系列中央文件，以及他在整顿中的一系列讲话、谈话、批示，创造性地运用马克思列宁主义和毛泽东思想解决“文化大革命”造成的复杂混乱局面，不仅具有丰富的实践经验，而且具有深刻的理论价值，构成了日后形成完整科学体系的邓小平理论的起点。从1975年整顿的历史，已经可以看出，在20世纪70年代中国历史转折关头产生的世纪伟人邓小平，既是毛泽东事业和毛泽东思想的继承人，又是毛泽东事业和毛泽东思想的发展者的特征。

---

①《胡乔木文集》第2卷，人民出版社1993年版，第248页。

后 记

1991年春，我们奉调到刚刚成立的当代中国研究所，从事中华人民共和国史的编研工作。“1975年整顿”是我们当初确定的我入门课题。我们发表了一些专题论文和纪实文章，得到有关方面领导同志和学术界的好评。再次基础上，先后出版了专著《1975：文坛风暴纪实》（夏杏珍著，中共党史出版社，1995）、《历史转折的前奏——邓小平在1975年》（程中原、夏杏珍合著，中国青年出版社，2003）、论文集《邓小平与1975年整顿》（程中原、夏杏珍合著，人民出版社，2004）和资料书《邓小平的24次谈话》（《胡乔木传》编写组编，程中原执笔）。通过研究，我们逐渐形成一个看法：以中共十一届三中全会为转折点的第二次历史转折，是以邓小平在毛泽东、周恩来支持下领导的1975年整顿为前奏的。应该从这样的历史高度来认识邓小平与175年整顿，应该放在这样的框架内来叙述和评论这一段历史，总结其经验教训。

随着研究工作的深入，研究课题从“1975年整顿”的基础上延伸和扩展，成为“1975-1982：历史转折研究”，并与当代中国研究所李正华、张金才、刘仓、李建斌等同志组成了课题组。这个课题被批准为2006年度国家社会科学基金重点项目，其最终成果为“历史转折三部曲”：《前奏》、《决战》和《新路》。同时，我们接受河北人民出版社资深编辑王静同志的建议，写一套与之相应的图文并茂、简明生动的普及本。

2008年，为了向中共十一届三中全会献礼，图文版“历史转折三部曲”之二《新路》提前完稿，先行出版。现在奉献于读者面前的三部曲之一《前奏》和即将出版的三部曲之二《决战》，就成为献给中华人民共和国成立六十周年的礼物。

在进行这个课题研究的时候，我们怀着一个心愿，要在马克思主义唯物史观的指导下，在深入分析和研究史事实的基础上，有所创新，有所前进；要在继承中国古代史传散文的优良传统的基础上，吸收近现代中外报告文学的长处，采用夹叙夹议的方式记述事件本末，力求义理、考据、辞章兼备，思想性、科学性、可读性统一，写出有新材料、新观点，有吸引力、感染力的历史著作。我们为此而进行了不懈努力。限于水平和条件，书中难免存在错误和不当之处，敬请读者和专家批评、指正。

作　者

2009年7月23日